金牌网店客服实战108招

小服务大效果

徐茜◎编著

人民邮电出版社
北京

图书在版编目（CIP）数据

金牌网店客服实战108招 ： 小服务大效果 / 徐茜编著. -- 北京 ： 人民邮电出版社, 2019.1（2022.8重印）
ISBN 978-7-115-49740-6

Ⅰ. ①金… Ⅱ. ①徐… Ⅲ. ①电子商务－商业服务 Ⅳ. ①F713.36

中国版本图书馆CIP数据核字(2018)第268803号

内 容 提 要

108个纯高手干货技巧，打造懂顾客、会销售的金牌网店客服，有效地提高客服人员的业务水平，提高产品的好评率，让店铺的销售额和口碑同时提升！

137个沟通场景案例，既包括客服工作的前期、中期、后期阶段，同时从心理、产品等多角度帮助客服人员找到更适合的沟通方法，让沟通赢在起点。

全书内容包含8大建立好印象的方法、10个介绍产品的要点、10种灵活沟通的技巧、10条倾听与询问的规则、10种促进快速下单的策略、10个消除顾客疑虑的方面、10个不让利却让顾客觉得值的理由、10种消除抱怨的方式、10种处理差评的举措、10个解决投诉的步骤、10条获得如潮好评的途径，系统化地介绍客服人员沟通的方方面面。

本书适合的读者群：电商网店店主们，特别是淘宝、天猫、微店店主们；进行客服口才培训的各类电商、客服类的企业；传统客服转型电商客服的企业。

◆ 编　　著　徐　茜
　责任编辑　恭竟平
　责任印制　周昇亮
◆ 人民邮电出版社出版发行　　北京市丰台区成寿寺路 11 号
　邮编　100164　　电子邮件　315@ptpress.com.cn
　网址　https://www.ptpress.com.cn
　涿州市京南印刷厂印刷
◆ 开本：700×1000　1/16
　印张：16.25　　2019 年 1 月第 1 版
　字数：317 千字　　2022 年 8 月河北第 8 次印刷

定价：55.00 元

读者服务热线：(010)81055296　印装质量热线：(010)81055316
反盗版热线：(010)81055315
广告经营许可证：京东市监广登字 20170147 号

前言

与在实体店购物相比，网购本身就具有选择多、价格便宜等优势。再加上近年来网购服务的完善，人们的网购行为日益增长。而借助这股东风，网店的数量也呈现爆炸式增长。

随着网店数量的增长，有两个问题开始日益凸显：一是网店间的竞争越来越激烈，网店的生存发展变得越来越难；二是市场需要大量的客服人员，而客服人员的素质却参差不齐。

其实，要解决这两个问题，有一点非常关键，那就是培养大量具有专业素养的客服人员。一方面，高素质的客服人员可以提高店铺的竞争力，让店铺获得更多发展机会；另一方面，大量高素质客服人员的涌入，对于客服整体素质本身就可以起到很好的提高作用。

但是，目前市场上客服实战类书可以说非常稀缺，而能够针对客服人员在工作过程中遇到的问题提供借鉴的书，更是少之又少。所以笔者潜心收集并整合相关资料，结合实战案例，打造了这本金牌网店客服的实战型宝典。

本书从众多客服沟通实战中，提炼、总结出 108 个技巧，手把手教大家表达、沟通，步步为营，稳扎稳打，以便早日熟练地掌握技巧，通过实战有效地提升个人业务和店铺销售额。

本书以销售阶段为主线进行内容安排，全书共分为 3 篇，具体如下：

售前篇：第 1 章 ~ 第 3 章，从把握顾客心理、介绍产品的要点解读以及灵活沟通的技巧这 3 个方面展开，旨在让客服人员在沟通中建立好第一印象的同时，增加产品对顾客的吸引力，有效地提高成交率。

售中篇：第 4 章 ~ 第 7 章，主要讲解倾听和询问的规则、引导顾客快速下单的策略、消除顾客疑虑以及拒绝顾客还价要求的技巧。重点打造一位“懂事”的客服，让顾客在还价要求得不到满足的情况下，仍能高高兴兴地快速完成下单。

售后篇：第 8 章 ~ 第 11 章，重点介绍消除顾客抱怨的方式、处理差评的方法、解决投诉的步骤、提高好评率的方法，不仅为客服人员可能面对的各种售后问题提供解决途径，更将口碑的获得作为重点，助力客服人员以沟通打造 100% 好评的产品。

从内容来看，本书以 108 个知识点的形式展开，帮助客服人员从容应对在工作中出现的各种问题。

（1）内容翔实易懂。本书主要以销售的 3 个阶段为主线，通过 108 个经典知识点，详细地对客服人员在工作中可能遇到的各种情况进行了解读，内容浅显易懂，技巧一学就会。

（2）“理论 + 实例”相结合：本书每个知识点都以要点呈现、实例剖析、注意事项的方式展开，书中穿插的沟通实例达 137 个。读者获得的不只是理论知识，更是金牌网店客服的实战经验。从各个知识点中读者可以学到很多知识，从而对实践起到很好的指导作用。

本书虽然包含的知识点较多，但结构清晰，语言简洁，有一说一。对于整本书的内容，笔者用一张图展示给大家，这样就一目了然了。

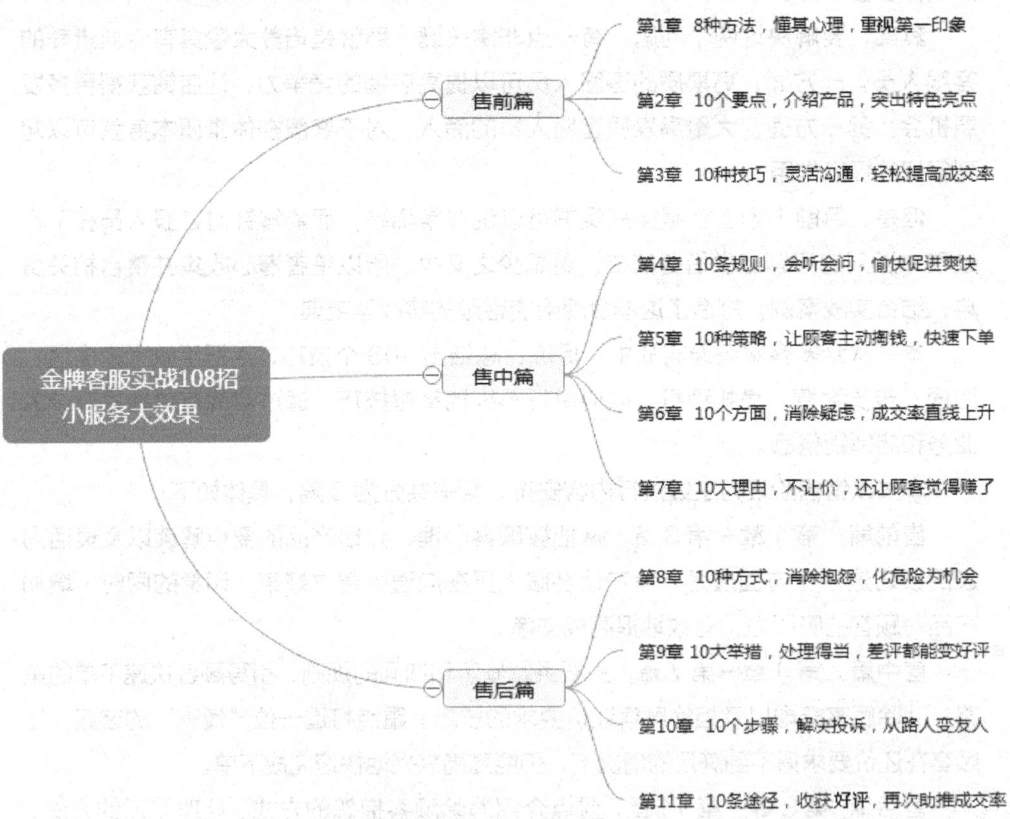

当然，本书只是笔者的经验所得，意在抛砖引玉，希望能够为大家带来真正有效的帮助，成长为一个拥有绝佳口才的金牌网店客服，帮助大家铺就一条走向成功的道路。

本书由徐茜编著，参与编写的人员还有高彪、柏松、苏高、胡杨等人。由于作者知识水平有限，书中难免有错误和疏漏之处，恳请广大读者批评指正。

目录 Contents

【售前篇】

第 1 章 8 种方法，懂其心理，重视第一印象

第 2 章 10 个要点，介绍产品，突出特色亮点

第 7 章 10 大理由，不让价，还让顾客觉得赚了

【售后篇】

第 8 章 10 种方式，消除抱怨，化危险为机会

第 9 章 10 大举措，处理得当，差评都能变好评

第 10 章 10 个步骤，解决投诉，从路人变友人

第11章 10条途径，收获好评，再次助推成交率

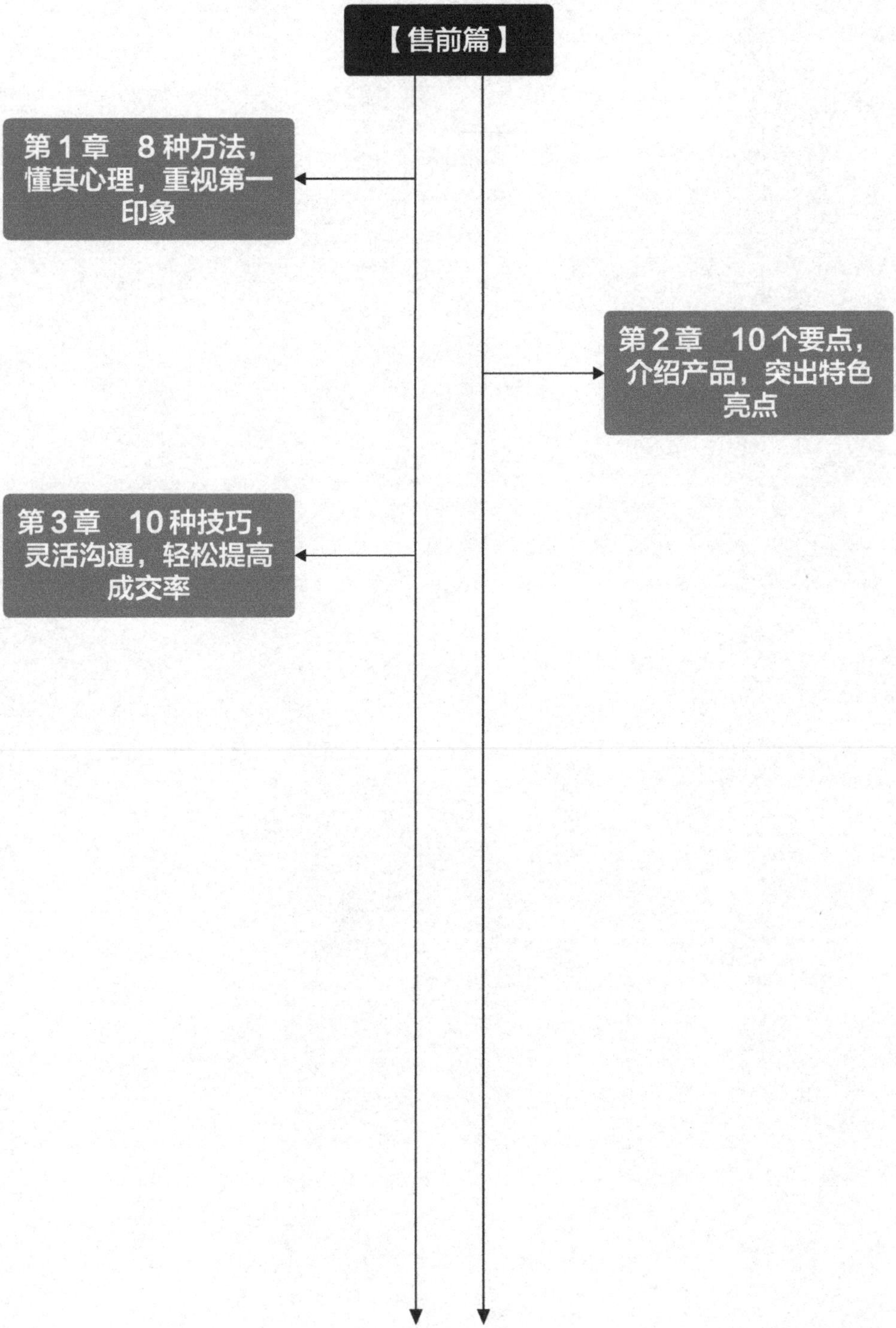
【售前篇】
第 1 章　8 种方法，懂其心理，重视第一印象
第 2 章　10 个要点，介绍产品，突出特色亮点
第 3 章　10 种技巧，灵活沟通，轻松提高成交率

第1章

8种方法，懂其心理，重视第一印象

学前提示

顾客都是“要面子”的，如果客服人员能够在把握其心理的基础上，采取相应的对策，那么，推销将变得更加有针对性，而顾客也更容易对客服人员留下好印象。

本章笔者将从8个方面，配合具体的实例以及相关技巧，对顾客心理的把握进行具体的说明。

要点展示

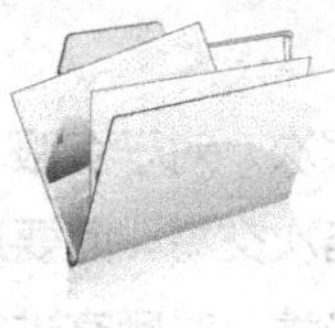

- 构建情感联系
- 给予足够重视
- 避免轻言拒绝
- 利用从众心理
- 顺从逆反心理
- 容忍泄愤心理
- 缓解焦躁心理
- 呵护虚荣心理

001 构建情感联系

- 【要点呈现】

如果以人际关系的处理能力为标准，对所有职业进行一个排名，那么，客服这个行业必然会排在前列，因为客服就是一个直接与人，更准确地说是与陌生人打交道的职业。所以，它要求从业人员具备较强的人际交往能力。

如果顾客是第一次在某公司（或店铺）购物，对接待他的客服人员是一无所知的。也正因为这种陌生感，顾客很可能会担心客服人员是在忽悠自己购物，并时刻对客服人员产生防备心理。

在这种情况下，如果客服人员不能让顾客卸下防备心理，顾客很可能就会因为不放心而打消购物的念头。而这样一来，客服人员想要达到销售目标，自然也就变成了一件难事。

其实，人是一种情感动物，只要他还能接收你的情感信号，那么，只要你与之建立情感联系，他就会因为与你慢慢熟识而慢慢卸下防备心理，甚至把你当成他的朋友，并出于信任，放心地购买你推荐的产品。

客服人员与顾客情感联系的构建可分为 3 种层次，具体如下。

1. 迎合以获得认同感

迎合以获得认同感是客服人员构建与顾客的情感联系的第 1 个层次，也是必然要经历的一个过程。客服人员通过与顾客的交流，投顾客所好，并有意地进行迎合，从而让顾客对自己产生认同感，达到拉近彼此间距离的目的。

2. 引导并促成购物

引导并促成购物是客服人员构建与顾客的情感联系的第 2 个层次。对于客服，特别是销售过程中的客服来说，最直接的目的就是让顾客顺利完成当次交易。而要达到这个目的，客服人员往往还需要在获得认同感之后，充分发挥积极性，对顾客进行有意识的引导。

3. 让顾客成为回头客

客服人员构建与顾客的情感联系的第 3 个层次，也是最高境界，是不仅成功地引导顾客完成当次购物，还让顾客对客服人员留下较好的印象，并使其因为与客服人员的情感联系，将客服人员所在的公司（或店铺）作为下次购物的第一选择。

- 【实例剖析】

顾客：亲，在吗？

客服：亲，您好，客服小丫为您服务。请问有什么可以帮到您吗？

顾客：女朋友生日快到了，我想给她买一个生日礼物，你有什么好的推荐吗？

客服：亲，我能问一下您女朋友平时有什么爱好吗？

顾客：她很喜欢 A 女星，最近一直在追 A 女星的电视剧。

客服：这样的话，我给您推荐我们店的 B 产品。这个产品是 A 女星最近在走红毯时戴的同款耳坠，相信您女朋友一定会喜欢的。小丫给亲一个链接，亲可以先去看一下哦！

顾客：（几分钟后）这个产品看上去确实不错，但是价格略贵啊！

客服：明星同款还是要一点钱的，不过，能让女朋友觉得幸福，小丫觉得这个钱花得还是值得的。另外，告诉您一个秘密，购买 B 产品还会赠送一枚男款戒指，也就是我们店的 C 系列的产品，其中 D 产品是某游戏的周边产品，亲或许会喜欢哦！亲可以看一下小丫发的链接。

顾客：（几分钟后）你们店的 C 产品做得很精致啊。对了，你怎么知道我喜欢玩这款游戏呢？

客服：现在这款游戏这么火，就连小丫也会偷闲玩上一把呢！

顾客：你想得这么周到，我都找不到不买的理由了。就冲你们这赠品，我都会再次光顾的。

客服：那好啊，小丫代表本店感谢您的支持了！如果亲下次有需求，记得联系小丫哦！

……

以上为某顾客与客服在线沟通的部分内容，由此不难看出，该客服不仅成功与顾客构建了情感联系，更是达到了情感构建的第 3 个层次。因此，可以说，该客服与顾客的此次交流是非常成功的。

如果我们分析这个案例就会发现，该客服之所以能够达到构建情感联系的目的，其中很关键的一点就是懂得转换立场，站在他人的角度考虑问题。该客服在此过程中情感联系的构建可分为 2 个部分，具体如下。

1. 构建与使用者的情感联系

在本案例中，该客服先是从使用者的爱好出发，给购买者推荐他可能会感兴趣的产品。该客服的这种做法，实际上是站在礼物接受一方的角度（即产品使用者的角度）考虑问题。

这看似是站在客服与顾客之外的第三方的角度考虑问题，但是该顾客此次购物就是为了给女朋友惊喜，因此，其在购物时，必然会考虑女朋友的感受。而该客服人员向他介绍这是使用者喜欢的明星的同款产品，所以，这便很好地起到了刺激购物的作用。

2. 构建与购物者的情感联系

在谈到价格问题时，该客服人员将有赠品这个“秘密”告诉顾客，并将某游戏作为与购物者构建情感联系的介质。这就会让顾客觉得产品似乎没那么贵了，而且赠品是顾客喜欢的产品，也能让产品对顾客产生更大的吸引力。

而这样一来，顾客便很容易出于客服人员与自己有共同的爱好而对其产生好感，将其推荐的产品列入购物清单中。大部分购物者更可能会因为客服人员的“善解人意”而对该客服人员所在的公司（或店铺）“路转粉”，在下次有相关购物需求时，将该公司（或店铺）作为第一参考。

- **【注意事项】**

虽然客服人员要与顾客建立情感联系，进行交流是不可或缺的，但是，在与顾客交流时，客服人员还需注意如下3点。

1. 不应太过啰唆

有部分客服人员认为多说话就是重视顾客的表现，其实不然。当客服人员没完没了地说话时，顾客可能会这样想：我都不想讨论这个问题了，你还在不停地说，这也太不尊重我了。

而且，当一个人话太密的时候，往往会让他人产生反感情绪。相信许多人都看过周星驰的《大话西游》电影。在这个电影中，唐僧之所以会让人无法忍受，最关键的一点就是话太密了。客服也是同样的道理，如果客服人员不停地说话，顾客很容易对客服产生厌烦情绪。

2. 不宜直接推销

有的客服人员，特别是刚进入该行业不久的新手，很容易犯一个错误，那就是直奔主题，将自己推销产品的目的展露无遗。对此，客服人员需要想到的是，你与顾客此时还是陌生人，如果你面对这样一个直接向你兜售产品的陌生人，你会轻易相信他的话吗?

当然，顾客可能会因为受到价格优惠等因素的影响，完成产品的购买。但是，在此过程中，顾客会明显感到你只是不停地在引导他消费，而构建情感联系自然也就无从谈起了。

3. 要以顾客为中心

客服人员从事的是服务行业，在服务行业中，很重要的一点就是以顾客为中心。大多数情况下，如果顾客能感受到你是为他着想，那么，他会慢慢对你产生好感。而这种好感的出现，在很大程度上，能让摇摆中的甚至是原本没有购物打算的顾客，购买客服人员推荐的产品。

002 给予足够重视

● 【要点呈现】

谁都是要面子的，顾客也不例外。当顾客就相关问题向客服人员询问时，他必然会有一种希望得到足够重视的心理需求。此时，如果客服人员能满足顾客获得重视的心理需求，那么，他就会觉得你是“给他面子”的。而这样一来，顾客对你说的话也就更容易听得进去。

在笔者看来，客服人员对顾客的重视可分为如下2个层次。

1. 围着顾客转

围着顾客转，顾名思义，就是指跟在顾客身边，当顾客有需求时便积极地为顾客服务。比如，顾客在实体店购物时，作为客服人员，你可以与顾客进行适度的交流，并陪在顾客身边。一旦顾客对某件产品有兴趣，你就要主动将产品拿给顾客看，并进行一些讲解。

围着顾客转最大也是最直接的好处，就是能够让顾客明显感觉到你对他的重视。至少你陪在他身边，就是认为他有消费能力，而这在顾客看来，就是“给面子”的最基本体现。

2. 想顾客所想

很多情况下，围着顾客转虽然能从一定程度上增加成交率，但是，光陪在顾客身边还是很不够的。因为除了人在身边之外，顾客往往还希望客服人员的心在自己身上，也就是说，客服人员应该想客户所想。找到能够刺激顾客消费的点，从而引导顾客完成购物。

● 【实例剖析】

客服：您好，我是××店的客服小张。请问有什么可以帮到您吗？

顾客：我经常出差，很怕哪天忘记给手机充电而耽误了生意。从网上看到你们店是专营手机配件的，先问一下有没有什么产品可以推荐的？

客服：对于您这个问题，小张觉得您可以看一下我们店的几款充电宝。就是不知道您对产品还有没有什么具体要求。

顾客：嗯，就8000毫安时，够给手机充一次电就可以了。

客服：8000毫安时的充电宝我们店有几款，只是，小张还想多嘴问一句，您是否有及时给设备充电的习惯呢？

顾客：你不说我倒是没想到这一点。我这个人事情比较多，所以，有时候会忘记一些事，就比如给手机充电。

客服：如果是这样的话，小张给您推荐 A 产品。这是一款 10000 毫安时的充电宝，即便您某次用完忘记充电，也能保证下次再用时可解燃眉之急。最关键的是这款产品价格只比店里 8000 毫安时的充电宝稍高一点，而且体积小、质量轻，更便于出差人士随身携带。

顾客：便于携带确实是很重要的一点，我竟然一时没想到，还是你们这些专业人士厉害。非常谢谢你的建议，听你这么说，我也觉得你们的 A 产品是最适合我的。

客服：您太客气了，小张代表 ×× 店感谢您的支持。以下是我们店 A 产品的链接，您可以直接在上面进行购买。如果还有什么疑问，欢迎您再次与小张联系哦！

……

以上为某客服人员与顾客在线交流情景的再现。从这个例子中不难看出，这个顾客对于此次购物只有一个大概方向；但是最终却下决心进行购买。在此过程中，客服人员对顾客的重视绝对是起到了决定性作用。具体来说，客服人员对该顾客的重视体现在以下两个方面。

1. 主动询问

在上面这个案例中，顾客最初只是询问有什么产品可以解决手机充电不及时这个问题，但是，最后却将购买对象锁定为 A 产品。在此过程中，正是客服人员围绕客户的购买需求进行的一次次主动询问让顾客的购买对象逐渐明晰。因此，作为客服人员，主动询问并通过分析知晓用户的具体需求是必须掌握的一个技能。

2. 适度引导

从本案例中不难看出，在对顾客需求进行询问之后，该客服会为顾客推荐某类或某款产品。这样做不仅能增加推销的针对性，还能让顾客觉得你是出于对此次交流的重视，站在他的角度思考问题。

比如，当得知顾客有时会忘记给手机充电时，该客服人员根据顾客习惯引导其购买 10000 毫安时的充电宝，并在此基础上推荐其中体积小、质量轻的一款适合出差人士使用的产品。这看似处处在为顾客着想，实则是在有针对性地对顾客进行引导，提高推销的成功率。

● 【注意事项】

为了达到销售的目的，给予顾客足够的重视是必需的。但是在实际操作时，客服人员还需要多多注意自己的言行，切不可因为不当的言行，让顾客感受到不被尊重。具体来说，客服人员需要特别注意推销过程中的方式方法。

有的客服人员在与顾客交流的过程中，只是想方设法地对产品进行推销，而未考虑顾客是否有需求，这样做最后的结果很可能就是让顾客对客服人员产生反感，进而使顾客打消购物的念头。

003 避免轻言拒绝

- 【要点呈现】

除了自身有需求之外，许多顾客之所以最终选择某个公司的产品购买，是因为该公司的产品以及客服人员给他留下了较好的印象。所以，客服人员在服务过程中需要尽可能地让顾客心里感觉舒坦，通过服务给顾客留下好印象，即便顾客提出的要求有些过分，也不应直接拒绝。

当然，不直接拒绝也不代表要一味顺从。对于一些不合理的要求，客服人员可以通过委婉拒绝和提供建议的方式进行化解。

1. 委婉拒绝

虽然作为一名客服，难免会遇到一些提出不合理要求的顾客，但是如果直接拒绝，很可能会让顾客觉得没有面子，这样一来，顾客的心情势必会受到不好的影响，而引导顾客消费的难度也会大大增加。

拒绝自然是不好的，但是，有时又必须拒绝。那么，应该怎么做呢？其实，客服人员可以通过相对委婉的方式表达拒绝。这其实就是对“做事留一线，日后好相见”这句话的诠释。

因为即便此次顾客的要求有些过分，但是他至少仍有向客服询问的诉求。而如果直接拒绝，那么，就相当于断了顾客再次光顾的念头。很显然，这并不是一名客服人员所乐见的事。

2. 提供建议

委婉拒绝虽然表达了客服人员的态度，但是，顾客却不一定能领会，或者说部分顾客需要的是解决某件事的方法，仅仅表达态度是不够的。对于这种情况，客服人员可以结合自身经验，给顾客提供切实可行的建议。

对于一般的客服人员来说，当顾客的要求不合理时，可能想得更多的是如何快点打发顾客，但是，金牌网店客服则会通过建议的提供让顾客感受到善意，进而让顾客从路人转化为品牌或公司的回头客，甚至是充当宣传员。这便是一般客服与金牌网店客服之间的差距。

- 【实例剖析】

客服：您好，客服小刘为您服务。

顾客：我男朋友说给我准备了一个情人节礼物，我查到他最近在你们店进行了一笔消费，他的 ID 是 ××，能不能麻烦你帮我查询一下他买的是什么呢？

客服：小刘也想帮您，但是，消费记录是顾客的个人隐私，所以为了避免不必要的纠纷，即便您是顾客的女朋友，小刘也不能帮您查询他的购物信息。其实，亲可以换位思考一下，您也不想自己的消费信息轻易就被别人获取吧！

顾客：其实我也知道提出这样的要求有些不合理，只是我实在是太想知道他会给我什么惊喜了！

客服：感谢亲的理解，亲也说了想获得惊喜，那小刘便给亲一个建议：惊喜之所以称之为惊喜，是因为它有些意想不到。但是，如果您在收到礼物之前便知道它是什么，那么，惊喜也就大打折扣了。所以，亲只需抱着期待静静地等待礼物来敲门，坐等被感动就好了。

顾客：你的话确实有道理。没想到我没在你们店铺买东西，你还这么耐心地为我解答疑问，搞得我都有些不好意思了，真是要为你的服务态度点赞了。

顾客：亲太客气了，能够帮到亲，获得亲的认同，小刘的工作便多了一分动力，给你比心哦！

……

以上为某客服与顾客的部分线上交流内容，从中不难发现，顾客最初的目的是想获得其男友的消费信息，而该信息又是客服人员不能告知的内容。但是，该客服人员用委婉拒绝和提供建议的方法解答了顾客的疑问。

具体来说，当顾客提出“能不能麻烦你帮我查询一下他买的是什么呢？”，该客服人员没有直接说“公司规定不能向他人告知顾客信息”，而是从保护隐私切入，加入换位思考的分析，委婉地表达不能提供查询服务。

在客服人员说明不能提供消费信息之后，顾客表达了自己的真实想法“我实在太想知道他会给我什么惊喜了！”而该客服便以“惊喜”为切入点，为顾客提供了等待惊喜的建议，从而很好地打消了顾客获取其男友的消费信息的念头。

值得一提的是，在这个对话过程中，客服人员不仅解答了顾客的疑问，还获得了顾客的认同和点赞。

这些虽然乍看起来并没有实质性的用处，却让顾客对客服人员，乃至其所在的店铺产生了好感。在这种好感的推动下，顾客很可能会出于情感因素增加对店铺的信任度，进而将店铺作为下次购物的重要选择。也就是说，就是这一次对话，顾客很可能会由路人变为品牌的长期消费者。

- **【注意事项】**

避免轻言拒绝，并不是不顾一切地迎合顾客，毕竟客服人员有着自身的职业操守。所以，即便“顾客是上帝”，也不能为了给用户留下好印象就突破自己的底线，这是客服人员应坚守的原则。

需要特别说明的是，在为用户提供建议时，应结合用户所需，为用户解决实际问题，否则，建议便变成了毫无用处的空谈。另外，在提供建议之前，应确定顾客确实有需求，如果顾客只是需要一个答案，而客服人员仅提供建议就会让顾客感觉到自己不被尊重，甚至会怀疑产品的质量。

比如，当用户向客服人员询问产品的成分时，如果客服人员不能提供具体的成分列表，而是建议用户先将产品买回去，然后再在产品说明书上查看。那么，出于对产品质量的怀疑，绝大部分顾客是不会买账的。

004 利用从众心理

- 【要点呈现】

从众心理即个人受到外界的影响，认为外界的行为就是适应当时情景的选择，所以，为了保持与绝大部分人行为的一致性，会参照周围人群的行为调整自身行为。简单来说，这就是一种随大流的心理。

在从众心理的影响下，当人们看到一部分人的行为之后，会在潜意识中将此行为视为他人根据某一事实做出的最佳选择，因此，即便不知道为什么要做出该行为，依然会加入这一群体中，让自己看起来更容易融入环境，而不至于显得格格不入，如图 1-1 所示。

▲ 图 1-1 从众效应

许多人曾做过与从众心理相关的实验，结果证明当看到周围人做出某一反应之后，绝大部分人都会让自己融入其中，而能在环境影响下保持独立性的人却很少。也就是说，绝大部分人是容易受到从众心理的影响的。

针对这一点，客服人员可以利用从众心理，通过名人效应、高好评率等方式，对顾客进行消费引导。接下来，笔者就分别对上述两种常见的利用从众心理的方式进行简要说明。

1. 名人效应

许多顾客在潜意识里会认为名人用的东西相对来说都比较好，所以，当看到某名人也在用某一产品时，顾客通常会认为该产品更值得信赖。尤其是当顾客对某名人有好感，而该名人又是产品的使用者时，顾客很容易爱屋及乌，从情感上有意识地为产品加分，甚至看到产品中名人的信息之后便果断出手下单。

具体来说，在实际操作时，客服人员可以通过告知名人是产品的代言人、名人也是产品的受众、产品是名人同款等方式，借由名人效应，增加顾客对产品的兴趣，引导顾客进行消费。

2. 高好评率

除了名人与产品的关联性之外，许多顾客在购物之前都会将其他产品使用者或购买者的评价作为评估产品好坏的重要依据。通常来说，好评率较高的产品，顾客往往更容易放心购买。

因此，当产品好评率较高时，客服人员可以亮出具体的数值，并将之与同类产品的好评率做比较，让顾客从心理上认为该产品不仅是同类产品中销量较高的产品，更是口碑较好的产品。

- 【实例剖析】

顾客：亲，在吗？

客服：您好，××，客服悦悦为您服务。请问亲有什么需要？

顾客：我很少在网上买首饰，但是你们店的 A 项链看上去还可以，就是不知道实际效果怎么样？

客服：A 项链是 ×× 女明星同款，在我们店也是卖得最好的产品，亲，眼光很好啊！ ×× 女明星最近出席新片发布会时戴的就是这款项链，这是几张她戴项链时的照片，亲，可以看一下效果。

顾客：这个明星戴着确实很好看，只是我们这种普通人与明星的差距就好比是买家秀与卖家秀，可能明星戴着看起来很时尚，但是，像我这种自身条件不怎么好的，戴着就土到掉渣了，哈哈！

客服：悦悦的经验是绝大部分本身条件就好的人却往往比一般人更谦虚一些，只怕亲也是其中一员了。不过，我们店 A 项链的好评率达到了 98%，许多顾客收到后还晒出了自拍照，如果亲想获得更多参照对象，可以去评价区看一下哦！

（几分钟之后）

顾客：我仔细看了一下别人的评价，总体感觉你们这款 A 项链还不错啊！我想人是应该自信一点，即便自己的穿戴效果不如别人，但是买到自己喜欢的东西也是一件值得高兴的事！嗯，我觉得我还是要买一件试试，哈哈！

客服：感谢亲对本店产品的信赖，相信我们的产品也不会让您失望，悦悦在此祝您购物愉快。

……

以上为某店铺客服与顾客线上交流的部分内容，顾客之所以下定购物的决心，客服人员运用从众心理进行的消费引导可谓起到了至关重要的作用。

具体来说，上述交流主要可分为两个阶段。第一个阶段是顾客希望获知项链穿戴后的效果。对此，客服人员顺利以明星同款切入，并为顾客提供相关照片，这在让顾客获得穿戴效果的同时，也从一定程度上增加了产品对顾客的吸引力。

第二个阶段，顾客将重点放在了自身穿戴效果的评估上。客服人员先是对顾客进行了适度的赞扬，然后，以为顾客提供更多参考为由，亮出好评率，并邀请顾客查看评价信息。这不仅表达了对顾客的重视，更体现了客服人员对所销售的产品的自信。在这两方面的影响下，顾客自然更愿意下单购物。

- 【注意事项】

客服人员在利用从众心理引导消费时应结合具体情况。比如，当产品的好评率不太高时，如果还晒出好评率就不太合适了。另外，如果好评率较高，但是好评的文字评论较少，而差评的评论篇幅却很长，则不宜将好评率作为切入点。

因为当顾客看到这种情形时，可能会认为许多顾客只是习惯性地给好评，甚至有可能会怀疑是商家在请人刷好评，所以，此时的好评率在顾客的眼中便失去了参照的价值。

005 顺从逆反心理

- 【要点呈现】

逆反心理即当一方就某事提出建议、看法时，另一方为了所谓的自尊或标新立异，采取相反的行为或动作的一种心理。逆反心理在青少年的成长过程中较为常见，具体表现为当父母就某一问题提出要求时，部分青少年为了心里痛快，不管结果会怎样，一味地与父母对着干，如图 1-2 所示。

▲ 图1-2　逆反心理

虽然大多数顾客心智比较成熟，能够控制自己的情绪，但是，仍有小部分顾客在情绪不好的时候，可能会产生逆反心理。此时，作为客服人员，你要做的不是不停地劝导，而是在顺从其心理的基础上，采取一定的举措，将顾客的逆反心理消除。

一般来说，客服人员可以通过提供台阶、缓解气氛等方式消除顾客的逆反心理，下面笔者分别进行解读。

1. 提供台阶

顾客之所以会有逆反心理，很可能是因为某些事让他一时难以控制自己的情绪。所以，当遇到有逆反心理的顾客时，客服人员需要做的不是与顾客对着干，或对顾客的反应不闻不问，而是应该在配合顾客的基础上，为顾客的情绪提供一个宣泄的渠道，让顾客有台阶可以下。

2. 缓解气氛

如果说提供台阶是让顾客的逆反心理有地方可以宣泄，那么，采取合适的方式缓解气氛就是加快顾客心理的转变，通过轻松环境的营造，潜移默化地影响顾客，让顾客更好地调整自己的情绪。

- **【实例剖析】**

顾客：客服在不在啊？

客服：您好，我是客服小宝，很高兴可以为您服务。请问亲有什么需要？

顾客：你是高兴了，就是不知道你们这产品能不能让我高兴。

客服：小宝一看亲的头像就知道是位美女，能和美女聊天当然是值得高兴的事啊！当然，小宝对我们店的产品还是有信心的，相信亲可以在本店收获一次愉快的购物体验。

顾客：那好，我想买一瓶洗面奶，你给我推荐一下。

客服：本店卖得比较好的洗面奶主要有A、B、C三款，其中，B款不但性价比高，而且适合所有肤质，小宝自己用的也是这款，个人感觉还不错，纯属良心推荐，亲可以买一瓶试试哦！

顾客：所以，你是怕我买不起？我要的不是适合你的，而是最好的，这三款哪款最贵？

客服：亲说笑了，像亲这种美女自然是值得拥有最好的，是小宝考虑不周了。A款是三款中价格稍高的，同样也是适合所有肤质的。我们老板娘用的就是这款，据小宝的观察，也还不错哦！

顾客：不好意思，最近情绪不是很好，刚刚说话有些冲，难得你还这么和气地给我意见。我想还是听你的建议买B款好了！

……

以上为某客服与顾客的线上交流内容，从中不难看出，一开始顾客的逆反心理很严重，甚至有些故意找茬的意味，因此，无论客服人员怎么回应，她都能说出一些比较冲的话。而该客服的高明之处就在于，反应快速，能够顺从顾客的心理，并及时为顾客提供一个台阶。

另外，在此过程中，客服人员及时缓解气氛也起到了关键的作用。客服人员不仅将过错都揽在自己身上，还通过大量感叹句避免与顾客针锋相对造成尴尬，让顾客感受到自己的善意，并最终帮助顾客赶走了负面情绪。

- 【注意事项】

当顾客出现逆反心理时，只有最不明智的客服人员才会与顾客针锋相对，因为这样不仅会让交流的过程难以获得预期的效果，还有可能让客服人员自身的情绪受到顾客的影响，走向负面。这样对客服人员来说就有些得不偿失了。

除了不与顾客针锋相对之外，对顾客的逆反心理坐视不理也不是明智的选择。这主要是因为如果不能有意识地引导顾客的情绪，顾客就会觉得自己不被重视，甚至会将下单购物等同于花钱受罪。因此，在这种情况下，顾客的负面情绪将一直持续下去，而整个交流可能会以不愉快的方式结束。

比如在本案例中，如果客服人员只想着引导消费，却不思考如何缓解用户的情绪，那么，当顾客说到“你是高兴了，就是不知道你们这产品能不能让我高兴”时，便会认为顾客可能只是故意找茬，这样一来，客服人员也许就没有心情再去为顾客做推荐，而这笔交易也就不可能达成了。

006 容忍泄愤心理

- 【要点呈现】

泄愤，顾名思义，就是发泄心中的愤怒。顾客之所以会在与客服人员的交流过程中泄愤，既有可能是顾客在自身情绪的影响下，找客服发泄愤怒情绪，也可能是因为客服所在公司或店铺在某方面的服务出了一些问题。在实际操作时，客服人员可以在了解顾客愤怒的原因之后，采取合适的方式疏导顾客的情绪。

1. 负面情绪引发的愤怒

谁都有情绪不好的时候，顾客们自然也不能例外。在负面情绪的影响下，部分顾客可能因为对某些信息查看不仔细而认为是商家的服务出了问题。对于这种情况，客服人员应在稳定顾客情绪的基础上，帮顾客找到问题，并积极为顾客提供解决方案，在疏导顾客情绪的同时，给顾客留下好的印象。

2. 服务不周引发的愤怒

除了受到负面情绪的影响之外，许多顾客之所以会向客服撒气，就是因为商家在服务上不够周到。对此，客服人员在了解了原因之后，首先要做的就是积极承认错误，并尽可能地采取一些措施对顾客做出一些补偿。

虽然很多顾客对服务不周愤怒，并不是希望借此获得补偿，但是，如果客服能够及时承认错误并做出一些补偿，那么，在顾客看来，商家知错能改，态度还算好，所以，即便服务不周也不至于留下太差的印象。

- 【实例剖析】

顾客：客服敢不敢出来吭一声？

客服：您好，我是客服莹儿。请问有什么可以帮到亲的？

顾客：你们是不是觉得我特别傻？买了两件产品只给我发了一件的货！

客服：实在不好意思，您稍等一下，我帮您查询一下！

顾客：别告诉我你们发了两件货，还有一件人间蒸发了。

客服：您放心，既然您在我们这里购买了商品，我们就会负责到底。

（几分钟后）

客服：我帮您查了一下，因为您是分两次购买的，所以，我们也是分两次发的货。其中，一件产品显示已确认送达，还有一件产品的状态显示为配送中。您可以到您的订单中进行查看。

顾客：难道是我没搞清状况，怪错你们了吗？我先去看一下，你稍等。

客服：嗯，好的，莹儿在这里等您。

（几分钟后）

顾客：还真是有一件货在配送中，不好意思，是我最近情绪有些波动，还没搞清楚状况就把责任推到了你们身上。

客服：亲，不必太过自责，之所以会出现这样的问题，我们也有责任。如果当时发货的同事能够做好订单的整合工作，将您购买的产品同时打包就不会给您造成困扰了。对此，我们深表歉意。

顾客：你这样说我都有些无地自容了，和你们的服务态度相比，我的态度实在是……唉，不说了，给你们点赞。下次有需要再来麻烦你们。

客服：亲实在是太客气了，只要有需求欢迎随时和莹儿交流哦！

……

以上为某客服与顾客的部分交流内容，纵观整个交流内容不难发现，顾客之所以会愤怒，归根结底还是顾客受到自身情绪的影响，对相关信息了解不足而引起的。但是，客服人员在此过程中不但帮顾客找到问题，提供解决问题的方案，还积极承担责任，表达歉意。

这不仅大大缓解了顾客的尴尬，更让顾客觉得客服及其所在的商家是勇于承担责任的，而这无形之中便让顾客对商家的印象分大为增加，甚至有可能直接将顾客转化为商家的粉丝。

- 【注意事项】

面对愤怒的顾客，客服人员可以在开始时适当示弱，让顾客的心情慢慢平复下来，然后探寻其愤怒的原因，并找到与之对应的解决方案，帮助顾客解决实际问题。这样不仅可以对顾客的情绪起到正面的引导作用，还能在服务过程中凸显客服人员负责任的态度。

另外，即便自身没有什么过错，客服人员也应该将责任揽在自己这一方，这在化解尴尬气氛的同时，还可在顾客心中塑造客服及其所在商家敢于承担的形象，让顾客对商家多一分信任感。

007 缓解焦躁心理

- 【要点呈现】

焦躁心理是两方面的综合反映，一方面是时间迫近，急于要完成某一件事；另一方面是这件事还未完成，所以为此感到不安，甚至是心烦意乱。对于焦躁的顾客，客服人员需要从两个方面进行把握，具体如下。

1. 把控节奏

如果顾客被焦躁心理占据，那么，顾客势必会希望快速解决问题。但也正是因为过于急切，所以在对问题的说明等方面，顾客可能会不太重视。而作为客服人员，只有在清楚了解顾客的问题之后才能有的放矢，找到解决问题的最佳切入点，并选择在最佳时机出手。

因此，即便顾客是服务对象，客服人员也不能被急躁的顾客牵着走，而应该冷静地面对顾客，主动把握好交流的节奏，想一些办法让顾客的情绪慢慢缓和下来，并通过交流尽可能全面地获得问题的相关信息。

2. 寻找对策

虽然通过节奏的把控，顾客负面的情绪对客服人员的影响会相对较小，顾客也慢慢地冷静下来了，但是，仅把控节奏并不能解决问题。

所以，在把控节奏之后，客服人员还需要在获取顾客问题的基础上，对具体问题进行具体分析，并寻找相应的对策，免除顾客的后顾之忧。否则，顾客的情绪虽然暂时缓解了，但是却有再次爆发的可能。

- **【实例剖析】**

顾客：客服在吗？如果在，请马上回复我，有急事，有急事，有急事，重要的事情说三遍！

客服：您好，我是客服小杨。请问有什么可以帮助您的吗？

顾客：我在你们店购买的A产品，怎么还不发货啊！

客服：您能给我看一下订单信息吗？

顾客：唉，好吧，这是订单截图，你看一下。

客服：这上面显示您是两小时之前下的单，我们公司一般是半天之内发货的，您放心，马上就发货了。

顾客：三天后我就要用这批货，所以当初我下单的时候为了快一点收到货还特意选择了距离相对较近的商家。但是，现在看你们发货都这么慢，估计三天之内是到不了了，唉！

客服：小杨也知道您的时间宝贵，但是，我们对待所有的顾客都一视同仁，发货也是严格按照下单顺序来的。可能是最近订单比较多，所以我们发货的同事工作量比较大。您也不必太过着急，相信马上就可以给您发货了。

顾客：唉，这可怎么办啊！如果再买一次，那买得又太多了，势必会造成浪费，而且在网上买还不一定能在三天内送到。如果不买的话，又会打乱原来的计划，甚至影响整个安排。唉，好愁啊！

客服：其实您大可不必如此焦躁，小杨从订单信息上看到您的收货地址与我们店在同一个城市。以小杨的经验来看，同城快递一天左右便可送达，加上发货的时间，您在两天之内应该可以收到快递。所以，您大可放心，无论如何，三天之内您是绝对可以收到快递的。

顾客：真的吗？你可别骗我。

客服：您就放心吧！现在也不算快递高峰期，即便是“双十一”那种时间段，同城快递三天之内也会到达的。

顾客：听你这样说我就放心了，非常感谢你帮我解决了这个问题。我都感觉自己比之前平静多了呢！

客服：能帮到您是小杨最高兴的事，下次亲如果还有任何问题，都可以来和小杨交流哦！

……

上述为某客服人员与顾客交流的部分内容，由对话中不难看出，从与客服人员交流时开始，该顾客的焦躁心理便显露无遗。这一点从顾客连说三次“有急事”就可见一斑。

面对这种情况，客服人员先是将交流的节奏把握在自己手中，通过询问了解了顾客的需求。在此过程中，虽然主动权始终在客服人员手中，但是仅凭这种不急不缓的询问，仍旧是无法解决顾客的问题的。

所以，在交流的后半阶段，客服人员在把握节奏的基础上，通过发货时间的告知、快递送达时间的评估等方式，让顾客清楚地知道快递将在限定时间内到达，从而让顾客的情绪归于平静。

● 【注意事项】

客服人员在与有焦躁心理的顾客交流时，需要特别注意的一点是，把控交流节奏的目的是让客服人员不受顾客负面情绪的影响，并让顾客尽可能地冷静下来，但是，并不等于对顾客的诉求坐视不理。

这主要就在于当顾客产生焦躁时，如果客服人员不能够正视，那么，顾客的焦躁得不到疏导，心中的郁结可能会更严重。更有甚者，会在焦躁中产生愤怒，并将气撒在客服身上。这样一来，客服人员与顾客的交流可能很难愉快收场，而给顾客留下好印象很可能也就成了空谈。

008 呵护虚荣心理

● 【要点呈现】

虚荣即表面的荣耀或虚假的荣誉。虚荣心理是一种被个人自尊心，或者说面子扭曲了的心理。这是由于人们过于看重荣耀，过分保护自己的自尊心而产生的一种不正常的社会情感。

怀有虚荣心理的人群最大的特点就是喜欢在人群中突出自己的位置，让他人关注自己，甚至是仰视自己。最典型的表现是通过与其他人的比较，突出自己在某方面的

“优势”，让自己看起来更有面子，如图 1–3 所示。

▲ 图 1-3　虚荣心理

在工作过程中，客服人员通常会遇到两种虚荣型顾客，一是要面子型，二是装专家型。下面，笔者就对这两种虚荣型顾客分别进行解读。

1．要面子型

一部分顾客购买一件商品，是因为周围的高端人士也在使用该产品，所以，购买商品就是为了融入高端人士的圈子。其实质就是通过商品的购买，让自己觉得有面子，维护自己的自尊心。

这类虚荣型顾客往往会将产品是否是正品作为关注的重点，因为在他们看来，只有买到的是正品，他们才敢大大方方地拿出来让其他人观摩。而如果买到的并非是正品，那么，就一定会被别人嘲笑，花了钱还不算什么，最关键的是会让自己面子挂不住。

对于此类顾客，客服人员呵护其虚荣心理的最好方式就是告知产品是正品，并为其提供验证的方法，让他们自己去验证真伪，并从心里觉得自己买到的的的确确就是正品。

2．装专家型

除了爱面子型之外，另一种常见的虚荣心理类型便是装专家型。这一类型的顾客可能对其购买的产品有一定的了解，但这种了解通常也只停留在浅层。然而，在顾客看来，自己对与产品相关的信息全部都知道，甚至可以说是这一方面的专家。因此，即便是卖家也应该听从自己的专业意见。

当然，有的顾客之所以会装专家，可能并不是虚荣心理作怪，而是暗示客服人员自己对产品所在的领域有所了解，客服人员不能像对待小白一样随便找个由头就将自己给打发了。

对于装专家型顾客，客服人员需要尽可能地维护顾客为自己塑造的高大形象。因为自身了解的并不如想象中那么多，此类顾客在与客服人员交流的过程中会显露其真实水平。但是，客服人员却不宜直接拆顾客的台，如果顾客的某些错误实在无法绕过去的话，可以通过类似于提醒、建议之类的话语给顾客以暗示，尽可能地呵护顾客的虚荣心。这不仅可以避免拆穿顾客带来的尴尬，更可以让顾客的虚荣心得到满足，在顾客心中树立“懂事”的客服形象。

- 【实例剖析】

顾客：请问客服在吗？我有事在线急等！

客服：您好，×× 客服为您服务。

顾客：你好，我前几天在你们店买了一部手机，这是订单截图，你看一下。

客服：从您的订单截图可以看出，您是在 5 天前购买的。我查了一下，现在订单状态显示为配送中，您是还没有收到货吗？

顾客：不是，我是昨天收到货的，用了 1 天准备评价的，但是看了某些顾客的评价之后，我有些怀疑这手机是不是正品了。

客服：这个问题您可以放心，我们是官网直营店，保证产品都是正品，并且只要手机还没有激活，7 天内都可以退货的。

顾客：问题是我已经激活了，而且我更关心的不是能不能退货，而是买到的是不是正品。钱也就几千块钱，但是如果买到的是假货，那脸就丢大了。毕竟很多人都看过我的新手机了。

客服：如果您实在不放心的话，我可以给您提供一种验证产品是否是正品的方法。这个品牌的手机都有一个序列号，并且每个手机的序列号都是唯一的，您可以到该品牌的官网上输入序列号进行验证，马上就会有结果。

顾客：那好吧，我就按你说的方法去试一下，千万保佑是正品啊，否则又得花钱再买一部新的了。

客服：您放心，对于产品质量我们会负责到底，如果查出来不是正品，我们将做出双倍赔偿。

（几分钟后）

顾客：结果出来了，果然像你说的是正品。这下我心里的大石头终于落地了。看来你们店的东西还是比较靠谱，下次如果还有需求，我会再来你们店的。

客服：感谢亲的信赖，我们一定不会让您失望的。您的支持就是我们工作的动力，期待您下次继续光顾本店哦！

……

以上为某客服人员与顾客线上交流的部分内容，在这个案例中，顾客关注的重点并不是金钱上的损失，而是产品如果不是正品会让他觉得很没有面子。很显然该顾客是典型的爱面子型顾客。

而客服人员在与该顾客的交流过程中，先是表明7天可退货，见此方法无效之后，改变方针，为用户提供验证方法，并做出相关保证。这既是对自己产品的自信，也是对顾客负责任的表现。所以，当顾客亲自验证手机为正品时，顾客最终放下心来，并基于客服和商家给自己留下的印象，口头上做出了再次光顾的约定。

- **【注意事项】**

对于虚荣型顾客，客服人员在与之交流时应以呵护其心理为基础，即便他们在交流中露出了马脚，也不宜当面指出其说得不对的地方，更不能与顾客就某一问题进行争论。

因为虚荣型顾客往往比其他人群更注重自尊心的保护，如果客服人员指出了他们的问题，他们可能会觉得无地自容。为了避免伤疤再次被揭开，这类顾客势必会尽可能地避免与看到自己窘境的客服相遇。

而要避免相遇，最直接的办法就是再也不在客服所在的店铺购物了。所以，如果客服人员不能呵护好虚荣型顾客脆弱的自尊心，那么，客服人员很可能就直接失去了一位顾客。

第 2 章

10 个要点，**介绍产品，突出特色亮点**

学前提示

大部分顾客在购买产品之前之所以会与客服人员进行交流，就是因为他们还未下定购物的决心，或者说还未找到自己需要的产品。

所以，此时客服人员的产品介绍就显得尤为重要了。如果客服人员懂得结合顾客的需求突出产品的特色亮点，那么，往往更容易吸引顾客完成选购。

要点展示

- 详细地描述产品
- 展现产品的细节
- 凸显产品的优势
- 使用得体的语言
- 有针对性地介绍
- 少说晦涩的术语
- 不宜生硬地推销
- 不可过分地夸大
- 不应显得不耐烦
- 不能无视顾客意愿

009 详细地描述产品

- 【要点呈现】

顾客就产品的相关信息向客服人员询问，往往代表顾客对产品已有一定的兴趣。但是，由于还未真正将产品拿在自己手中，所以，顾客对产品的具体情况了解还比较有限。也正是因为如此，在与客服人员交流之前，这部分顾客对于要不要购买该产品可能还处于摇摆状态中。

对此，客服人员需要做的就是尽可能详细地向顾客介绍产品的信息，让顾客对产品有更多的了解，并觉得产品确实是值得购买的。在描述产品时，客服人员可以从两个角度进行考虑，具体如下。

1. 尽可能全面地介绍产品

许多顾客在购物之前与客服人员进行交流都是希望获得更多产品的相关信息，从而进一步确定是不是要下单购买。毫无疑问，此时顾客对产品是心存疑虑的，这种疑虑更多是来自他对产品并没有足够的了解。

因此，客服人员便可以以此为切入点，尽可能全面地介绍产品，这样不仅能满足顾客对产品信息的获知需求，还为客服人员推介产品提供了一个很好的机会。而且只要处理得当，顾客还会认为客服人员是在为自己着想，让自己更好地做出判断，而不是纯粹地为产品打广告。

2. 根据顾客意图进行描述

虽然尽可能全面地介绍产品可以增加顾客对产品的了解，但是，如果客服人员只顾着宣传产品而不考虑顾客是否需要，那么，介绍信息在顾客看来便是毫无意义的。更有甚者，部分顾客可能会对客服人员介绍产品的行为感到反感。

所以，在描述产品之前，客服人员应根据顾客的反应判断其意图，并根据顾客的意图进行有针对性的描述。这样一来，客服人员的信息描述便适应了顾客的需求，而顾客也更容易买账。

- 【实例剖析】

顾客：请问客服在吗？

客服：亲，上午好，客服小雅为您服务。

顾客：你好，我在你们店铺看到了《××》这本书，就是不知道这本书是不是适合我这种没有什么摄影基础的人。

客服：这本书虽然是教人如何一步一步成为摄影大师的，但是，其中的内容都是从零基础开始讲的。比如，第 1 章内容便对市场上几款主流手机型号的配件分别进行了介绍。在具体内容上还通过图文的形式对具体硬件配置进行了详细的解读，亲即便是没有摄影基础，也可以通过作者的介绍全面把握您手机的硬件配置哦！

顾客：那这本书会不会因为要讲清楚问题就花很大的篇幅讲一个内容呢？它不会就告诉我怎么拍照片吧！

客服：您放心，这本书的两位作者都具有丰富的摄影和写作经验，书中的内容既简洁又明了。另外，虽然拍摄技巧是本书的重要内容，但是除此之外，这本书还对手机内置功能、构图光影、色彩搭配、拍照APP、修片软件、特效制作、视频拍摄、后期分享等诸多内容分别进行了介绍。所以，从怎么设置、怎么拍照到怎么进行后期处理、怎么分享，这本书都可以给亲提供一些实用的技巧哦！

顾客：听你这么详细地介绍这本书，我更加确定了，这本书简直就是为我量身定制啊！好了，我决定买一本看一看。

客服：感谢亲对本店的支持，小雅在此提前祝亲成为摄影大师！如果亲还有什么疑问，可以随时联系小雅哦！

……

以上为某客服与顾客交流的部分内容，从中不难看出，该顾客一开始并没有下定决心要买这本书。原因就在于他并不知道这本书是否真的适合自己，所以，为了避免买到对自己没有实际用处的书，他向客服人员进行了一番询问。

在这个案例中，客服小雅的处理方式可以说是值得许多客服人员学习的。这主要就在于她不仅回答了顾客的问题，还对问题进行了一些延伸，从而更多地向顾客介绍产品信息，增加产品对顾客的吸引力。

比如，对于顾客询问“它不会就告诉我怎么拍照片吧！”这个问题，可能绝大部分客服仅仅停留在对书的主要内容进行介绍的层面。但是，客服小雅却总结出设置、拍照、后期处理、分享等关键词，并将实用技巧作为主要的卖点。

当顾客看到小雅的回答之后，很自然地就会认为这本书能为他的摄影提供全程指导，而且技巧还都是较为实用的。因此，顾客会觉得他能从这本书中获得许多知识，物超所值。

- **【注意事项】**

在详细地描述产品时，客服人员需要特别注意，千万不能触犯如下两个禁忌。

1. 为宣传而介绍

虽然客服人员与顾客交流的目的是引导顾客进行消费，但是，在具体操作时不宜过分将目的显露出来。如果顾客能够明显感觉到客服人员是在刻意宣传产品，就会对客服人员的介绍内容抱有怀疑态度。

在这种情况下，顾客即便相信客服人员并非在捏造事实，至少也会认为客服人员的态度是“报喜不报忧”，可能产品还有许多自己不知道的严重不足。而这样一来，详细地描述产品可能起到的更多是负面作用。

2. 进行错误介绍

在详细地描述产品时，客服人员千万不能进行错误的介绍。这主要有两点原因。首先，对于顾客来说，客服人员介绍信息就是他们了解产品的重要途径，如果客服介绍的信息错误，而顾客买到商品之后发现并非如客服所说，那么，客服不仅会失去一名顾客，还会因为顾客的差评影响产品接下来的销售。

其次，向顾客描述产品是客服人员的工作之一，如果客服人员不能正确地进行介绍，那么，顾客就有理由相信客服人员对工作是不够认真的。而对于工作不认真的客服，许多顾客可能很难放心地在其所在的店铺购物。所以，受此影响，顾客很可能会直接打消购物的念头。

010 展现产品的细节

- 【要点呈现】

有一个成语说得好，见微知著。很多时候，人们只要看到关键细节的情况便可以对整体进行一个大致的评估。而顾客在购物过程中，可能不仅仅是见微知著，更是“以微定著”。具体来说，顾客可能仅仅以产品的某个细节直接判定该产品是否值得购买。

虽然由某个细节直接判定一件产品有些过于武断，但是，作为消费的一方，顾客在细节上有些挑剔也是为了让自己获得更适合的产品，这无可厚非。所以，为了让顾客对产品更有信心，客服人员可以将展现产品的细节作为一个突破点。

当然，展现产品的细节也是需要技巧的。具体来说，在展现产品的细节时，客服人员可以从如下两个方面寻找切入点。

1. 将描述信息细化

细节的展现首先就是描述信息上的细化。客服人员在向顾客介绍产品时，如果能够将细节内容如数家珍般呈现出来，那么，顾客不仅能更好地把握产品信息，还会觉得客服人员的工作认真细致，并基于此对客服人员及商家更多一分信任，从而出于个人情感认为产品是值得购买的。

当然，要将描述信息细化，客服人员自身需要对产品的信息足够了解。另外，在介绍产品时，客服人员可以从颜色、材质、包装、注意事项等基本信息入手，然后通过细节展示让顾客觉得产品更具可靠性。

2. 突出展现产品的精致

俗话说得好："爱美之心人皆有之。"虽然美是难以界定的，但是在绝大部分人看来，精致就是美的一个元素。所以，如果客服人员能够展现产品的精致，那么，顾客可能更容易被打动。

再加上顾客有了解产品细节的需求，当客服人员突出展现产品的精致时，实际上就是将细节中值得称道的部分呈现给顾客。所以，对于注重细节的顾客来说，精致的产品就是最重要的加分项之一。

- **【实例剖析】**

顾客：亲，在吗？

客服：亲，您好，客服小周为您服务。

顾客：你好，我刚刚在你们店看了A款马丁靴，感觉很有型啊！

客服：您眼光真好，A款马丁靴是我们店今年的爆款单品。从颜色来看，黑色易于清洁；从高度来看，10厘米既保有马丁靴应有的高度，又很好地保证了穿戴者动作的灵活性；另外，特有的耐磨大底，可满足穿戴者的需求，而无须担心底部磨损过快；魔术贴＋拉链＋绑带的鞋面设计则在尽显时尚的同时，让穿戴者更方便地穿脱。可以说，这款马丁靴很适合亲这种型男哦！

顾客：我认真看了这款鞋的图片，确实像你说的，很潮、很有型，但是看这鞋的高度和鞋面的材质，我估计即便是冬天穿也会有点热吧！

客服：确实，为了增加鞋的整体美感，这款鞋表面是打了蜡的头层牛皮，不过您也不必担心穿着会感觉热，因为这款鞋的内里是透气性比较好的头层猪皮。另外，这款马丁靴又为顾客提供了两种选择，一种是内里不加绒的，另一种是内里加绒的。如果您是在南方地区，选择内里不加绒的款式就不会感觉热了。

顾客：看到你的这些描述之后，我越来越感觉这双鞋的细节做得好了，当然，你对这双鞋的了解和认真介绍也是应该点赞的。像我这种细节控都找不到不买一双的理由了，哈哈！

客服：感谢亲对小店的支持，能够得到亲这种追求完美的人士的认可是我们的荣幸，祝亲购物愉快！

……

以上为某客服人员与顾客交流的部分内容，从中不难看出，该顾客从一开始就对A款马丁靴有好感，这由"我刚刚在你们店看了A款马丁靴，感觉很有型啊！"一句可以看出。所以，客服人员此时需要做的就是通过细节的展示，让顾客认为这款鞋堪称完美，并引导顾客下单完成购买。

对此，客服小周先是赞美顾客眼光，并用"爆款"进行强化，然后通过颜色、高度、鞋底、鞋面等介绍，在让顾客了解这款鞋的基本信息的同时，突出展现一些精致的细节设计，如“魔术贴 + 拉链 + 绑带的鞋面设计则在尽显时尚的同时，让人更方便地穿脱”。

所以，当顾客接收到客服的介绍之后，会有意识地重点查看客服提及的细节，而客服人员又突出地展现了产品的精致。因此，顾客便很容易由某些细节直接判定产品品质，并认为产品几近完美。

- 【注意事项】

与产品信息的全面性相比，展现产品的细节更看重的是细节方面的精致，也就是说，在展现产品细节时，客服人员应该选择最能吸引顾客的部分，而不应该像产品说明书一样，毫无重点地对产品进行介绍。

当然，颜色、高度、材质、包装等产品的基本信息也是细节的一部分，如果客服人员觉得在这些方面有必要进行说明，也可以捎带着略做介绍。但是，当基本信息并不能显示产品特点时，过分地介绍基本信息可能会让顾客难以感受到产品的特色。

011 凸显产品的优势

- 【要点呈现】

随着电商的发展，同类产品的款式越来越多。在这种形势下，客服人员需要思考一个问题，那就是：顾客为什么要在你们店购买某款产品。虽然不同顾客购买某件产品的理由不尽相同，但是有一点是相同的，那就是在顾客看来这款产品与其他产品相比是有优势的。

因此，在与顾客交流的过程中，客服人员需要有意识地凸显产品的优势，让顾客觉得该产品确实是值得购买的。为此，客服人员可以重点从两方面凸显产品的优势，具体如下。

1. 强化卖点

产品的卖点，通俗地理解就是可以促进产品销售的特点。卖点一般可分为两类，一类是产品自身便具有的特性，如有的服装因为材质原因，透气性比较好，这便是其自身的特性。

还有一类是通过营销策略让产品后期具有的特点，比如，有的产品本身可能并没有太大的特点，但是商家以活动的形式，用较低的价格进行出售，顾客被价格所吸引，同样会愿意购买。

无论是产品自身具有的卖点，还是商家后期营造的卖点，对顾客来说都是具有一定吸引力的。但是，有吸引力并不一定就等于要为此消费，而客服人员需要做的就是通过卖点的强化，让顾客主动花钱进行消费。

2. 提升价值

对于部分顾客来说，卖点虽然能显示出产品的优势，但还不足以让他们下定决心下单购买，因为在这类顾客看来，产品的附加值才是判断产品是否值得购买的标尺。如果客服仅仅是为了促销而提供某种产品的一些卖点，那么，这些卖点对顾客能起到的作用将是微乎其微的。

所以，除了卖点的展示和强化之外，客服人员还需要用附加值提升产品的价值，让顾客在得到产品的同时，还得到精神上的满足。比如，对于限量款的产品，客服人员可以将数量作为切入点，用产品未来的收藏价值打动顾客。

- **【实例剖析】**

顾客：请问客服在吗？

客服：亲，您好，×× 店客服小张为您服务。请问有什么可以帮到您？

顾客：你们店的 A 款包感觉还不错啊！可惜有一些贵啊！

客服：这款包包为真皮面料，再加上是知名的奢侈品品牌，所以，价格是要比一般的包包贵一点。其实，不瞒您说，这款包现在正在以 9 折优惠价格销售，单从价格考虑，此时已经算是出手的最佳时机了。

顾客：价格就是女人的面子，其实这个价格我还是可以接受的。但是，我就怕买到之后会和别人撞包。

客服：这一点您可以放心，这款包全球限量 500 个，国内总共也就 50 个。所以，这款包不仅很难出现撞包的现象，而且因为是限量版，还比大多数包更具收藏价值。另外，需要特别说明的是，现在本店也仅有 3 件库存了，如果亲喜欢这款包，得抓紧时间下单了。

顾客：我就喜欢这种限量版包包，好了，我这就下单买一个。

…………

以上为某客服人员与顾客的部分交流信息，从对话中不难看出，刚开始顾客认为这款包价格略贵，但是客服小张从面料、品牌方面对价格进行了解释，再加上 9 折优惠的诱惑，顾客最终接受了这个价格。

此时，在顾客看来这款包已经有了卖点，但是，她还担心会出现“撞包”。而客服小张则以产品数量为切入点，通过“全球限量”既回应了顾客的担忧，又顺其自然地引出这款包具有收藏价值。

因此，顾客不仅消除了自己所有的疑虑，还得知产品具有收藏价值这一信息。这样一来，在顾客心中产品的价值便出现了提升，而顾客也在精神上得到满足的情况下最终下单完成了购物。

- 【注意事项】

在凸显产品优势时，客服人员需要在揣摩顾客需求的基础上，对有利于促进销售的信息进行展示，而不宜将自己认为的产品优势作为重点内容进行介绍，否则很可能起到负面作用。

比如，在本案例中，如果某知名女星也曾在公开场合使用过这款包，这对客服人员来说可能是产品的优势之一。但是，在顾客看来却并不一定是产品的优势。因为很明显本案例中的顾客担心的问题是与别人“撞包”，所以，即便是与明星“撞包”，她可能也不会认为是荣幸。

而且某位明星并不一定是所有人都喜欢的。当该顾客自身就对这位明星不喜欢，甚至有些反感时，如果客服人员还不识趣地告诉她这位明星也用过这款包，那么，顾客很可能果断地打消购物的念头。

012　使用得体的语言

- 【要点呈现】

在交流过程中，顾客对客服人员的印象大多来自客服人员的语言表达，也就是说客服人员的语言表达将对产品介绍，乃至整个销售活动都产生重大影响。虽然在与顾客的交流过程中，客服人员没有必要过分卑躬屈膝，但是保证语言的得体还是很有必要的。

那么，客服人员如何让自己的语言尽可能地得体呢？笔者个人认为可以从两个方面进行把握，具体如下。

1. 有礼貌

“得体”本意为言行恰到好处，从这个定义上很难把握到底怎样才算得体，因为同样的语言在一部分人看来是可以接受的，而在另一部分人看来却可能是伤自尊心的。但是，有一点可以肯定，那就是得体的语言至少应该是有礼貌的。

所以，客服人员在与顾客交流时，应尽可能地恭敬有礼，而不能说出一些伤害顾客自尊心的话。否则，顾客可能会觉得客服不尊重自己，甚至因此而发怒。在这种情况下，顾客将听不进客服的任何介绍，销售目的也就很难达成了。

2. 委婉否定

除了有礼貌之外，客服人员还应该尽可能地让顾客觉得有面子。所以，即便在交流过程中发现了顾客的错误，也不宜直接指出，因为这会让顾客觉得尴尬、没面子，甚至不愿意继续再交流下去。

当然，不直接指出顾客的错误并不是要对顾客的错误熟视无睹，而是要注意指出错误的方式。具体来说，在指出顾客的错误时，客服应尽可能地委婉，让顾客有台阶可下。

比如，可以用欲抑先扬的方式，先对顾客进行大量赞美，然后将“不过”“如果”等词作为转折，简短地指出顾客的错误。这样做不仅更容易让顾客接受，还能让顾客感觉到自己被尊重，从而对客服及其店铺留下好的印象。

● 【实例剖析】

顾客：请问客服在吗？

客服：亲，您好，客服小章为您服务。请问有什么可以帮到您？

顾客：我看了一下你们店的 A 款 U 盘，看上去还不错啊！

客服：亲，您的眼光真好，这是我们店卖得最好的一款 U 盘。这款 U 盘的传输速度约为 6MB /s，并为您提供了 32GB 和 64GB 两种不同的容量，您只需根据需求进行选择即可哦！

顾客：你说的这个 6MB /s 是什么意思呢？

客服：不会吧，您连 6MB /s 是什么意思都不知道，那我估计 32GB 能存放多少内容您肯定也不知道吧！

顾客：那你跟我说说 32GB 有多大呗！如果我要放 5 部电视剧是要买 32GB 的，还是要买 64GB 的呢？

客服：哎呀，像您这种对内存都没什么概念的人，估计我和您说了也不会明白，5 部电视剧占的内存与它们的格式和清晰度有关，至于 32GB 能不能放下，还需视具体格式和清晰度而定。要不，您让别人帮您估计一下内存大小？或者直接买 64GB 的好了，这样就肯定放得下了。

顾客：但是我想买到最合适的就好了，如果 32GB 能放得下，我就没有必要买 64GB 的啊！

客服：都跟你说了买 64GB 的就好了，也不懂，你爱买不买，我都懒得再和你在这里浪费口水了！搞得好像我求你买似的。

顾客：你这客服怎么这样，我都忍了你好几次了，没想到你还是这么不会说话，我要打电话投诉你！

……

以上为某客服人员与顾客交流的部分内容，从中不难看出，该顾客对产品的内存是没有什么概念的，但是该顾客在交流过程中还算是比较和气的。对于这类顾客，客服人员应该对某些概念进行具体的解释，让顾客能够更准确地把握。

对于 32GB 能存放多少内容的问题，客服人员可以通过具体的数字让顾客更精准地把握。比如，可以说 32GB 可以存放 1440 分钟 1080P（P：Progressive

Scanning 逐行扫描）的视频、6000 多首 MP3 音乐、6400 多张 10MP，10MP 相当于 1000 万像素的照片。

但是，该客服人员在与顾客交流的过程中，不仅直接指出顾客的问题，甚至还带有质问的意味。除此之外，还在最后显得很不耐烦，说出“你爱买不买”之类的话语。如此种种，显然会让顾客觉得伤自尊。

因此，顾客看到客服人员的反应，最后终于忍无可忍，非但毫无继续交流、完成购物的想法，还说“没想到你还是这么不会说话，我要打电话投诉你！”也就不足为奇了。

- 【注意事项】

在与顾客交流的过程中，如果客服人员介绍的内容顾客不理解，客服人员有义务通过详细的讲解消除顾客的疑问。客服人员必须明白，你是服务的提供者，而顾客是你的服务对象，提供服务是你的义务。

因此，无论何时，客服人员都需要尽可能地保证自己语言的得体，让顾客感觉到自己被尊重，而不能以高高在上的态度，让顾客仰视。否则，顾客可能不但不会买账，还会觉得客服的服务态度很糟糕。

013　有针对性地介绍

- 【要点呈现】

产品介绍就好比是射击，如果客服人员毫无针对性地进行介绍，就相当于是在胡乱射击。这不仅会浪费大量的时间和精力，还会让顾客觉得客服人员水平不够。因此，在介绍产品时，客服人员应做到有的放矢，让自己的话语更有意义。具体来说，客服人员可以从如下两个方面入手。

1. 了解顾客需求

了解顾客需求是进行有针对性的介绍的前提，客服人员如果能知道顾客真正需要的是什么，就能更好地为顾客提供服务，提高销售的成交率。相反，如果客服人员只是根据自己的经验进行介绍，而不关心顾客的需求，那么，客服人员的介绍很可能只是在做无用功。

比如，同样是选择纸，有的顾客喜欢用抽纸，有的顾客习惯用卷纸；有的顾客喜欢用有香味的，有的顾客习惯用没有味道的；有的顾客喜欢有印花的，有的顾客更习惯用没有印花的。

如果客服人员在不了解顾客需求的情况下便进行介绍，那么，介绍的信息很可能并不是顾客需要的，甚至有可能正好介绍了与顾客需求相反的内容。这样一来，客服人员的介绍起到的很可能就是消极作用。

2. 根据需求介绍

如果说了解顾客需求是进行有针对性的介绍的前提，那么，根据需求介绍就是有针对性的介绍的实现方式。在了解了顾客的需求之后，客服人员需要做的就是根据顾客的需求进行有针对性的介绍。

需要特别注意的是，在根据顾客需求进行有针对性的介绍时，客服人员不仅要保证介绍内容满足顾客的需求，还需要对内容进行甄选，找到可以吸引顾客、提高销售成交率的内容。

● 【实例剖析】

实例 1

顾客：客服在线吗？

客服：亲，您好，客服小王为您服务。请问有什么可以帮到您吗？

顾客：我想在你们店里买一件外套。

客服：A 款夹克是本店最近一个月卖得最好的，作为专为潮人设计的款式，该夹克特别适合年轻人穿，而且它是修身款，长得比较瘦的人穿上不仅贴身，还会显得特别精神。小王认为这款夹克很适合您哦！

顾客：有没有搞错，我是一个胖子，你给我推荐修身款，是觉得我的赘肉还不够明显吗？

客服：那要不您再看看这款宽松型的外套，这款外套虽然宽松，但是外套上印的花纹以及上面的配饰却能尽显穿着人的时尚和品位。您肯定喜欢玩 ×× 游戏吧，这款外套上还可以印里面的角色哦！

顾客：你真是够了，我是一个中年人，既不喜欢这些乱七八糟的印花和配饰，更不喜欢你说的那个游戏。你问都没问清就给我介绍个不停，到底是你买衣服还是我买衣服啊！你一个人玩吧，我走了！

……

实例 2

顾客：客服在吗？

客服：客服小高为您服务。请问您有什么需要？

顾客：我想在你们店里买一件外套，你能不能给我推荐一下？

客服：我们店的款式比较多，您可以跟我说一下您有哪些需求吗？我好给您推荐最适合您的款式。

顾客：我就是一个有些发福的中年人，只要穿上之后不会显得太胖就好了，其他的没什么要求。

客服：那我能不能再冒昧问您一个问题，您是喜欢正装，还是想要买一件偏休闲的外套呢？

顾客：嗯，家里正装太多了，你帮我推荐几款休闲一些的吧！

客服：根据您的需求，我为您推荐A、B、C三款外套。A款做工比较精细，比较适合看重细节的人群，不过价格也相对较高。B款质量比较好，大部分顾客都表示性价比比较高。C款是普通大众比较喜欢的款式，设计很经典，价格上也很平民。您看您更喜欢哪种款式？

顾客：像我们这种中年人没那么多讲究，只要耐穿就行。看你的介绍，应该B款是最耐穿的，我就买它好了。

客服：您说得不错，B款确实是这里面最耐穿的。您能够在本店选到自己中意的商品是我们的荣幸。小高代表本店感谢您的支持，您的认同就是我们工作的最大动力，祝您购物愉快！

……

以上为客服人员与顾客交流的两个实例，虽然这两个例子中，顾客都是要购买适合中年人穿的外套，但是两个例子的结局却截然不同。一个是不欢而散，另一个则是顾客对客服表示感谢。

之所以会如此，就是因为两位客服在介绍方式上存在着一定的差异。第一个案例中的客服小王还未了解顾客的需求便凭个人经验进行介绍，却不料接连两次介绍的产品都不适合顾客，而顾客最终抱怨几句便离开了。

而第二个案例中，客服小高通过多次询问逐步了解顾客的需求，并根据其需求进行具体介绍，为顾客推荐了几款相对适合的外套，并且又按照价位进行分类，让顾客更好地进行选择。而顾客借由该客服的介绍，最后也做出了选择。

- 【注意事项】

在向顾客推荐时，最忌讳不了解顾客的需求便根据个人经验进行介绍。虽然个人经验是长期实践得出的，在某些时候确实能够比较准确地预测顾客的需要，但是世事无绝对，谁也无法保证经验就一定是正确的。

而且大多数顾客虽然希望客服能够给自己提供一些参考意见，但是却不希望客服什么都不问就开始推销。毕竟顾客才是产品的购买者，如果产品并不适合，那么，即便客服说得天花乱坠，顾客可能也不会买账。

014　少说晦涩的术语

- 【要点呈现】

有的客服人员为了让顾客觉得产品高端，或者显示自己对产品有专业的认知，就在介绍中穿插各种晦涩的术语。诚然，对于部分产品，适当地使用专业术语是有必要的，但是如果顾客对相关术语并不是很了解，使用过多的术语就有些不太合适了。

所以，为了让顾客更准确地接收信息，客服人员在介绍过程中应少说晦涩的语言。具体来说，为了避免语言的晦涩，客服人员可以从如下两方面努力。

1. 使用通俗语言

虽然晦涩的语言在某些时候会让人觉得比较专业，但是，对大多数顾客来说，如果他们对相关信息的意思都不明白，那么，即便客服人员再专业，他们可能也很难放心购买。

因此，客服人员在介绍产品时，应该尽量使用通俗的语言，让顾客准确地接收信息并判断客服推荐的产品是否适合自己，从而在与顾客交流的过程中，更好地把握顾客的需求，提高销售的成交率。

2. 控制术语数量

虽然与通俗的语言相比，术语通常比较难被理解，但是，对于部分产品，特别是一些技术含量较高的产品，有的术语又是不可或缺的。对此，客服人员需要明白的是，少说术语并不是不能说术语，而是尽可能地控制数量。

所以，当介绍中已经出现了一些术语，并且顾客明显不理解这些术语时，客服人员应该要意识到，顾客对产品的相关术语可能不太了解。因此，需要对相关术语进行详细的解说，并在接下来的介绍中控制好使用术语的数量。

- **【实例剖析】**

顾客：你好，在吗？

客服：亲，您好，客服小羊为您服务。请问有什么可以帮到您的吗？

顾客：我看你们店的 A 款电脑好像还不错啊，你能不能给我介绍一下。

客服：好的。首先，这款电脑的显卡是 GeForce GTX1050Ti 游戏显卡，可以流畅运行各种游戏。而电脑上的 INTEL 第 7 代处理器，比上一代的处理性能提升了 5%，数据处理也更加快速。您觉得这些配置怎么样？

顾客：不好意思，我想问一下“GeForce GTX1050Ti”具体代表的是什么，“INTEL 第 7 代处理器”又是什么意思。

客服：GeForce GTX1050Ti 是 Nvidia 发布的一款中高端显卡，它是一款定位于中特效畅玩游戏的 4GB 显卡。GeForce GTX1050Ti 的流处理器数量等于 GTX950，而显存容量则比 GTX1060 3GB 还大，可以说是一款非常不错的显卡了。而 INTEL 第 7 代处理器就是指英特尔公司推出的第 7 代处理器啊！

顾客：你说的“GTX950”“GTX1060 3GB”又是指什么呢？

客服：这些都是市场上比较常见的几款显卡啊！如果您不了解，可以去百度里面看一下啊！

顾客：好吧，你再介绍一下其他的信息吧！

客服：这款电脑采用的是 DDR4 2400 高速内存，双内存插槽设计，支持 16G×2 DDR4 内存。而 802.11ac 无线网卡则支持双频段自由切换，无线传输速度非常快。另外，电脑的杜比音效可以给您身临其境的视听体验。

顾客：我的天，你这“DDR4 2400”“802.11ac”“杜比音效”又是些什么东西。你说的这些东西我根本理解不了啊。哎呀，我看现在还是不买为好啊！

……

以上为某客服人员与顾客交流的部分内容，从中不难看出，该顾客对电脑的许多术语都是不太了解的。这一点从客服第一次介绍电脑后，顾客就相关术语接连提出两个问题便可以看得出来。

然而，虽然该客服已经知道顾客可能对电脑的相关配置并没有深入的了解，但是在接下来的介绍中，仍旧使用了大量的术语。所以，顾客最终只能是因为难以理解而打消了购买的念头。

- 【注意事项】

客服人员在介绍产品的过程中，术语的使用应视顾客而定。通常情况下，应控制术语的数量，但是，如果在交流过程中得知顾客对产品的相关专业知识有比较深的了解，而且其在询问时也使用了一些专业术语。此时，客服人员便可以考虑多使用一些相关的术语。

因为当顾客对产品比较了解时，他们往往希望能和“明白人”聊天。如果此时客服人员的语言过于通俗，便有可能让顾客觉得你不专业，甚至认为客服人员对产品的了解还不如自己，进而觉得客服人员的推荐没有参考价值。

015　不宜生硬地推销

- 【要点呈现】

部分客服人员在与顾客交流的过程中，时时刻刻想着怎么更快地让顾客消费，以至于介绍带有明显的功利性，甚至将介绍变成了生硬的推销。这主要表现在两个方面，具体如下。

1. 直奔主题

有的客服人员为了追求所谓的高效率，喜欢采取直奔主题的推销模式，在还未了解顾客需求的情况下，便开始向顾客推销产品。殊不知正是这种看起来高效的模式，取得的效果往往却是最差的。

因为直奔主题的推销未考虑到顾客的需求，所以，客服人员推荐的产品往往不是顾客真正需要的。而且客服这种自以为是的态度很容易让顾客觉得自己不被尊重，进而生出抵触情绪。

2. 毫无技巧

产品的介绍其实是一种语言的艺术，只有将有吸引力的内容更好地传递给顾客，才能让顾客主动花钱购买，在此过程中使用一些技巧是很有必要的。但是，有的客服人员在介绍产品时却显得干巴巴的。

比如，有的客服在介绍产品时，不管顾客最关心的是什么，就将产品说明书上的内容直接照搬。又比如，部分客服在介绍产品时只是一味地向顾客表明产品好，却不能对产品的优势进行一个具体的说明。

客服人员需要明白一点，那就是顾客绝对不是一点不懂，如果只是毫无技巧地进行推销，很可能会被顾客归于“忽悠人”这一类。而在这种情况下，绝大部分顾客是不可能买账的。

- 【实例剖析】

顾客：客服在不在？

客服：亲，您好，客服丽丽为您服务。想必您是看到我们店的 A 款手机正在做大促销才想了解一下信息的吧！这款手机确实挺不错的，我们店一个月的销量就达到了 1000 部。正好现在在进行促销，价格比之前要便宜许多呢，您在此时入手可以说很是时候呢！

顾客：那个，不好意思，其实我只是想在你们店买一个手机壳，想知道你有没有什么好的推荐。

客服：哦，原来您需要的是手机壳，不好意思，我还以为您是来买手机的。手机壳的话，我给您推荐 B 款吧！

顾客：B 款，看上去还不错啊。

客服：您放心，我这绝对是良心推荐。B 款手机壳绝对是值得拥有的。

顾客：那你能不能说一下这个手机壳有哪些优势呢？

客服：这个手机壳各方面都很好啊，不然我也不会向您推荐啊！

顾客：那能不能麻烦你举个例子说明一下呢？

客服：这款手机壳月销售量达到 500 件，是我们店销售得最好的手机壳，而且好评率也达到了 95%。我可以保证，您买了绝对不会后悔的。

顾客：我真是服了你了，一开始你问都不问就给我介绍手机。现在让你给我推荐手机壳，你又一直在说这个手机壳好，却不能说出来到底好在哪里。虽然销量和好评率都还不错，但是我对产品的质量还是有些不太放心。所以，我只能和你说一声拜拜了。

……

以上为某客服人员与顾客交流的部分内容，可以说，客服丽丽的介绍就是非常生硬地在进行推销，而且生硬推销的两个禁忌她全犯了。

首先，在和顾客打了招呼之后，客服也不问顾客的需求，便根据经验开始介绍手机。然而，顾客真正要买的却是手机壳。所以，该客服对手机的介绍算是白费了，而且还给顾客留下了不好的印象。

其次，在给顾客推荐手机壳的过程中，该客服人员只是一味地在说手机壳好，却没有对手机壳的基本信息进行介绍，这就相当于是一个劲地夸耀产品好，却说不出好在哪里。果然，顾客最后因为无法把握产品的质量打消了购物的念头。

- 【注意事项】

俗话说得好：欲速则不达。虽然客服人员都想让顾客更快下单，但是，如果只是想着快，却不事先做好充足的准备，并在对顾客的需求进行必要了解的基础上，运用一些介绍的技巧。那么，介绍很可能就会变成一种功利性过强的生硬推销。

而面对生硬的推销，绝大多数顾客通常又不会买账。所以，结果很可能就是客服人员越急于求成，顾客越感受不到产品的优势。至于最终的销售成交率，很可能也就只能是远低于预期了。

016　不可过分地夸大

- 【要点呈现】

虽然客服人员在售前给顾客进行产品介绍的目的是引导顾客消费，在此过程中，适当对产品的优势进行突出很有必要，但是客服人员需要懂得一个道理：过犹不及。如果把产品说得神乎其神，让人一看便知道是过分夸大，那么，顾客很可能会对客服产生不信任感，觉得客服纯粹就是在忽悠自己。

现实生活中，客服在介绍产品时故意夸大的案例数不胜数，总结起来，大致可以归为如下两类。

1. 夸大价值

因为产品价值是顾客购买产品的重要参照，所以，部分客服在介绍产品时有意夸大产品的价值，似乎认为将价值几块钱的物品，说成价值几百元、几千元，顾客就会愿意买。殊不知，大多数顾客都知道天上不会掉馅饼，商家不可能做赔本买卖。客服故意抬高产品价值在顾客看来就是掩耳盗铃。

这样做的结果就是，非但不能用所谓的价格优势吸引更多顾客，反而可能让原本有意购买产品的顾客看到客服的介绍后，怀疑商家的诚信，进而因为缺乏信任打消购物的念头。

2. 夸大功效

除了夸大价值之外，还有部分客服在介绍产品时热衷于夸大产品的功效。比如，有的客服在向顾客介绍某些药品时，将治感冒、胃病等常用的药刻意渲染成可治百病的“神药”。

当然，这样做可能会让一些抱着试一试态度的顾客下单完成购物。但是客服人员需要知道，纸是包不住火的。产品的功效有事实说话，即便产品使用了之后不能退货，顾客也可以通过评价表达自己的使用感受。

所以，如果客服在介绍产品时过分夸大功效，而顾客使用之后却不能达到预期的效果，那么，顾客会写下“这家是骗子，大家不要相信它”“实际效果与描述相差十万八千里，就当花钱买教训了”之类的评价。

而产品评价又是其他顾客购买产品时的重要参照，因此，当客服人员为了吸引一位顾客购买产品过分夸大产品功效，如果这位顾客碰巧又是喜欢分享自己感受的，那么，客服过分夸大产品功效的做法很可能会使商家损失几十个，甚至几百个订单。

- 【实例剖析】

顾客：在吗？

客服：亲，您好，客服莉莉为您服务。您有什么需要？

顾客：我母亲有些骨质疏松，想给她买一些保健品，你有没有什么好的推荐呢？

客服：亲，您算是来对地方了，我们店就是专业卖保健品的，骨质疏松的话，我为您推荐 A 产品。

顾客：那你们的 A 产品具体有哪些功效呢？

客服：这款产品最主要的作用是补充人体钙质，所以，除了治疗骨质疏松之外，对失眠多梦、腿抽筋、全身乏力、高血压、高血糖、高血脂、冠心病、尿结石、糖尿病、肥胖等症状都有一定的效果。

顾客：这么厉害，那我猜这个药对中风、恶性肿瘤、老年痴呆、白内障、青光眼这些病症也能起到一些效果吧！

客服：嗯，您说的这些问题，通过吃我们这款产品，大多可以得到一些缓解。而且您知道的，老年人通常比较容易生病，如果让您母亲经常吃我们这款保健品，可对大多数老年病起到预防作用呢！

顾客：我绝对相信你们的产品有这些神奇的疗效，因为我看到天上有牛在飞了，你继续努力吧，我不奉陪了！

客服：嗯？您确定不需要吗？

……

以上为某客服人员与顾客交流的部分内容，从中不难看出，该客服人员在介绍产品功效时明显带有夸大的意味，而事实上顾客也已经发现客服是在故意夸大，然而客服却还不自知，以至于当顾客带有调侃地说出一些问题时，客服竟然会告诉顾客“您说的这些问题，通过吃我们这款产品，大多可以得到一些缓解”。

所以，最终顾客对客服嘲讽一番之后便离开了，而客服却还不知道自己的问题到底出在了哪里。

- 【注意事项】

在向顾客介绍产品时，客服人员应尽可能按照产品的实际情况如实描述。一方面，这是对产品有信心、对顾客诚实的表现。另一方面，对产品过分夸大可能不仅不能让顾客对产品更感兴趣，相反还会引来已经看清真相的顾客的一番嘲讽，甚至让顾客直接将客服所在的商家拉黑。

比如在本案例中，顾客已经明显感觉到客服是在夸大该保健品的功效，所以，顾客最后留给客服的是一番嘲讽。其实，这对客服来说不仅仅是本次交流未达到预期效果，更是直接流失了一位顾客。

因为顾客知道客服过分夸大功效并且不买账地离开，实际上就相当于把客服所在的商家拉入了黑名单。客服人员可以换位思考一下，如果你知道对方是在“忽悠”你，那么，你以后还会相信他吗？

017 不应显得不耐烦

- 【要点呈现】

客服是一个服务性质的岗位，这就要求从业者多一分耐心。然而，部分客服人员因为种种原因可能会让顾客感觉到不耐烦，甚至是有一些刻意敷衍。这主要体现在两个方面，具体如下。

1. 询问没有耐心

询问是了解顾客需求最直接和有效的方式之一，许多客服在向顾客介绍产品时，都会习惯性地对顾客进行一些询问。但是，当顾客回答的内容不是自己需要的，或者自己情绪不太好时，部分客服可能没有耐心再细心进行询问。

对此，客服人员需要知道的是，大多数顾客可能并不会主动将诉求告知，如果客服人员不能进行细心询问，可能很难知道顾客真正需要的是什么。这样一来，客服人员介绍的产品可能很难得到顾客的认同，而想要通过产品介绍增加产品的销售量很可能无异于痴人说梦。

2. 回答没有耐心

客服人员对顾客问题的回答更多的是服务态度的体现。对于金牌网店客服来说，耐心地回答顾客的每一个问题是最基本的素质之一。但是，也有部分客服人员在回答顾客问题时并没有太多的耐心。

相信服务领域的从业者经常听到这样一句话：顾客就是上帝！虽然这句话有些刻意抬高顾客地位的意味，并不值得作为客服人员的金玉良言。但是客服应该知道，要让顾客购买一件产品，除了这件产品自身的优势之外，客服人员的服务水平也是重要的影响因素。

如果客服人员回答顾客的问题都没有耐心，那么，顾客可能会感觉到自己不被重视，进而受到情绪的影响，直接打消购物的念头。毕竟，绝大多数顾客都希望拥有一个愉快的购物过程。

● 【实例剖析】

顾客：请问，客服在吗？

客服：客服小马为您服务。不知道有没有什么可以帮到您的？

顾客：哦，我想买一件外套，但是第一次到你们店里来，不太熟悉，你能给我介绍几款吗？

客服：您能跟我简单说一下有哪些要求吗？

顾客：哦，我是一个大三的学生，你只要推荐适合我这个年龄段的外套就可以了，其他的没什么要求。

客服：A 款牛仔衣是本店销售得最好的外套，与一般的牛仔衣不同，这款外套修身的设计，再加上印花和破洞元素，特别适合在校大学生这种追求潮流和时尚的人群穿着。

顾客：这款衣服确实很好看，只是像我这种有点胖的身材，修身款估计是不太合适的，你还有没有其他的推荐呢？

客服：那要不您再看看 B 款风衣。现在很多年轻人都钟爱风衣，主要就在于风衣可以让他们看上去更成熟、更具男人味。更为关键的是，穿这款风衣时，您无须扣上扣子，所以，即便您有些发福，穿这个款式也看不出来。

顾客：确实，这款风衣很有型，但是，我个子比较矮，风衣又比较长，我估计我是驾驭不了的。

客服：问您的时候您说没什么要求，但是我推荐了两款您又不满意，我觉得再为您推荐估计也没什么结果，我现在需要同时接待几位顾客，不可能把太多精力放在您一个人身上。您看这样好不好，您先在我们的店铺页面看一下，您看中哪些款式和我说，我再给您介绍。

顾客：好吧，我先自己看一下，你忙吧！

（几分钟后）

顾客：我觉得 C 款运动服可能比较适合我，你觉得呢？对了，能不能给我介绍一下它的一些基本信息啊！

（几分钟后）

客服：嗯，C 款应该适合您。

顾客：我等了几分钟，你就跟我说“应该适合我”，你这态度是不是有一些敷衍呢？

（几分钟后）

客服：既然牛仔衣、风衣您都觉得不合适，那运动装当然合适了，我不觉得还要再多说什么啊！

顾客：你这说了等于没说，我都不知道你这种客服有什么用。就你这种服务态度，我相信你会发财的，呵呵。

……

以上为某客服人员与顾客的部分交流内容，从中不难看出，该客服人员刚开始对顾客需求的询问就有些不到位。而在为顾客推荐两款外套遭到拒绝之后，客服人员便没有了再次询问顾客需求的耐心。

另外，该客服人员还以忙为借口，让顾客自己去挑选。但是，当顾客选择某款式并向其询问时，该客服不但回答上非常敷衍，而且顾客问一个问题，过去好几分钟才回答，从态度上也让人感觉到非常消极。

所以，这就不得不让顾客感觉到客服人员不够重视自己，而基于这种印象，顾客打消购物念头并表达自己对客服人员的不满也就在情理之中了。

- **【注意事项】**

如果语言的表达能力是水平问题，那么，能不能耐心地询问和回答就是态度的问题。客服人员水平出现问题或许还有得救，但是，一旦态度出现问题，那对于整个销售过程都将是致命的。

因为在顾客看来，一个客服人员即便水平再低，只要能够帮助自己找到需要的产品，那么，这个客服人员就算是合格的。但是，如果一个客服人员态度不行，那么，这个客服人员推荐的产品即便再有吸引力，顾客也有可能放弃购买。

所以，在向顾客介绍产品时，客服人员首先要做的就是端正自己的态度。顾客是你的服务对象，甚至可以说是衣食父母，如果你对顾客没有耐心，那顾客凭什么要为你的服务买账呢？

018 不能无视顾客意愿

- 【要点呈现】

在向顾客介绍产品的过程中，客服人员需要明白一点，那就是你起到的只是一个为顾客提供意见并解释相关问题的作用，至于是否要购买某件产品，最终的决定权还是在顾客手中。

因此，为了提高销售的成交率，也为了提高顾客的满意度，客服人员应该尽可能地尊重，甚至是顺从顾客的意愿。然而，在现实生活中，仍有部分客服人员无视顾客意愿，这主要表现在两个方面，具体如下。

1. 无视顾客需求

前文已经多次提到，客服人员为了提高介绍的针对性，应该尽可能地了解顾客的需求。但是，仍有部分客服人员摆错了自己的位置，明知道客服的需求是“东”，还要将自己认为更好的“西”介绍给顾客。

可能这在客服看来是为顾客推荐更适合的产品，但是，顾客却会认为客服人员只是根据经验进行推荐，这个推荐完全没有考虑到自己的诉求，甚至会觉得客服人员高高在上，强制性地要求自己购买某件产品。

所以，如果客服人员无视顾客的需求，最直接的结果就是让顾客觉得客服推荐的产品不是自己需要的，并打消在此购物的念头。

2. 不尊重顾客意见

除了需求之外，在交流过程中，顾客可能会就某些方面提出一些自己的意见。对于这些意见，客服人员应该尽可能地听取，并将之落实到后面的介绍当中，而不应该对其视而不见。

毕竟只有听取顾客的意见，才能更好地推荐符合顾客要求的产品。退一步讲，即便客服人员根据顾客的要求推荐的产品并没有想象中那么好，顾客也不能将责任全部推到客服的身上。

因为客服人员是尊重顾客意见，并将顾客意见作为推荐产品的前提的，而且购买产品的最终决定权在顾客自己手中，所以，当产品不令自己满意时，顾客会意识到责任主要在自己身上，而不至于让客服“背锅”。

- 【实例剖析】

实例 1

顾客：😊

客服：客服小郭为您服务。不知道有没有什么可以帮到您的？

顾客：我想买一瓶洗面奶。

客服：那您有哪些要求吗？

顾客：其实我觉得你们店的 A 款洗面奶还不错，想让你帮我介绍一下。

客服：我想问一下您脸部是偏油性，还是偏干性的？

顾客：我感觉吧，有些干。

客服：如果是这样的话，我不建议您买这一款洗面奶。因为这款洗面奶是控油型的产品，而且是一款男士洗面奶，您用可能不太合适。要不您看看 B 款产品吧，这款洗面奶具有保湿功能，对于补充肌肤水分效果极好。

顾客：那个我补充一点，你可能没搞清楚状况，我是为我男朋友买的，他就属于那种油性皮肤。

……

实例 2

顾客：您好，我想给我女朋友买一瓶香水，你有什么好的推荐吗？

客服：或许您可以看看 A 款香水。这款香水专为勇于尝试、热情活泼、爱好幻想的年轻女性设计。它独特的香味，可以尽显使用者的与众不同。更为关键的一点是，作为国际知名的香水品牌旗下的产品，它深受年轻女性的喜爱。

顾客：我觉得品牌没那么重要吧，主要是看香味是否适合使用者的气质。而且我女朋友是属于那种勤俭持家型的妹子，估计她对香水的品牌也不会有什么要求。

客服：这您就错了，香水就是身份的象征，如果使用一些杂牌香水，那就是让使用者掉价。

顾客：我觉得我们之间的价值观可能有一些不同啊。最适合的才是最好的，而不应该是最贵的才是最好的。虽然这款香水是大品牌，但是并不代表它就适合所有人，你说是不是呢？

客服：这款香水是否适合所有人我不知道，但是，有身份的人一般都会喜欢。当然，也有部分人买不起，或者舍不得买，那就另当别论了。

顾客：那你是觉得我买不起啰！好啊，我买不起那你就找那些买得起的人聊吧！我不奉陪了！

……

以上为客服人员与顾客交流的两个实例，在这两个实例中，客服人员的产品介绍都未达到应有的效果，这主要就是因为客服人员都犯了无视顾客意愿的禁忌，推荐的产品都不是顾客真正需要的。

具体来说，在实例 1 中，客服人员因为对顾客的需求没有进行充分了解，误认为顾客就是产品的使用者，并想根据顾客的实际情况为其推荐更适合的产品，却不知道该顾客是在为她的男朋友挑选洗面奶。

所以，客服人员向顾客推荐的是适合干性皮肤的女用洗面奶，而顾客需要的是适合油性皮肤的男用洗面奶。也就是说，客服人员推荐的产品正好与顾客的主要诉求相反。因此，客服人员的产品介绍只能是徒劳无功了。

而在实例2中，客服人员虽然知道顾客需要的是女性香水，但是，在介绍产品的过程中错将品牌当作顾客最重视的方面，一再地强调品牌象征着身份。当然，对于大多数人来说，大品牌确实是更值得信任的。

但是，客服人员也应该知道大品牌就意味着更贵一些，而许多人在购买产品时会将价格作为重要的参考因素。另外，与品牌赋予的价值相比，一部分人更看重的可能是产品带给使用者的实用价值。

比如，该案例中的顾客明显就属于追求产品实用价值的那一类人。他会认为每个人的气质都不尽相同，只有适合使用者气质的才是最好的。这虽然是顾客个人的看法，但是，作为服务的一方，客服人员应该要尊重顾客的意愿，并将此作为接下来的产品介绍的重要参照。

然而，该客服人员却认为自己的想法是正确的，并与顾客据理力争。但是，很显然该顾客也是一个有自己想法的人，所以，双方各不相让，都坚持自己的看法。而为了让自己在争论中获胜，该客服人员的语言逐渐显得有些偏激，甚至说出“当然，也有部分人买不起，或者舍不得买，那就另当别论了”之类的话。

虽然客服人员所说的话语并不一定是针对该顾客，但是，作为与之交流的一方，顾客必然会对号入座。而在看到客服人员的话语之后，顾客会觉得客服人员是在嘲讽自己，所以，顾客最后带着怒气离开也就在情理之中了。

- **【注意事项】**

像客服人员这种服务性岗位，作为提供服务的一方一定要摆好自己的位置。客服人员必须明白，产品的购买者是顾客，要让顾客更快地下单购物，最好的办法就是帮助顾客找到他最需要的产品。

那么，什么才是顾客需要的产品呢？首先，这个产品应该是能够满足顾客某方面需要的，即产品的功用。其次，这个产品应该要包含顾客的特定需求，即顾客的个人意愿，如在买衣服时，许多顾客都会对面料有要求。

而产品的功用只是顾客购物的前提条件，能够满足这个前提条件的产品很多，却并不是随便在其中找一个就能让顾客买账。只有在此基础上结合顾客的特定需求，才能找到顾客内心认同的产品。而在此过程中，正视顾客的意愿就显得尤为重要了。

第 3 章

10 种技巧，
灵活沟通，轻松提高成交率

学前提示

沟通就是一门语言的艺术，在与顾客沟通的过程中，客服人员只有灵活地进行表达，让顾客觉得舒服，才能更好地促成交易，提高产品的成交率。

本章笔者将重点对灵活沟通的 10 种技巧进行解读，以期帮助客服人员增加顾客的满意度，轻松提高产品的成交率。

要点展示

- 快速回复
- 节奏一致
- 刺激消费
- 灵活表达
- 适时应和
- 扬长避短
- 结合感受
- 重在说服
- 话不说满
- 适度催促

019 快速回复

● 【要点呈现】

说到时效性，大多数人首先想到的可能是新闻，其实，客服人员与顾客的交流同样具有很强的时效性。这不仅是因为对客服人员来说，时间就是业绩，越及时回复顾客，引导顾客完成交易的时间就越短，更是因为客服人员回复顾客的速度，直接影响顾客对客服人员的印象。

如果客服人员不能及时回复顾客，那么，顾客很可能会由于客服人员的“怠慢”，感觉自己不被重视。而每个人又都是有自尊心的，当顾客感觉不被重视时，通常不会对客服人员的推荐买账。

快速回复最直接的要求是“快”，但是，对于与顾客直接打交道的客服人员来说，除了快之外，还需要做出合适的反应。那么，什么才是合适的反应呢？笔者认为，至少需要做到如下两点。

1. 及时做出回应

交流是人与人之间的互动，如果某个人在对着空气讲话，我们会说他是在自言自语。其实，当顾客向客服人员表达意见时，如果客服人员长久不给回复，那么，顾客与自言自语又有什么分别呢?

及时回复是一个再正常不过的行为，许多人看到信息时，都会习惯性地当即给出回复。所以，在日常生活中，许多人可能很难感受到及时回复的意义。但是，如果某个人向另一个人发送一条消息很久得不到回复，即便这条消息可能有些无关紧要，他也会觉得对方不尊重自己。

因为客服人员与顾客是服务与被服务的关系，所以，对于客服人员来说，及时做出回应就显得尤为重要了。及时回应是客服人员服务的一部分，如果一位顾客久久得不到客服人员的回应，可能会选择直接离开，然后去其他店铺购物。

客服人员需要知道的是，现在网上的销售平台很多，顾客的选择不只是某一家。如果客服不能正视自己的态度，让顾客等待过长的时间，顾客很可能会因为失去耐心，转去其他店铺。

2. 顺势进行引导

除了及时回复之外，顺势进行引导也是合适的快速回复的一部分。虽然回复看上去只是被动地给出回应，但是，客服人员应该明白，部分顾客可能不只是想得到某个问题的答案，而是希望客服人员足够聪明，能够根据自己的话语，找到接下来的交流方向。也就是说，客服人员应该根据顾客的表达顺势进行引导。

比如，当某顾客说“我觉得A品牌的咖啡还不错”时，客服人员就应该意识到该顾客对A品牌的咖啡是有好感的。此时，客服人员如果能顺势引导，为顾客推荐A品牌的咖啡，不仅能让顾客接收到客服回复的信息，还能让顾客感受到客服人员对自己的重视。

- 【实例剖析】

实例1

顾客：亲，在吗？

（几分钟后）

客服：亲，不好意思，刚刚有事走开了，客服小刘为您服务。不知道有什么可以帮到您的？

顾客：我想给我上小学的儿子买个书包，你能给我一些推荐吗？

（几分钟后）

客服：非常不好意思，刚刚被领导叫到了办公室。能问一下您对这个书包都有哪些要求吗？

顾客：你也知道现在的小学生课本很多，我就是想给儿子买一个背着舒服一点的书包。

客服：我想您或许可以看一下A款书包，这款书包的肩带具有较强的减负作用。而聚酯面料，则保证了这款书包的透气性。另外，书包上印着“超级英雄”的图案，小男孩一般都比较喜欢。

（几分钟后）

顾客：我认真看了一下，这款书包还算不错。就是价格上面可能有些贵啊！

（半个小时后）

客服：这款书包是大牌设计师精心设计的，而且又是一个知名品牌旗下的产品，所以价格上是比一般的书包要高一些，但是，如果您真的喜欢的话，我们可以给您打9折哦！

顾客：如果你早说的话我或许还会买，但是现在只能说不好意思了。你很久没回复我，我已经在别的店铺上面买了一个。

……

实例2

顾客：客服在吗？

客服：亲，上午好，客服小张为您服务。不知道有什么可以帮到您的？

顾客：我就是想买一些零食。

客服：那您可算是来对地方了，本店是零食专营店，无论是炒货、熟食，还是水果、饮料，本店都可以为您提供，不知道您具体需要哪些类别的产品？

顾客：其实我也没打定主意买哪种零食，要不，你给我推荐一下。

客服：如果是这样的话，我觉得您可以看一看A品牌的熟食。这个品牌的熟食一直都是本店的热销产品，它甚至是部分顾客每次购物的必买品。

顾客：嗯，对于这个品牌的东西我一直以来都是比较信任的，但是，吃熟食很容易口渴啊！

客服：其实除了熟食之外，本店还供应A品牌的饮料，如果您担心吃了熟食会口渴，可以一并购买一些饮料哦！

顾客：嗯，你这个提议不错，那我就买一些A品牌的熟食和饮料好了。

……

以上为客服人员与顾客交流的两个实例，在实例1中，客服人员因为没有及时回复顾客，顾客便去其他店铺购买了想要的产品。而且从顾客最后的话语可以看得出，如果客服人员早点回应，该顾客很可能会下单购买。所以，在这个案例中，客服人员的回复不及时相当于是让煮熟的鸭子飞了。

而在实例2中，刚开始顾客是就选择哪种零食这个问题征求客服人员的意见，最后客服人员却成功引导顾客同时购买了两种产品。之所以会如此，就是因为客服人员懂得及时做出回应，并顺势进行引导。

- 【注意事项】

快速回复，快非常重要，因为如果客服人员没有及时做出回应，顾客可能会流向其他店铺。但是，在快的同时，还需保证回复内容的质量，让自己的回复不仅可以解答顾客的问题，还能对顾客进行适当的引导。

而且从某种程度上来说，很多时候内容比速度更重要。举个例子，如果某客服人员回复的内容在顾客看来毫无作用，那么，即便客服人员回复得再快，顾客可能也不会买账。

020 节奏一致

- 【要点呈现】

其实，每个人说话都会有自己的节奏，或者说习惯、立场。如果客服人员能够找到顾客的节奏，并尽可能地让自己的节奏与顾客一致，那么，顾客可能会觉得与客服人员交流比较轻松、自在，甚至会觉得客服人员能够明白自己心中所想，从而对客服人员多一分信任。

虽然大部分客服人员都知道应该尽可能地保持与顾客节奏的一致，也在想一些办法调节自己的节奏，但是，想要让节奏与顾客一致却不是一件容易的事。对此，笔者个人认为，客服人员可以从如下两个方面努力。

1. 站在顾客的角度

正所谓：知己知彼，百战不殆。如果客服人员能够对顾客的相关情况了解透彻，就可以站在顾客的角度考虑问题，明白顾客最主要的诉求是什么，并针对该诉求进行相关沟通交流，轻松提高成交率。

2. 用顾客的方式交流

除了站在顾客的角度考虑问题之外，客服人员还应尽可能地用顾客的方式进行交流。用顾客的方式交流实际上就是通过表达习惯拉近与顾客之间的距离，营造一种相对轻松和自由的交流氛围。

相信许多人都有这样的经历，当在外地遇到老乡时都会感觉特别亲切。这不仅是因为曾经生活在同一片土地，更是因为在交流方式上有共同之处，只要听到熟悉的表达，便会特别有感触。

其实，客服人员与顾客之间的交流也是如此，当客服人员用顾客习惯的方式进行表达时，顾客会借由更加容易理解的语言，从心里觉得客服人员与自己的距离拉近了，并因此对客服人员多一分信任。

- **【实例剖析】**

顾客：妹坨（长沙方言，意思大致相当于普通话中的“美女”），在线不啰！

客服：满哥（长沙方言，意思大致相当于普通话中的“帅哥”），你要买些么子家伙啰！（长沙方言，意即“你需要买什么东西”的意思）

顾客：国看样换，你也是长沙人啰！（长沙方言，意思是“看这样子，你也是长沙人吧！”）。都是长沙人就好港话，你跟我推荐一砸充电宝噻！（长沙方言，意思是“都是长沙人，好说话，你帮我推荐一个充电宝吧！”）

客服：要得啰！都是长沙人，哦不得撮你啰！（长沙方言，意思是“好的，都是长沙人，我不会骗你的”）那你呀要跟哦你的要求啵！（长沙方言，意思是“那你也要和我说你的要求呀！”）

顾客：只要是 8000 到 10000 毫安时的就可以得。（“可以得”，意思就是“可以了”）如果不是黑贵就要得！（“黑贵”意思是“很贵”，“要得”意为“可以了”）

客服：你放心啰，都是老乡，哦不得故意提高价格啰！国里有一砸 8000 毫安时的充电宝，只要 50 块钱，国号价外头绝对买都买不到的，你看要得啵！（意为“这里有一个 8000 毫安时的充电宝，只要 50 元，这种价格其他地方是买不到的，你看看可以吗”）

顾客：价格国便宜，不得有么子质量问题嗏！（意为“价格这么便宜，不会有什么质量问题吧！”）

客服：国你可以放心啰，哦自家也是用的给砸充电宝，如果不是国号样换，哦也不得推荐把你啰！（意为“这你可以放心，我自己用的也是这种充电宝，如果不是这样，我也不会推荐给你的。”）

顾客：那要得嗏，都是长沙人，我就相信你，买一砸啰！（意为“那可以吧，都是长沙人，我相信你，买一个吧！”）

……

以上为某客服人员与顾客交流的部分内容，许多读者看完这个案例之后，可能会觉得这个客服人员很聪明，原因就在于她懂得如何拉近与顾客的距离。在这个过程中，与顾客节奏的一致可以说起到了非常关键的作用。

从交流开始，该客服人员便通过“妹坨”这个词判断顾客是一位长沙人，并用一句长沙话进行试探，结果证明她的判断是正确的。而她的表达也得到了顾客“都是长沙人，好港话”的回应。

另外，当顾客对产品质量有疑虑时，该客服人员以自己也在用，不然也不会推荐为理由，进一步进行引导。因为都是长沙人，再加上客服人员自己也在使用，所以，顾客会对客服人员多一分信任，而最终的下单购物也就在意料之中了。

【注意事项】

在保持节奏与顾客一致的过程中，客服人员需要特别注意如下两点。

1. 观察顾客反应

虽然在客服人员看来，保持节奏的一致，是对顾客的尊重。但是，对于表达方式比较有特色的顾客来说，相同的表达方式可能并不一定是尊重。所以，在以顾客的表达方式进行交流时，客服人员需要根据顾客的反应判断其是否能够接受。如果接受，便可以继续。相反，如果顾客表现出反感，或许就需要调整表达方式了。

客服人员需要通过观察顾客的反应，判断自己的行为顾客是否受用，并据此指导接下来的交流过程。

2. 不要不懂装懂

孔子说得好：“知之为知之，不知为不知，是知也。”如果顾客说的话比较晦涩，或是像上面案例中那样用方言进行表达，客服人员可能不理解顾客的意思。此时，需要做的就是让顾客对相关词句进行解释，而不能不懂装懂。

比如，在本案例中，如果客服人员对长沙方言了解比较有限，还用长沙方言与顾客交流，很可能就会出现不了解顾客意思的情况。在这种情况下，客服人员不仅有可能无法清楚地获知顾客的需求，做出合适的推荐，还可能因为露出马脚，让顾客怀疑你是在装老乡。

所以，与顾客保持节奏一致固然重要，但是，如果没有那个能力，就不要硬撑着，不懂装懂。否则，很可能非但不能增加顾客的信任感，还会让顾客对客服人员的行为产生反感。

021 刺激消费

- 【要点呈现】

售前交流最直接的目的就是让顾客下单购物，在此过程中，通过一定的举措刺激消费可谓是重中之重。那么，客服人员应该如何让顾客更积极地掏腰包呢？笔者认为，可以从如下 3 个方面下功夫。

1. 增加顾客需求

消费很大程度上来自需求，要让顾客主动购物，首先需要让顾客对产品产生兴趣，增加顾客对产品的需求。对此，客服人员可以通过产品的适用性说明、功能强化等方式，让顾客认为产品确实是有用处的，调动顾客的购买欲。

2. 突出价格优势

除了产品的实用性之外，价格也是顾客购物时重点考虑的因素之一。在大多数情况下，顾客往往会认为相对便宜的产品更值得购买。所以，客服人员需要在沟通过程中，突出产品的价格优势，让顾客觉得产品的性价比很高，甚至是认为买到了就是赚到了。

具体来说，客服人员可以通过与其他平台价格的比较、满减、打折等方式，使产品的价格看起来更加诱人，让顾客忍不住想下单。

3. 强调数量有限

市场中买卖双方的位置很大程度上取决于需求与供应的关系，当供应小于需求时，物以稀为贵，卖方在市场中便处于有利地位。其实，在与顾客交流的过程中，客服人员可以很好地利用这一点，通过强调产品数量有限，让顾客快速下单。

比如，当顾客被告知产品只剩下几件时，他便会认为该产品销售得很好，如果自己不抓紧下单，很可能就会错过这个产品。因此，在这种情况下，许多顾客考虑得更多的是如何买到产品，至于产品的价格等问题此刻便不再那么重要了。

- 【实例剖析】

顾客：嗨，在吗？

客服：亲，下午好，客服小马为您服务。不知道有什么可以帮到您的？

顾客：我想买一双篮球鞋，但是你们店的篮球鞋太多了，我有些看不过来，你能帮我介绍几款吗?

客服：能麻烦您说一下有哪些要求吗?

顾客：嗯，篮球鞋嘛，我希望底比较耐磨，穿着比较舒服，看上去也比较好看。然后，我穿的是 42 码，你先看一下推荐的款式有没有合适的鞋码。另外，预算有限，价格最好是控制在 500 元以下。

客服：综合您的意见，我重点给您推荐 A 款篮球鞋。这是今年的最新款，也是本店销量较高的产品之一。从设计上来看，这款篮球鞋采用网面加飞线的设计，不仅可以让穿着者在打球时有效稳固双脚，还能很好地保证透气性，使脚不至于太热。而底部的 Air 气垫则很好地起到了减震作用，让穿着者脚底更舒适。至于鞋的外观就不用说了，荧光的鞋面、黑金两色的搭配一直以来都是许多球迷最钟爱的款型。

顾客：这款篮球鞋我知道，以前在其他店也看见过，这是 NBA 某球星的同款战靴。我记得刚出来的时候差不多要 1000 元，现在好像降价了，但是肯定也不止 500 元吧!

客服：本店专营篮球鞋，所以价格上比其他店要低一些，这款鞋原价是 780 元，但是因为在搞促销活动，所以在原价的基础上打了 7 折。也就是说，这款鞋目前的实际价格是 546 元。

顾客：这款篮球鞋各方面确实都不错，就是价格方面我还得考虑一下了。

客服：小马知道对于经常打篮球的人来说，一双舒适且漂亮的球鞋非常重要。这款篮球鞋虽然比您的预算稍高一些，但是，从价格来看它已经比原价便宜了 200 多元，而与其他店铺相比则是便宜了差不多 300 元。

顾客：你这么一说我就更纠结了，毕竟超过 500 元的部分要用我的私房钱来补，所以，你懂的。

客服：原来是这样的，但是我得和您说一声，本店 42 码的该款球鞋已经只有 3 件库存了。这批货卖完之后，您可能就很难再以这样的价格买到了。当然，如果您觉得还是要将价格控制在 500 元以内，我也可以给您推荐其他的款式。

顾客：虽然价格上超过了预期，但是这款篮球鞋我确实是非常喜欢，哎呀，咬咬牙还是买了算了。

客服：感谢您对小店的支持，相信我们的产品一定不会让您失望的，如果您还有什么问题，可以和小马联系哦!

……

以上为某客服人员与顾客在线沟通的部分内容，从中不难看出，该顾客原本对产品是有明确的价格要求的。但是，该客服人员最终却能让顾客狠下心来购买一双超过预期价格的篮球鞋，在这个过程中，客服人员刺激消费的沟通技巧可谓是起到了决定性的作用。

具体来说，该客服人员先是通过设计介绍，让顾客觉得这个产品就是自己需要的。然后再通过价格的对比，让顾客觉得这个产品值得购买。最后，在顾客还在纠结价格时，客服人员顺势将所剩不多的库存情况说出。而顾客最终也因为不想错过这款篮球鞋而下定购物的决心。

- 【注意事项】

在刺激消费时，客服人员需要把握好节奏，既不能在时机未成熟时就提前出手，更不能在不了解顾客需求的情况下，刺激顾客消费其不需要的产品。否则，很可能会把顾客直接吓跑。

比如，在本案例中，如果客服人员在未讲明产品的价格优势的情况下，就告知顾客产品的库存量已经不多了。那么，顾客因为无法感受到价格的吸引力，很可能会直接选择让客服人员推荐其他产品，或者因为不能接受而直接离开店铺。这样一来，客服人员无疑便达不到刺激消费的目的了。

022 灵活表达

- 【要点呈现】

在服务行业中，服务意识非常重要，只有让顾客感觉到愉快，才有可能得到顾客的好评。而对于客服人员来说，服务大多是通过表达提供的，因此，客服人员的服务质量很大程度上便受到表达水平的影响。

那么，怎样做才是一名金牌网店客服应该具备的表达水平呢？笔者个人认为，至少要做到灵活表达，让顾客觉得与之沟通是舒服的。对此，客服人员需要从 3 个方面把握自己的表达，具体如下。

1. 注意用语

很多时候，影响顾客最终决定的因素除了需求、价格之外，还有客服人员的服务质量，更准确地说是客服人员给顾客的印象。如果客服人员不注意用语，很可能就会影响顾客的情绪。尤其是需要给出否定答案时，应尽可能做到间接，否则，顾客很可能会觉得客服人员太过强势。

比如，当顾客觉得产品价格太高，询问客服人员是否可以便宜一点时，如果客服人员不知道灵活表达，直接说“不能”“不可以”，那么，顾客很可能会被客服人员的强硬态度直接吓走。

同样的情况，如果客服人员能够对价格高的原因进行解释，说“因为这个产品质量相对较好，所以价格相对较高”“因为这是知名品牌的产品，所以要比一般产品的价格稍贵一些”，那么，顾客即便不买，至少也更容易理解客服人员一些。

2. 巧妙肯定

在沟通交流过程中，客服人员带给顾客的感觉至关重要。顾客要的是愉快的购物，如果客服人员能够让顾客觉得享受，那么，顾客往往也更容易买账。而要让顾客觉得享受，通过巧妙的肯定让顾客觉得自己被认同可以说是不可或缺的。

比如，当顾客说“你们这个产品看起来还不错啊”，如果客服人员只是简单地回应“这个产品确实不错”，那么，顾客仅仅是得到了一个答案。但是，如果客服人员回应的是“您眼光真好，本店的爆款产品一下就被您看到了”，那么，顾客得到的除了答案之外，还有来自客服的赞美。

3. 适时反问

有时候，部分顾客在询问某些问题时，可能没有多想，所以会提出一些可笑的问题，而客服人员也不好直接给出答案。此时，便可以通过反问，让顾客意识到自身问题的不合理性，从而避免沟通过程中的尴尬。

- 【实例剖析】

顾客：你们店的 A 款口红看上去好像挺不错的。

客服：您真是慧眼如炬，这款口红是本店的镇店之宝，月销量达上千只，而好评率更是达到了 98%。

顾客：看上去确实不错，就是价格有一些高啊，不知道能不能打个折。

客服：其实我们也想便宜一点的，但是进货的价格本身就比较高，本店也做出了最大的让利，如果再便宜一点就得亏本的，所以也希望您可以理解一下。而且俗话说得好：“一分钱一分货。”这款口红许多女明星都在用，所以价格要略高一些。不过您用过之后，一定会觉得物有所值的。

顾客：其实，价格上我还是勉强可以接受的。就是我的口红马上要用完了，而一个星期之后我就要参加某个活动了，所以，我还想问一下，你们这口红明天可以收到货吗？

客服：美女，小店在广东，而您的收货地址在河北，这么远的距离，一两天时间太短了呢！

顾客：看这样子，恐怕是到不了啊！

客服：其实您也不必过分担心，我们店都是半天内发货，而寄的快递又是效率比较高的，通常情况下，3 天左右就可以收到货了。所以，您如果今天下单，在参加活动之前是绝对可以收到货的。

顾客：这样啊，那我就抓紧时间赶紧下一单吧！

客服：感谢您对本店的支持，祝您购物愉快！

……

以上为某客服人员与顾客交流的部分内容，可以说该客服在灵活表达方面便做得很好。

首先，通过“慧眼如炬”的赞美并引出产品的销售情况，不仅表达了对顾客“你们店的 A 款口红看上去好像挺不错的”的肯定，还在一定程度上增加了产品对顾客的吸引力。

其次，当顾客纠结于产品的价格时，该客服人员没有直接说不能便宜，而是将再便宜一点会亏本、一分钱一分货作为理由，让顾客知道为什么不能打折。而很显然，顾客对于这个回答也是买账的。

最后，顾客可能实在太着急了，忽略了双方之间的距离，以至于提出“明天可以收到货吗？”这样不太现实的问题。客服人员知道这个问题不好回答，于是便进行了反问。而且回答问题之后，为了避免再出现尴尬，也为了更早收到货，顾客快速完成了下单。

- 【注意事项】

凡事都有一个度，虽然适时反问用得好可以避免让顾客尴尬，但是，如果客服人员表达不当，可能不仅不能避免尴尬，还会让顾客觉得客服人员是在质问，甚至是嘲笑自己。所以，客服人员需要通过灵活表达把握好反问的度。

比如，在本案例中，如果对于顾客“明天可以收到货吗？”的问题，客服人员反问“要不，你自己来回答这个问题，你用脑子想一想，看看这么远的距离快递能不能一天到呢？如果送到了，我给你免单怎么样？”，那么，顾客很可能会感觉自己的自尊心被伤害了。

023　适时应和

- 【要点呈现】

虽然在与人交流的过程中，应和可能会让人觉得没有主见，但是，客服人员在与顾客交流的过程中，特别是当顾客的话比较密，且希望得到回应时，适时应和非常重要。具体来说，适时应和主要有两个作用，具体如下。

1. 表示信息已接收

人与人之间的交流，就是信息发送与接收的一种传递过程。在日常生活中，如果一方说完一段话之后，另一方毫无反应，那么，前者就会担心后者是否已经全部接收了自己传递的信息。

客服人员与顾客的交流也是如此，如果顾客就某个内容提出自己的看法，客服人员却不对此做出回应，顾客可能会觉得客服人员未接收自己的信息，或是对自己不尊重，所以才会毫无反应。

在这种情况下，即便客服人员不想再继续交流顾客提到的内容，也应该在对顾客的意见进行应和，向顾客示意信息已接收之后，再引出其他的话题。这既是表达自己已经了解顾客提到的内容，也是尊重顾客的体现。

2. 让顾客有认同感

前文已多次提到，顾客是否享受与客服人员的交流对销售的达成至关重要。而认同感又是让顾客享受沟通的重要途径。所以，客服人员应该尽可能地采取一些措施，对顾客表示认同，从而让顾客得到精神上的满足。

而适时应和又是对顾客看法、意见认同的直观体现，所以，客服人员在与顾客交流的过程中，适时应和非常重要。

- 【实例剖析】

顾客：亲，在吗？

客服：亲，上午好，客服莎莎为您服务。请问您有什么需要？

顾客：我想买一本有关信用卡的书，你能不能给我推荐一下呢？

客服：好的，这本《玩的就是信用卡：省钱、赚钱、贷款、提升额度 268 招》（第2版）是本店卖得比较好的信用卡类图书，它以 268 招的形式对选卡、办卡、用卡、刷卡、管卡，以及网上银行、手机银行、微信银行 APP 管卡软件、征信查询等内容都进行了解读。如果您想详细地了解信用卡的相关知识，相信这本书可以给您一些帮助。我给您链接，您可以点进去看一下。

顾客：我之前在朋友家看到过一本叫《玩的就是信用卡：省钱、赚钱、贷款、提升额度208招》的书，我曾经还翻阅过一些内容，你推荐的书不会就是这本书的升级版吧！

客服：您真是不仅见识多，记性还特别好。莎莎为您推荐的这本书确实是《玩的就是信用卡：省钱、赚钱、贷款、提升额度208招》的第2版。当然，第1版本店也还有少量的库存。

顾客：那这第2版与第1版相比又有哪些不同呢？

客服：第2版可以说是在第1版的基础上编写的，所以第1版的内容，第2版中基本都保留了，同时第2版又对第1版中出现过的内容进行了更新。另外，还增加了一些新的内容，而具体招数也由 208 招变为了 268 招。

顾客：这本书看上去干货比较多啊！

客服：您说得不错，这就是一本实战型的书，招招都是干货，拿起来就可以用。

而且现在在做活动，价格上也比较优惠。

顾客：这本书原价是45元，现在打6.74折，折后价是30.3元对吧！

客服：您真细心，现在这本书在促销，折后价就是30.3元。

顾客：好的，我买一本！

客服：莎莎代表小店感谢您的支持，祝您购物愉快！如果有任何问题，欢迎和莎莎交流哦！

……

以上为某客服人员与顾客交流的部分内容，在这个案例中，客服莎莎便很好地用到了适时应和，而且还取得了不错的效果。

具体来说，客服莎莎在与顾客的交流中，通过"您真是不仅见识多，记性还特别好""您说得不错""您真细心"语句，先是对顾客的看法进行了应和，然后，再对话题进行引导，最终成功促成了这笔交易。

- 【注意事项】

虽然适时应和很有必要，但是，客服人员的最终目的是促成交易，所以，除了适时应和之外，还需要将节奏把握在自己手中，对话题进行引导，让顾客朝着自己预期的方向走。甚至可以说，在此过程中，节奏的把握和话题的引导远比适时应和要重要得多。

比如，在本案例中，如果客服人员只是一味地应和，将交流的主导权放到了顾客那里，那么，交流过程将变成可以讨好顾客的过程。这样做虽然最终也能达成交易，但是，势必会浪费大量时间。

而客服人员除了成交率之外，还需要考虑时间成本。因此，过多地应和，将交流的主导权放到顾客那里显然是不可取的。

024 扬长避短

- 【要点呈现】

没有任何东西是十全十美的，售卖的产品自然也不能例外。所以，顾客可能会针对产品的某方面的不足进行询问。此时，客服人员比较适合的处理方式就是扬长避短，在承认产品不足的同时，顺势引出产品的优势，并对其进行强化，让顾客生出失之东隅，收之桑榆的感觉。

那么，客服人员为什么要采取扬长避短的沟通策略呢？在笔者看来，这主要是因为扬长避短可以起到如下两大积极作用。

1. 承认不足

顾客毕竟是服务对象，如果顾客说产品有不足，那么，不管事实是不是如此，客服人员都不应该就此问题与之争论。但是，如果不做出回应，又会让顾客觉得客服没有底气，甚至认为产品不值得信任。

所以，此时如果能扬长避短，承认产品的不足，那么，在顾客看来客服至少是诚实的。这种勇于承认的态度比那些无谓的争论也更容易让人接受。所谓金无足赤，产品有不足也不足为奇。只要不足之处并非出现在产品的主要功用中，顾客便不至于因此直接否定产品。

2. 强化优势

在承认不足的同时，对产品的优势进行说明，这种类似于欲扬先抑的策略，比起一味地夸耀，更能起到强化优势的作用。而且只要使用得当，还能让顾客发现产品功能的新大陆，并重燃对产品的信心。

比如，当顾客表示某款洗面奶自己用过，它的控油功效不太明显时，客服人员可以大方地承认这一点，然后以退为进，主打该洗面奶的其他功能。比如，可以说："这款洗面奶的控油能力确实一般，但它主打的是深层洁净，您是不是感觉用完之后，脸上特别干净、细腻呢？"

- 【实例剖析】

顾客：嗨，在吗？

客服：您好，客服丽莎为您服务。请问您有什么需要？

顾客：我想买洗发水，你有什么好的推荐吗？

客服：A 款洗发水是本店销得比较好的产品之一，您看看怎么样。

顾客：这个品牌的东西倒是不错，只是你推荐的这款洗发水我用过，它的控油能力不太好啊！

客服：您说得不错，这款洗发水的控油能力比较一般，那是因为这款洗发水主打的功能是长效去屑，洗完头后第二天醒来，甚至都看不到可见头屑。另外，需要说明的是，它比较适合中性和干性发质使用。当然，如果您需要的是控油型洗发水，可以看看该品牌的 B 款产品。

顾客：嗯，我觉得 B 款洗发水挺不错的，就要它了。其实，我室友正好也要买洗发水了，而她又比较适合用 A 款洗发水。所以，我想说如果我同时买这两款能不能打个折呢？

客服：虽然本店是概不还价的，但是，像您这种情况我倒是有一个可以让您省钱的方法。

顾客：你说来听听呗！

客服：本店有一款洗发水套装，就是 A、B 两款产品的组合，重量上要超过刚刚看到的那两款洗发水。另外，比较关键的一点是，价格也是在单买价的基础上打7折，而且还赠送两瓶护发素。

顾客：价格倒是挺便宜的，只是这洗发水量有点大，感觉很久都用不完似的，我不确定是否要一次买这么多。

客服：虽然这个套装的洗发水量确实比较大，但是像洗发水这种生活用品，经常都要用，您大可不必担心用不完。而且这个套装虽然是大瓶装的洗发水，但是它的原料和制作工序与小瓶装的是一样的，所以从供销商来看，也是没有什么差异的。如果您买这个套装的话，相对来说会比较划算一些。您觉得呢?

顾客：那好吧，我就买这个套装吧!

客服：非常感谢您对小店的支持，如果还有任何问题，欢迎随时与丽莎沟通，祝您购物愉快!

……

以上为某客服人员与顾客交流的部分内容，从中不难看出，该顾客曾两次对客服人员推荐的产品提出了自己的看法，或者说是对产品的某个方面提出了质疑。而该客服则用扬长避短的策略给出了比较合适的回答。

具体来说，当客服人员推荐 A 款洗发水时，顾客认为它的去油能力一般。而客服则以退为进，在承认去油能力不强的同时，顺势引出该产品主打去屑功能。这在让顾客更好地认识产品功能的同时，也为后面购买该产品埋好了伏笔。

而当客服人员向顾客推荐套装时，顾客认为量太大，可能一时之间用不完。对此，客服人员先是围绕洗发水生活必需品的属性，提出经常要用，不必担心用不完的看法。然后，分别以功效和价格为切入点，增加产品对顾客的吸引力。最后，顾客也被客服人员成功打动，并达成了购买意愿。

- 【注意事项】

任何产品都不可能得到所有顾客的认同，所以，在工作过程中，客服人员难免会遇到对产品相关问题有质疑的顾客。这部分顾客中可能会有一些是鸡蛋里挑骨头，但更多的可能只是如实表达自己的感受。

因此，当顾客对产品有质疑时，客服人员需要做的不是据理力争，保住产品的所谓“名声”，而应该正视顾客的反馈，通过扬长避短的策略，在承认不足的同时，动之以情，晓之以理，突出产品的其他优势，用瑜掩瑕。

025 结合感受

- 【要点呈现】

与在实体店购物不同，在进行网购时，顾客只能看到一些关于产品的信息，而不能获得对产品的亲身感受。因此，许多顾客对于需要购买的产品的质量等都是持怀疑态度的。而客服人员需要做的就是让顾客对产品更多一分信心。

对此，如果客服人员能够在与顾客沟通的过程中，结合自己的使用感受，那么，顾客在得到更多产品信息的基础上，很可能会对客服及产品多一分信任。结合感受的沟通策略主要有两大作用，具体如下。

1. 反应更真实

虽然产品说明书等给客服人员提供了大量产品信息，它们在沟通过程中也用得上。但是，如果客服人员只是将这些官方的信息牢记，并转述给顾客，那么，在表达时多少会有些生硬，甚至会让顾客觉得不真实。

而客服人员如果能结合自身的使用感受，对顾客的问题进行回应，则往往能让顾客觉得更加真实。因为此时客服人员只需将自己的感受直观地进行呈现即可，而无须再过分地参照官方给出的信息。

2. 更有说服力

俗话说得好："没有实践就没有发言权。"如果客服人员只是根据产品的官方介绍照本宣科地与顾客进行沟通，无异于纸上谈兵。且不说官方介绍多少会有一些夸大的成分，单就只有理论而没有实践的沟通方式来看，也会缺少说服力。

另外，如果顾客问一句"这个产品你用过吗？"而客服人员只能给出否定的答案，那么，顾客很可能会说："你自己都没有用过，凭什么这么认为，你觉得你的这些话有说服力吗？"

而如果客服人员能给出肯定的回答，并根据自己的使用感受与顾客进行交流，那么，顾客就能通过客服人员的使用感受，在了解产品的同时，对客服人员多一分信任，客服人员的说辞自然也就更具说服力了。

- **【实例剖析】**

实例 1

顾客：你好，在吗？

客服：在的。请问您有哪些需要？

顾客：冬天气温比较低，人特别容易感觉脚冷，我想帮我女朋友买一双具有保暖功能的鞋。你能给我一些建议吗？

客服：您可以看看本店的 A 款雪地靴，它采用的是长毛绒内底，保证您女朋友穿上之后特别暖和。

顾客：那么，你穿过吗？

客服：这个嘛，因为我这里冬天气温不是特别低，所以基本上不需要雪地靴这种保暖能力特别好的鞋子。

顾客：也就是说你没用过呗！你没用过，凭什么能保证我女朋友穿着会暖和呢？不好意思，我觉得你的保证太没有说服力，拜拜了！

……

实例 2

顾客：亲，在吗？

客服：您好，客服小刘为您服务。请问有什么可以帮到您的？

顾客：冬天特别容易觉得冷，我想帮女朋友买一双保暖鞋，麻烦你给我推荐一下吧！

客服：能够找到您这种暖男做男朋友，您女朋友真是幸运。我们店的 A 款雪地靴还不错，它采用的是长毛绒内底，所以保暖效果相对来说是比较好的，我给您一个链接，您可以看一看。

顾客：因为我也没穿过这种鞋子，所以也不好把握。我问一下，这款鞋子你穿过吗？能跟我说一下感受吗？

客服：其实，不瞒您说，我现在脚上穿的就是这款雪地靴。个人感觉鞋里面的毛软软的，比起市场上一般的保暖鞋要舒服得多。另外，虽然现在外面的气温已经达到了零摄氏度，但是，我觉得脚非但不冷，还有些像是在烤火。这种感觉甚至比起用被子裹着脚还要舒服得多。

顾客：听你这么说我大概有了一些了解，看来这款鞋保暖的效果确实不错啊！那我就买一双吧！

客服：感谢您对本店的支持，对于您带给她的温暖，相信您的女朋友一定会非常感动的，祝您购物愉快！

……

以上为两个客服人员与顾客沟通的实例，虽然在这两个实例中，顾客的需求基本相同，但是，因为客服人员带给顾客的感受，或者说客服人员话语的说服力不同，所以，最后的结果也存在着一些差异。

具体来说，在实例 1 中，客服人员虽然介绍了顾客需要的产品，但是，客服人员因为所在地气温不是很低，所以没有使用过推荐的产品。而顾客在听到客服人员的回答之后，觉得客服人员的话没有足够的说服力，因此打消了购物念头。

而在实例 2 中，顾客同样是想购买一双保暖鞋，也对客服人员的使用感觉进行了询问。正好该客服人员使用过这款产品，所以，当顾客问到这个问题时，她便可以将自己的感受加以渲染呈现给顾客。最后，顾客通过客服人员的使用感受，对产品更多了一些了解，并做出了下单的决定。

由此不难看出，客服人员的感受可能会对交易产生重大的影响。如果客服人员只是根据产品的相关介绍与顾客进行交流，而没有使用产品的经验，那么，顾客很可能会认为客服人员的说辞毫无说服力。

- 【注意事项】

诚然，客服人员如果有产品的使用经验，那么，在与顾客交流的过程中，往往更能赢得顾客的信任。毕竟，客服人员自己都在使用的产品，顾客通常会认为其质量不会太差。

也正是因为使用感受比较有说服力，所以，当顾客问及是否有使用经验时，部分客服人员可能并没有使用过产品，但是，为了让自己的说辞更有力道，同时也是为了避免顾客就此流失，会违心地回答使用过，甚至编造使用感受。

对此，客服人员需要明白的一点是：人无信不立，商家要长期经营下去，诚实就是必须具备的素质。虽然承认没有使用经验会让顾客觉得没有说服力，但是，如果客服人员为了让自己的话语有说服力而撒谎，那么，当顾客了解事实之后，商家失去的将是名声和未来。

026 重在说服

- 【要点呈现】

如果顾客已经决定购买某件产品，很可能会直接下单并付款，而不会有与客服人员交流这一环。所以，当顾客在售前阶段与客服人员交流时，顾客还没有具体的购买目标，或者对是否购买某件产品还持摇摆态度。而客服人员需要做的就是通过与顾客交流，说服其完成购物。

那么，客服人员如何说服顾客呢？笔者个人认为可从如下两方面进行考虑。

1. 积极引导

对于还没有明确购买目标的顾客，客服人员需要做的就是在了解其基本要求之后，筛选出相对适合的产品，通过介绍，强化产品的优势，增强产品对顾客的吸引力，并引导顾客完成下单。

2. 解答疑惑

除了没有明确购买目标之外，如果顾客对产品的相关信息有疑问，也有可能会与客服人员进行沟通。对于这一类顾客，客服人员需要明白的一点是，他们对于产品还有购买意愿，否则，也不会花费时间和精力来进行询问。

所以，在这种情况下，客服人员与顾客的交流很可能会直接影响顾客的最终决定。

而为了提高成交率，客服人员需要做的就是在解答顾客疑惑的同时，通过交流展示良好的服务质量，让顾客对客服人员，乃至商家多一些好感。

● 【实例剖析】

顾客：在吗，亲？

客服：您好，客服小王为您服务。请问您有哪些需要？

顾客：我想系统地学习一下摄影，你可以帮我推荐一本实用型摄影书吗？

客服：好的，您看一看这本《手机摄影高手真经：拍摄＋构图＋专题＋后期》，就像它的名字所说的，这本书对拍摄、构图、专题和后期4大内容进行了详细的解读，可以说，一本书就可以让您对摄影的几大环节都有所了解。更为关键的是，这本书是作者深度研拍的结晶，书中的内容都是干货，您拿来便可以直接使用。

顾客：这本书看上去确实挺不错的，但是，我还有一个问题，那就是有一次我买一本书，结果一个星期才收到货。我想说，如果我在你们店买书，不会也要这么久才能收到货吧！

客服：这一点您可以放心，本店出货速度快，寄的都是速度比较快的快递，通常情况下，国内3天左右基本都可送达。

顾客：那好，我就买这本书吧！

客服：小王代表小店感谢您的支持，如果还有任何问题，欢迎随时与我联系，最后，祝您购物愉快！

……

以上为某客服人员与顾客交流的部分内容，很显然该顾客在与客服人员交流之前还没有下定决心购买某件物品，甚至可以说还没有明确的购买目标。但是，顾客最终下定购物的决心。在此过程中，客服人员的说服可谓是起到至关重要的作用。

具体来说，顾客只是想对摄影进行系统学习，客服人员便找到《手机摄影高手真经：拍摄＋构图＋专题＋后期》这本全面讲解摄影的书，并通过介绍凸显该书的实用性，让顾客觉得这本书确实是比较适合自己的。

而当顾客对快递送达时间有疑问时，客服人员则以出货速度、快递选择为切入点，明确表示国内3天左右基本都可送达。而顾客在听到这一回答之后也表示了购买的意愿。

● 【注意事项】

需要特别说明的是，虽然说服顾客完成下单是客服人员的工作重点，但是在与顾客沟通的过程中，不能为了让自己的话语更具说服力就轻易做出一些保证，更不能过分地对产品的功效等进行夸大。

客服人员应该要明白，上述做法虽然能让顾客对产品多一分信心，但是，这种信心在顾客使用产品之后很可能会快速崩塌。而顾客也将对客服，乃至商家好感全无。

如果是这样就有些得不偿失。

027 话不说满

- 【要点呈现】

部分客服人员认为在与顾客沟通的过程中，将话说满一点很有必要，因为这样更能显示出自己对产品和服务的信心，其实不然。当客服人员表达得太绝对时，顾客很可能会觉得你只是在忽悠他。

而且如果客服人员在售前做出了保证，但是实际情况却与保证有所出入，那么，顾客便会认为客服人员是为了提高成交率而故意欺骗自己。对于欺骗行为，许多顾客也是不能容忍的。

所以，如果客服人员的保证不能实现的话，很可能会得到部分顾客的差评，甚至是投诉。很显然，这样做是得不偿失的。那么，客服人员怎样才能避免把话说得太满呢？笔者认为可以从如下两方面进行把握。

1. 避免绝对

俗话说得好：“世事难料。”很多事情虽然具有较大的可能性，但也不是必然的。比如，抛一枚硬币，正面朝上或反面朝上的概率比较大，但是也有可能会出现立起来的情况。

所以，客服人员在与顾客沟通的过程中应尽量使用灵活的语言，而不能把话说得太绝对了。为此，客服人员可以在沟通过程中对不确定的内容适当使用“可能”“也许”“大概”等词，避免表达过于绝对。

2. 诺不轻许

毫无疑问，对顾客许诺，能体现客服人员以及商家对产品的信心和对顾客的重视，当许诺实现时也能给顾客留下好的印象。但是，如果许诺的事并没有做到，那么，顾客很可能会认为客服是在欺骗自己，并因此进行投诉。

所以，客服人员可以适当许诺，但是，一定不能轻易许诺做不到的事。这既是对顾客负责，也是为了避免给自己制造麻烦。

- 【实例剖析】

顾客：客服，在不在哦！

客服：您好，客服小郭为您服务。请问您有哪些需要？

顾客：你们店的红心火龙果看上去还不错，能给我介绍一下吗？

客服：好的，本店的红心火龙果都是从原产地海南直接发货的，所以，比起其他店更新鲜。而且价格也比较便宜，5 斤只要 29.9 元。

顾客：这么便宜，不会都是一些很小的果子吧！

客服：您放心，我们的果子都是经过严格挑选的，单果重量在 300 克至 500 克。

顾客：那大概几天可以收到货呢？

客服：我们的快递速度很快，国内 3 天之内便可以收到货的，您放心！

顾客：那好，我就买 5 斤吧！

客服：非常感谢您的支持，相信我们的产品一定不会让您失望的，小郭在此提前祝您购物愉快！

（几天后）

顾客：你这个骗子！

客服：您怎么了？有什么事吗？

顾客：在下单之前我对最关心的几个问题都询问了，你说这火龙果很新鲜，单果重量是 300 克到 500 克，3 天内就可以收到货。可是我一个星期之后才收到货，有许多达不到重量的果子我就不说了，关键是还有差不多一半都烂了，难道这就是你说的新鲜吗？

客服：不好意思，因为您的收货地址和发货地点有点远，再加上最近是快递高峰期，所以，快递的速度可能比平时要慢一些。

顾客：既然做不到那就不要承诺啊！现在出现这种情况，我也只能对你说不好意思了。因为我实在找不到不投诉的理由！

……

以上为某客服人员与顾客交流的部分内容，在这个案例中，客服人员对顾客做出了许多承诺，如，产地直接发货、单果重量在 300 克到 500 克、国内快递 3 天之内可以收到货，而这几点最终却都没有做到。所以，顾客的情绪被引爆，并声称要投诉客服。

其实，如果客服人员不把话说得太满，或者说少做一些承诺，顾客或许还不至于如此愤怒。毕竟购买产品的最终决定权是在顾客自己手中，当产品达不到预期时，顾客自身是有一定的责任的。

但是，当客服人员为了促成交易而为做不到的事情做保证时，实际上顾客是基于对客服的信任才购买了产品。而如果在使用产品之后，发现产品与客服的承诺有一定差距，顾客就会有一种自己被人“卖了”的感觉。所以，由此出现情绪的波动，将责任归于客服也就不足为奇了。

- **【注意事项】**

沟通就是一门语言的艺术，在与顾客沟通的过程中，聪明的客服人员会力求让自己的表达更加灵活一些。因为他们知道顾客虽然想听到保证、承诺，但是一旦允诺了就必须做到，否则，顾客很可能会因此迁怒于自己。

所以，当对某件事还不能确定时，金牌网店客服通常会像打太极一样，将话说得含糊一些。这样一来，即便真的出了一些问题，客服人员至少还可以进行一些回应，而不至于让自己也无路可走。

比如，在本案例中，客服人员如果没有向顾客做出那些保证，那么，当顾客就出现大量坏果的问题质问时，距离太远、最近是快递高峰期这些理由还能让顾客多一分理解。如果此时再给顾客重新发一次货，或者给顾客退还购物款，顾客可能还不至于铁了心要投诉客服。

028 适度催促

- 【要点呈现】

在顾客看来，客服人员扮演的更多的是产品信息介绍者和购物参考意见提供者的角色。但是，客服人员必须知道，与顾客沟通的直接目的是引导顾客完成购物，提高产品的成交率。而要达到这个目的，仅仅介绍产品信息、提供购物参考意见显然还是不够的。

因为部分顾客即便有购买客服人员推荐的产品的意愿，但是如果客服人员不能及时引导他们完成购物，顾客也有可能会因为记性不好等原因，致使交易无法最终完成。

所以，在与顾客交流的过程中，适度进行催促是很有必要的。这既可以起到提醒顾客的作用，也能缩短交易达成的时间，提高客服人员的工作效率和产品的成交率。在实际操作时，客服人员通过催促顾客完成交易，主要需要做好两方面的工作，具体如下。

1. 催促下单

购物的完成主要基于顾客的购买意愿，如果顾客没有购买意愿，购物将很难达成。这一点绝大多数客服人员都了解，但是，有时可能会出现顾客虽然表达了购买产品的想法，却迟迟不下单，最终也未完成购物的情况。

这种情况的出现主要有两个原因：一是顾客可能因为被其他事情耽误了，忘记下单了；二是顾客为了买这件产品，可能逛了几家店铺，并在考虑最终要选哪一家，甚至是已经在其他店铺完成了购物。

所以，当顾客有购买产品的意愿，却未下单时，客服人员应该及时与顾客联系，通过一定的举措，催促顾客下单。如果顾客是忘记了，那么，这个催促便可以起到提醒的作用。如果顾客还在考虑要买哪家的产品，客服人员便可以通过与顾客进一步交流，增加产品对顾客的吸引力，促使顾客完成下单。

2. 催促付款

除了未下单之外，还有可能会出现下了单却不付款的情况。而且只要顾客付款，商家就可以发货了，这笔交易基本上也就完成了。所以比起未下单，未付款可能更令人惋惜。

为了尽可能地避免未付款导致的交易失败，客服人员需要探究顾客未付款的原因，并寻找解决方案。其实，与未下单相同，顾客之所以未付款，也可能是因为忘记了，或者有购买其他商家产品的打算。

因此，当顾客下单一段时间之后还未付款，就必须引起客服人员足够的重视，因为如果不及时联系，客服人员很可能会直接流失掉一位顾客。而这样一来，之前的种种努力也就都白费了。

● 【实例剖析】

实例 1

顾客：亲，在吗？

客服：您好，客服妞妞为您服务。不知道有没有什么可以帮到您的？

顾客：我儿子的生日快到了，我想买些书给他作为生日礼物，能麻烦你帮我推荐一下吗？

客服：您真是一位懂得为孩子未来打算的好母亲，就连挑选礼物首先考虑的也是书籍。只是不知道您对要买的书有没有什么要求呢？

顾客：我儿子现在在读初中，所以，书最好是有一定的趣味性，否则他可能读不下去。另外，买一本书可能不够，我想一次性多买几本。

客服：根据您的建议，妞妞觉得您可以帮孩子选一些世界名著。这类书不仅能对孩子的学习提供一定的帮助，而且因为是小说体裁，所以，趣味性也比较强。正好本店现在正在搞限时促销，世界名著系列书总共 10 本 7 折出售。

顾客：那好，我就买这个吧！

客服：妞妞代表小店感谢您的支持，祝您购物愉快！

（然而，半天过去了，顾客还未完成下单）

客服：您好，请问您在线吗？

（几分钟后）

顾客：请问有什么事吗？

客服：我是想和您说一声，为您推荐的世界名著系列书的限时促销活动将在 2 小时后结束。如果您有需要，得抓紧时间下单哦！

顾客：哎呀，我都忘了这档子事了。谢谢你的提醒，我这就下单、付款。

……

实例 2

客服：亲，在吗？

顾客：请问有什么事吗？

客服：您两天前在本店下的单还未付款哟，如果您不付款我们这边不好给您发货，所以跟您说一声。

顾客：不好意思，我昨天准备付款的，但是正好看到其他店铺的产品在促销，价格比你们店要便宜一些，所以，就在别处买了。我这就取消你们店的单。

……

以上为两个客服人员与顾客沟通的实例，在实例 1 中，客服人员因为及时催促顾客下单，最终成功引导顾客完成了交易。而在实例 2 中，客服人员在顾客下单两天之后，才提醒顾客付款，却不料顾客前一天已经在其他平台完成了购物。其实如果该客服人员能早一天提醒顾客，也许还不至于如此。由此不难看出及时催促的重要性。

- 【注意事项】

在与顾客交流的过程中，虽然适度催促很有必要，而且催促也需要趁早，但是，在真正执行时，客服人员还需掌握一定的技巧，尽可能地让催促显得不那么刻意，否则，顾客可能也不会买账。

对此，最好的办法就是在催促时尽可能地站在顾客的角度考虑问题，让顾客觉得客服人员更像是在为顾客的利益考虑，而并非为了提高成交率。比如，对于顾客未下单的情况，客服人员可以通过告知顾客库存紧张、活动即将结束等信息，让顾客觉得立即下单更划得来一些。

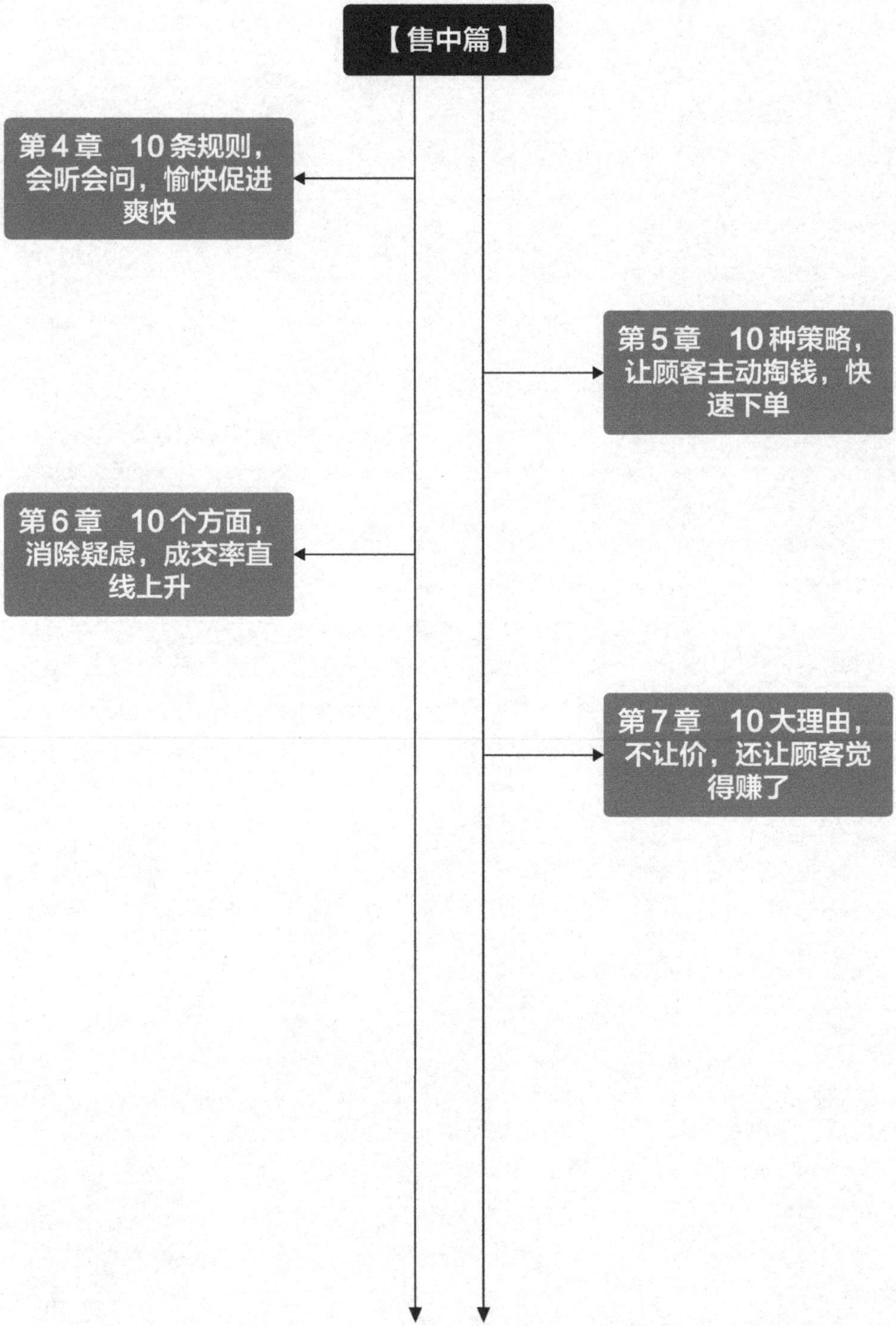
【售中篇】
第4章　10条规则，会听会问，愉快促进爽快
第5章　10种策略，让顾客主动掏钱，快速下单
第6章　10个方面，消除疑虑，成交率直线上升
第7章　10大理由，不让价，还让顾客觉得赚了

第 4 章

10 条规则，
会听会问，愉快促进爽快

学前提示

人是一种受情绪影响的动物，客服人员如果能给顾客营造愉悦的沟通氛围，那么，顾客通常也会更加爽快一些。

而顾客与客服人员沟通的感受又主要来自客服人员的倾听和发问，所以，掌握一定的规则，做一名会听会问的客服人员就显得尤其重要了。

要点展示

- 少说多听
- 不要插话
- 适时回应
- 多多观察
- 记录要点
- 把握时机
- 避免重复
- 注意方式
- 转换立场
- 紧扣目标

029 少说多听

- 【要点呈现】

要为顾客营造愉快的沟通氛围，客服人员就需要做到会听会问。而作为一个会听的客服，首先就要摆正自己的位置，做到“少说多听”。当然，客服人员在线与顾客交流时，用输入信息代替了说话，此时的“少说”指的就是尽可能地少表达自己的想法。

需要特别说明的是，此处仅仅是指顾客在表达时要“少说多听”。也就是说，这条规则只适用于特定的情况。当顾客希望得到相关信息，或者必须告知顾客某些内容时，客服人员只需根据实际情况进行表达即可。

那么，为什么要做到“少说多听”呢？以电话客服为例，在笔者看来，“少说多听”至少有两大好处，具体如下。

1. 了解顾客需求

每个顾客在购物时都或多或少地对要购买的产品有一定的要求，而这个要求又只有顾客本人最清楚。所以，“少说多听”能为顾客提供一个充分表达自身需求的机会，而客服人员也能更好地了解顾客的需求，并据此为顾客推荐相对合适的产品，在提高成交率的同时，增加顾客的满意度。

这一点对于在线沟通的客服人员来说，可能还没有强烈的感受。因为在线沟通的信息可以随时查阅，客服人员只需认真阅读顾客输入的信息，便可了解顾客的需求。但是，对于电话客服来说，顾客的需求将以语音的形式呈现，如果客服不能让顾客表达清楚，或者将顾客表达的意思记录下来，就很可能无法全面地把握顾客的真实需求。

2. 体现认真在听

人的精力是有限的，一个人很难在保证质量的前提下同时做几件事。即便客服人员有能力在认真倾听并牢记顾客意见的同时，表达自己的想法，大部分顾客也不会相信你有这种能力。

而且顾客一般都很看重客服人员的态度，如果客服人员太过急切地想要表达自己的意见，那么，顾客便可能会认为客服人员没有把他的话听进去，或者至少说是对他的话不够重视。相反，如果客服人员能够在此时做到“少说多听”，顾客便会认为你是在认真倾听。

- 【实例剖析】

客服：喂，您好，这里是 ×× 客服部。请问有什么可以帮到您的？

顾客：我想在你们这里买一台空调。

客服：本店是空调专营店，空调种类很多，不知道您是否还有其他需求？

顾客：我正想要你帮我介绍一下A、B、C三款空调的相关信息，谁知道你这么急着表达呢？

客服：A、B、C三款空调都是2匹的，所以，它们的制冷制热面积都差不多。而从价格上来看A款空调价格相对较高，而C款的价格相对来说是比较低的。

顾客：哎呀，你说的这些我都知道，我想知道的是这3款空调哪款耗能低、效果好。麻烦你了解了我的需求再说好吗？

客服：要说耗能的话，A款空调无疑是最佳选择，在开启节能模式的情况下，它每晚耗电量可以控制在1度电左右。但是，也正因为如此，该款空调技术含量相对较高，价格也是3款中最高的。所以，如果单纯从经济的角度考虑的话，我还是向您推荐B款空调。这款空调虽然能耗比A款略高，但是价格却低了不少。

顾客：所以，你认为我是没钱才买能耗低的？或者说，你是想向我强推B款空调？说了这么多，尽是些没用的信息。要不你自己买吧，我走了。

……

以上为某客服人员与顾客交流的部分内容，在这个实例中，客服人员由于话太密，不仅让顾客觉得客服太急于表达，而且也因为未对顾客的意图进行充分的揣摩，客服人员说出了大量对顾客没有实际用处的信息。

所以，最后顾客认为该客服人员根本就不理解自己的需求，再加上有强推B款空调的嫌疑，于是在抱怨了几句之后便离开了。这次交流最终也以不太愉快的方式落下了帷幕，而客服人员也未能如愿完成交易。

● 【注意事项】

虽然产品功用是顾客在购买某件商品时要重点考虑的因素，但是，当选择较多时，顾客除了产品功用之外，还会考虑其他一些因素。比如，客服人员在沟通过程中的表现。

如果客服人员在沟通过程中太过于着急表达自己的想法，那么，顾客便有理由相信，客服人员没有在认真倾听自己的意见，甚至会认为客服人员根本就是在想方设法地引导自己购买某件商品。

一旦事情发展到这一步，顾客便会因为客服人员不够尊重自己而出现情绪上的波动。而此时客服人员要想引导顾客完成购物自然便不再是一件易事了。所以，为了更好地倾听顾客的意见，有时候“少说多听”还是很有必要的。

当然，“少说多听”也仅限于需要倾听顾客需求的情况。如果客服人员要对产品进行介绍，那自然是需要尽可能地将产品的相关信息，特别是优势，详细地告知顾客，让顾客对产品产生更大的兴趣。

另外，有的顾客可能会将沟通当成一次寻常的聊天，以至于可能出现谈着谈着就偏离了购物的情况。对此，客服人员需要灵活应对，及时将话题拉回来。毕竟成交时间对于客服人员来说也是重要的成本，如果在一些无谓的事情上浪费太多时间，就有些划不来了。

030 不要插话

● 【要点呈现】

相信许多读者和笔者一样，从小被父母教导不要在别人说话的时候插话，这是人与人交流过程中应有的礼貌。日常的交流尚且需要做到不随意插话，更何况客服人员与顾客还是服务与被服务的关系。

所以，在与顾客沟通的过程中，客服人员切记不要插话，随意打断顾客，这对于客服人员来说主要有两大意义，具体如下。

1. 表示对顾客的尊重

前面已经提到，在与人交流的过程中不插话是一种应有的礼貌。而客服人员在与顾客交流的过程中如果能做到不随意插话，顾客便会觉得客服人员愿意倾听自己的意见，对于自己有基本的尊重。而在感受到被尊重之后，顾客对于客服人员的印象自然也就更好一些。

2. 更好地获取相关信息

除了表示对顾客的尊重之外，不随意插话也是为了更好地获取相关信息。因为有的人在表达自己的想法时，思维是快速运转并在脑海中进行了演练的，如果外界随意插话，很可能会破坏其建立起来的思维模式，让他不知道接下来应该讲些什么，甚至忘记自己讲到了哪里。

这样一来，客服人员便很可能无法全面把握顾客需要表达的意思。所以，为了避免这种情况的发生，也为了更好地了解顾客的想法，客服人员应该尽可能在顾客说完之后再表达自己的意见。

● 【实例剖析】

客服：喂，您好，这里是 ×× 店电话客服。不知道有什么可以帮到您的？

顾客：我想买一部手机，最好是……

客服：您眼光真好，本店就是一家手机专营店，市面上常见的手机款式，本店基本上都有货，不知道您有哪些要求呢？

顾客：嗯，最好是 A 品牌产品，这个品牌我用了几年了，它的质量我还是比较相信的。功能方面……

客服：看来您是行家啊！A 品牌一直被行业内认为是性价比比较高的品牌。只是不知道您对功能有哪些要求呢？

顾客：功能方面，我平常比较喜欢看视频、听音乐和拍照，只要屏幕大、续航时间长、音效好、像素高就可以了。另外，价格方面的话……

客服：满足您这些条件的手机有很多，您还有其他要求吗？比如说可以接受的价格区间是多少？

顾客：你就急到等不及我把话说完吗？都被你打断好几次了，到底还懂不懂尊重人啊！与你沟通我感觉到心累，我看也没有必要再继续下去了。拜拜了！

……

以上为某客服人员与顾客交流的部分内容，从中不难发现这位顾客在与客服人员沟通之前，心中已经对要购买的产品有了明确的要求。对于这一类顾客，客服人员最好的沟通策略就是认真听完顾客的要求，然后根据顾客的要求寻找相对适合的产品，并引导顾客完成购物。

然而，案例中这位客服人员却没有意识到这一点，于是接连几次打断了顾客的讲话。最后顾客终于因为无法忍受自己的讲话屡次被打断而愤怒地结束对话。而对于客服人员来说，这很可能就直接流失掉了一位顾客。

- 【注意事项】

其实，抛开客服人员与顾客这种服务与被服务的关系不谈，即便是在日常交流过程中，任何人也不会希望自己在表达想法时被其他人打断。所以，不要插话与其说是一种素质，还不如说是一种常识。为了让双方的沟通更加融洽，就应该尊重对方，不要在对方说话的时候随意插话。

当然，不要随意插话并不代表就不能插话。如果顾客把话题带偏了，客服人员为了把话题拉回来，适当地插话还是很有必要的。不过，即便是在这种情况下，也要考虑顾客的感受，尽可能采取顾客可以接受的方式。比如，在插话时可以先说“对不起，我打断一下”，跟顾客打个招呼，让顾客做好心理准备。

031 适时回应

- 【要点呈现】

虽然“会听”更倾向于倾听顾客的需求、想法，但是，如果客服人员仅仅是默默地记录，那么，双方的交流就会变成顾客的自言自语。因此，在听完顾客的表达之后，客服人员还需要适时给出一些回应，让顾客觉得你确实在认真倾听。

那么，如何才能通过适时回应让顾客觉得客服人员是在认真倾听呢？笔者个人认为，客服人员可以从以下 3 个方面切入。

1. 复述观点

既然客服人员需要通过倾听顾客了解其需求，并据此给顾客做出推荐，那么，在正式推荐之前最好还是确认一下顾客的需求，而在回应时适当复述顾客的观点就是一种比较合适的方式。

尤其是当顾客表达的内容比较复杂时，对顾客的观点进行复述就显得尤其重要了。这一方面是告诉顾客自己认真在听，另一方面也是让顾客确认一下自己的理解是否正确，或者说看一看顾客是否还有补充。

当然，需要特别说明的是，这里的复述并不是把顾客表达的内容一字不差地呈现出来，而是在总结、提炼的基础上，对顾客表达的意思进行简要的呈现。毕竟交流是双方，甚至多方互动的一种行为，谁也不希望他人一味地重复自己说过的话。

2. 表达想法

上面也说到了，在交流的过程中，任何人都不希望他人不断重复自己说过的话，顾客自然也是如此。那么，顾客希望客服人员在听完自己的表达之后说些什么呢？笔者认为顾客与客服人员交流就是希望客服人员为自己提供一些参考，所以，客服人员需要适时根据顾客的要求表达自己的想法。

比如，当顾客说：“我的手机屏幕坏了，如果修要用花几百块钱，反正都用了两年了，还不如多花点钱买个新的呢！”此时，客服人员便可以适时表达自己的观点，说：“是啊，花几百块钱修一个用了两年的手机根本就划不来，再说了现在手机更新换代很快，两年前的手机已经快要被淘汰了，而且旧的不去新的不来嘛！”

这样做不仅对顾客买新手机的想法进行了回应，还为顾客提供了几个买新手机的理由，让顾客觉得确实应该买新手机了。而这对于客服人员来说，也有利于引导顾客完成购物，提高成交率。

3. 引导鼓励

除了复述顾客观点和表达自己的想法之外，客服人员还可以在回应顾客时适时对顾客进行引导和鼓励。这一点在顾客有些惜字如金的情况下尤其重要，因为如果顾客不将需求表达清楚，客服人员可能很难找到顾客真正需要的产品。

所以，在顾客对需求表达不清楚，或者呈现的信息比较少时，客服人员便可以通过“您说得很对，挑选这种产品就是要看它的 ××，另外，您对其他方面还有要求吗？”之类的话语，鼓励顾客进一步做出补充。

- **【实例剖析】**

顾客：客服在吗？

客服：您好，客服小张为您服务。请问有什么可以帮到您的？

顾客：我家的电视用了五六年了，前不久坏了。修电视的技术人员说要花几百块钱更换部分配件，所以，我就寻思着买一台新电视。但是，因为对这方面不太了解，所以想听一下你的意见。

客服：您说得很对啊，五六年前的电视在功能上与现在的电视根本是没法比的，与其去修一台旧电视，还不如干脆买一台新电视。俗话说得好“旧的不去，新的不来”。再说了，赚钱就是为了享受更好的生活嘛！买一台新电视，获得更好的视听感受还是很有必要的。只是不知道您对要买的电视有什么要求呢？

顾客：因为电视是放在客厅的，所以是家里的门面，最好是看上去大气一些的。我以前那台电视是 29 英寸的，比这个稍微大一点吧！但是，电视最好是薄一点，因为我以前那台电视就是太重了，平时要搬动一下也不太方便。

客服：确实，像您说的，尺寸、重量是大多数人购买电视时都要重点考虑的因素。只是满足这两个要求的电视有很多，不知道您是否还有其他要求。比如，您平时对于视听感受是否有要求呢？

顾客：你这么一说我倒是要补充一下了，我平时比较喜欢看电影和音乐类节目，所以，如果分辨率高一点、音效好一点那就更好了。

客服：那您对电视的价位是否有要求呢？

顾客：嗯，最好是在 3000 元左右吧！

客服：好的，综合您的要求，小张觉得您可以看看 A 款电视，这是一款 50 英寸、厚度为 10 毫米的大屏纤薄电视，既看上去大气，又不至于因为太重影响搬动。另外这是一款 4K 电视，分辨率高达 3840×2160，画质细腻，还原本真，再加上无可挑剔的音效，让您在观看时宛如身临其境。更为关键的是，该电视原价 2999 元，现在正在搞促销，活动价仅为 2499 元，您觉得这款电视怎么样？

顾客：这款电视各方面都达到了我的要求，而且现在买还能便宜不少。那我就买它好了。

客服：感谢您对本店的支持，祝您购物愉快！如果您还有任何问题，欢迎随时询问小张哦！

……

以上为某客服人员与顾客交流的部分内容，从中不难看出，顾客之所以能挑选到相对适合的产品，客服人员的适时回应起到了非常重要的作用。

首先，该顾客在刚开始时便表示是因为旧电视坏了才想买新电视的。而客服人员则在复述顾客的观点之后，表达了新电视功能更强大、赚钱就是为了更好地享受生活等观点。这在肯定顾客的同时，也坚定了顾客购买新电视的想法。

其次，当客服人员询问顾客需求时，该顾客开始时只是对尺寸和重量提出了要求，而单凭这些信息，客服人员很难为顾客找到相对合适的产品。于是，客服人员通过引导鼓励，获得了顾客对于分辨率和音效的要求，并对顾客可接受的价格进行了确认。所以，最后顾客对客服人员推荐的产品很买账也就不足为奇了。

- 【注意事项】

因为每位顾客的表达欲不同，有的顾客比较拘谨，有的顾客则更希望一次性把自己的想法全部呈现出来。所以，客服人员在回应顾客时需因人而异，根据每位顾客的特点采取不同的沟通策略。

对于拘谨型顾客，客服人员在回应时应在肯定顾客的基础上，适当地对顾客进行引导和鼓励，从而更全面地获得顾客的需求。而对于表达欲比较强的顾客，客服人员在回应时则应该满足其表达欲，并通过复述顾客观点等方式对顾客的需求进行确认，为顾客推荐相对适合的产品。

032　多多观察

- 【要点呈现】

说到观察，大部分人首先想到的是观看、查看，也就是说，许多人可能会将其简单地理解为与“看”相关的行为。需要特别说明的是，此处的观察是指通过顾客的表达了解其需求，所以，无论是看，还是听，只要是对顾客表达信息的收集、整理，便都可算作是“观察”的一部分。

客服人员倾听顾客最主要的目的就是了解顾客的实际需求，为此，客服人员需要多多观察顾客的表达，并尽可能全面地走进顾客的心里。在观察顾客表达的过程中，客服人员需要完成好两大任务，具体如下。

1. 及时做好记录

俗话说得好：“好记性不如烂笔头”，每个人对某件事的记忆时间是有限的，再加上需要记忆的事情比较多，所以，如果在观察顾客表达的过程中，仅仅停留在看或是听，那么，客服人员很有可能会忘记一些。

所以，为了更好地记住顾客的需求，也为了给顾客留下一个好印象，客服人员可以用纸笔简短地记录顾客表达的要点。这一点对于电话客服来说特别重要，因为顾客很可能不会重复已经说过的话，如果客服人员不能及时记录下来，就有可能遗漏一些重要信息。

2. 理解言外之意

除了记录之外，客服人员在观察的过程中还需要做好一件事，那就是理解顾客的言外之意。因为对于有些难以启齿的话题，顾客很可能不会用某些词直接进行表达。

另外，有的顾客可能不喜欢把话说得太明显了。

对于上述两种情况，客服人员就需要在观察的同时，积极进行思考，理解顾客要表达的真实意图，而不能仅仅停留在理解字面意思的层面。因为只有理解了顾客的言外之意，客服人员才能知道顾客真正要表达的意思，并据此给顾客提供更需要的信息。

- 【实例剖析】

实例1

客服：喂，您好，×× 电话客服部。请问您有什么需要？

顾客：那个，我想帮我老公买一个剃须刀，你能为我推荐一下吗？

客服：好的，能麻烦您先说一下自己的要求吗？

顾客：嗯，我老公经常出差，但是为了以更好的形象出现在客户面前，每天出门前都会剃须，所以，我想要买一个续航时间长的电动剃须刀。然后，最好是A品牌的，颜色的话，黑色就可以了。另外，他有些洁癖，剃完之后总会想着清理干净，所以，你帮我推荐一个清洁方便一些的吧！

客服：好的，综合您的意见，我觉得B品牌的C款剃须刀可能会适合您的丈夫。这款剃须刀有红、蓝两种颜色可供选择，而且充电8小时，便可持续使用1小时，可以说是续航时间比较长的剃须刀了。更为关键的一点是，它全身水洗的设计，清理起来也比较方便。

顾客：我只想问你到底有没有认真听我讲？都说了是A品牌的黑色剃须刀，你跟我推荐B品牌的产品，还没有黑色。像你这种不懂得倾听的客服，我怎么敢放心买你推荐的产品？我看还是算了吧！

……

实例2

客服：喂，您好，这里是 ×× 电话客服部。请问有什么可以帮到您吗？

顾客：（冷冷地）那当然好了，你们的服务质量这么好。

客服：（有些高兴地）您太客气了，我们只是尽可能地通过我们的努力让您享受到愉快的购物体验罢了。

顾客：（阴阳怪气地）得到顾客的表扬了，你是不是像得了奖一样，觉得特别开心呢？

客服：（有些高兴地）当然了，看您的反应就知道是一个好说话的人，能遇到您这种顾客自然是一件值得高兴的事。对了，和您聊了这么久，还不知道您需要什么服务呢？能麻烦您说一下您的来意吗？

顾客：（不悦地）从来都只有你们商家麻烦买家的，我又怎么敢麻烦你呢？买一箱葡萄，买的时候说 3 天之内可以收到快递，结果现在 7 天了还没看到影子。我看我收到的只怕不是葡萄，而是葡萄干了。我不敢麻烦你们，那就当是请求你们好吗？不能做到的事就不要保证。另外，我都暗示得这么明显了，你还以为我要感谢你们。就你这种理解能力，我劝你还是不要做客服了。

客服：不好意思……

还不等客服说完，该顾客便挂断了电话。

……

以上为客服人员与顾客沟通的两个实例，可以说，这两个实例中的客服人员就是因为未对顾客进行充分的观察，导致沟通最终以不太愉快的方式结束。

其中，在实例 1 中，因为顾客一次性将需求全部讲完，而客服人员又未及时做好记录，所以，便忘记了顾客的某些需求。但是，在顾客看来，连自己的需求都记不住，这样的客服推荐的产品便不敢轻易购买了。

而在实例 2 中，客服人员错将顾客的字面意思理解为顾客需要表达的信息，却不知道顾客的真实意图是表达对商家服务的不满。该客服人员直到顾客情绪爆发，被嘲弄了一番之后，才反应过来。

● 【注意事项】

有一句话说得好：“凡事预则立，不预则废。”只有做好充足的准备，才能增加成功的概率。客服人员在与顾客沟通的过程中要做到“预”，就必须通过多多观察，了解顾客真正需要的信息。

当然，要了解顾客的真实需求并不是一件易事，毕竟，有时就连顾客也说不清自己需要的是什么。但是，客服人员至少需要做到将顾客表达的内容全部接收，然后，据此为他提供相对需要的信息。而不能无视顾客的真实需求，只顾着将想要卖出的产品推销给顾客。

033 记录要点

● 【要点呈现】

上一节提到，客服人员应做到及时做好记录。那么，客服人员在倾听顾客表达的过程中，要重点记录哪些内容，或者说记录的要点是什么呢？笔者个人认为，有两点是必须做好记录的，具体如下。

1. 顾客的需求

顾客的需求既是顾客对产品要求的体现，也是客服人员了解顾客，并为顾客推荐产品的重要参照。所以，在倾听顾客表达的过程中，顾客的需求是必须记录下来的内容之一。

值得一提的是，顾客能够表达出来的需求，是顾客对于将要购买的产品的预期，或者说是购买产品的一个底线。如果客服人员不能据此推荐产品，那么，客服人员很可能不能通过沟通取得预期的效果。

2. 顾客的意见

虽然顾客的意见只是顾客个人的看法，而且也不一定是正确的，但是，客服人员也需要尽可能地将它记录下来。因为这也是顾客诉求的一种体现，如果意见被听取，顾客也更容易对客服人员产生好感。

另外，部分顾客的自尊心比较强，如果客服人员无视其意见，他便会觉得自己不被尊重，进而产生一些情绪，甚至会觉得客服人员根本不考虑自己的意愿。如果是这样的话，接下来的沟通很可能将难以继续。

- **【实例剖析】**

顾客：本小姐到了，客服还不出来迎接。

客服：您好，客服小马为您服务。不知道有什么可以帮到您的？

顾客：本小姐想要一双高跟鞋，来，来，来，帮本小姐介绍一下。

客服：能麻烦您说一下具体有哪些要求吗？

顾客：本小姐只想买A、B两个品牌的产品，至于颜色的话，最好是黑色，这样不显脏，容易打理一些。另外，本小姐穿的是37码的鞋子，如果没有这个码就不要推荐了。

客服：那您看A品牌的C款高跟鞋可以吗？这款鞋鞋面为纯黑，而且正好有37码的。最为关键的一点是现在在做活动，价格比较便宜。

顾客：你放心，本小姐不缺钱，你不用帮我考虑价格因素。另外，在本小姐看来，穿高跟鞋最重要的是气场，所以，高跟鞋应该尽量高一些，你推荐的这款高跟鞋鞋跟只有3厘米，这也太矮了，穿上之后完全不能显示本小姐应有的气场嘛！高跟鞋没有10厘米左右的跟，在我眼里都不算是高跟鞋。

客服：那您看B品牌的D款高跟鞋行不行呢？这款高跟鞋也是纯黑鞋面，有37码的存货。而且现在也在做活动，价格也很便宜哦！

顾客：都说了不用考虑价格因素了，再说了，你给我推荐的这双鞋只有7厘米的跟，这算高跟鞋吗？

客服：钱都是辛苦赚来的，能省则省嘛！同样是女生，小马知道跟太高的高跟鞋很不好驾驭，一不小心就会扭伤脚。所以，出于安全考虑，为您推荐了这款高跟鞋。

而且 7 厘米也比较高了，相信穿上它之后您的气场马上就出来了哦！

顾客：你说的倒是有理，但是却不是本小姐真正想要的。穿鞋的毕竟是我自己，既然你推荐的产品不能满足要求，那本小姐干脆去别家好了，拜拜了！

……

以上为某客服人员与顾客交流的部分内容，很显然在该实例中，顾客之所以对客服人员推荐的产品不满意，就是因为客服人员对需要记录的要点落实不够，或者说是对顾客的意见不够尊重。

具体来说，在整个沟通过程中，顾客都自称“本小姐”，其实，从这一点客服人员就应该要意识到，这是一位比较喜欢表现自己的顾客。而这种顾客通常比较在意的是他人对自己的看法，并希望他人肯定自己。

所以，当该顾客说出自己的意见时，客服人员应该尽可能地听取。但是，该客服人员却没有意识到这一点。所以，即便客服人员是为顾客考虑，顾客最终也因为意见没有被客服听取而离开。

- 【注意事项】

虽然客服人员在倾听顾客表达的过程中，主要是记忆，或者说记录顾客传达的信息。但是，在了解了顾客传达的信息之后，客服人员还需要在接下来的沟通过程中将顾客传达的信息落实，让顾客感受到客服是尊重他的。

然而，在现实中，部分客服人员虽然了解了顾客传达的信息，但是，在具体落实时还执行得不够。客服人员需要明白一点，顾客希望能够获得客服人员足够的尊重，而客服人员对顾客意见的认同便是检验的标准之一。

因此，在顾客对某方面提出意见的情况下，客服人员应该尽可能地听取顾客的意见，而不宜一味地坚持自己的看法，与顾客争论。因为如果不听取顾客的意见，即便是为了顾客的利益考虑，顾客也可能不会买账。

034 把握时机

- 【要点呈现】

本章前面 5 节更多是从“会听”的角度出发，探讨愉快沟通的策略。除了听之外，客服人员在与顾客沟通的过程中还要做到“会问”。而要做到“会问”，首先就需要把握发问的时机，在合适的时间提出问题。

那么，在实际操作时，客服人员应该怎样把握发问的时机呢？笔者认为，在发问之前，客服人员可以先对如下 3 点进行评估，如果确认其中的一点或几点已经达到，便表示发问的时机已经成熟了。

1. 顾客表达完成

前面已经提到，打断顾客表达的行为是不可取的。因此，在发问之前，客服人员必须先确认顾客的表达已经完成了。

如果顾客表达完成后，客服人员还未获取顾客真正的需求，那么，便可以通过提问引导顾客表达其需求。

2. 需求获取完毕

因为客服人员扮演的是意见提供者的角色，所以，客服人员需要尽可能地让自己提供的信息符合顾客的"口味"。只有这样，客服人员提供的信息对顾客来说才是有价值的。

而顾客需求获取完毕之后，就说明客服人员已经对顾客的需求有了大致的了解。但是，因为部分顾客的需求表达不够清楚，客服人员可能还无法准确地把握顾客的具体需求。此时，客服人员便可以通过发问进一步了解顾客的真实需求。

3. 推荐方案待明确

需求获取完毕，客服人员接下来要做的就是根据顾客的具体情况制订具体的推荐方案。但是，因为有的内容虽然在顾客的需求中没有提及，但是却与推荐方案有关。所以，在这种情况下，客服人员就需要通过发问更好地明确推荐方案。

比如，顾客可能在表达需求时不会提及可以接受的价格区间，但是，价格在大多数情况下又是必须考虑的因素。此时，客服人员便可以通过发问，了解顾客对于价格的看法。

- 【实例剖析】

顾客：亲，在吗？

客服：您好，客服小章为您服务。不知道有什么可以帮到您的？

顾客：在你们店买过几次东西了，感觉还不错，所以这次又来了。

客服：感谢您对小店的支持，您的支持就是我们工作的动力。只是不知道这次有哪些东西可以入您的法眼呢？

顾客：哦，不好意思，说了这么久，还没说我这次是想买一瓶沐浴露。

客服：那么，您有没有什么要求呢？

顾客：嗯，因为是两个人用，所以最好是大瓶的，毕竟，大瓶的还是要划得来一些。

客服：嗯，确实，大瓶装通常要实惠一些。那么，除此之外，您是否还有其他的要求呢？

顾客：最好是有一些名气的品牌，这样用着比较安心。然后，现在天气有点热，最好是洗完之后，凉凉的那种。另外，因为我男朋友也要用，所以，香味最好是清淡一些。

客服：看得出来，您很会持家，各方面考虑得都很周到。我能冒昧地问一下您可以接受的价位吗？

顾客：价格嘛，虽然我想要便宜一些的，但是，毕竟一分钱一分货，太便宜的只怕质量没有保障。那就买 30 元左右的好了。

客服：综合您的意见，小章觉得 A 款沐浴露可能比较适合您，这款沐浴露是 1 升的大瓶装，一瓶可以用好几个月。而且，它适合所有肤质，香气也比较清淡。另外，同时也是比较关键的一点是，这款沐浴露现在正在打折出售，折后价仅为 24.99 元。您觉得这款沐浴露怎么样？

顾客：在和你沟通之前，其实我自己心里也不是很清楚到底要买哪种沐浴露。但是看到 A 款沐浴露之后，我想说我要买的就是这种沐浴露，你的推荐真是没话说了。好了，我这就下单购买了。

客服：感谢您的支持，祝您购物愉快！

……

以上为某客服人员与顾客交流的部分内容，可以说顾客之所以能获得比较满意的产品信息，客服人员适时地发问起到了非常关键的作用。

其实，如果仔细观察便不难发现，该顾客的表达有两大特点，一是很容易偏离话题。比如，一开始客服人员问其需求时，该顾客始终表达对店铺的看法，而忘了说自己要买些什么。

二是在表达自身需求时有点像挤牙膏，直到客服人员接连问了几个问题，该顾客才将自身的要求表达出来。当然，这也可能是因为该顾客也不清楚自己对要买的产品到底有哪些要求。

也正是因为该顾客在表达上有这些特点，所以，与之交流是一件比较累的事。但是，在此过程中，客服人员却表现得很好。客服人员不仅通过发问将顾客快速拉回了主题，更把握时机，借由一次次发问让顾客一步步明确其对产品的要求，进而是客服人员在把握顾客需求的基础上，制订出一个比较适合的推荐方案。

● **【注意事项】**

把握时机通俗地理解就是在合适的时间做合适的事。而把握发问的时机，就是指在合适的时机提出问题。那么，什么才是“合适”的时机呢？

笔者个人认为客服人员可以结合沟通的实际情况与要达到的目的来判断。比如，客服人员与顾客沟通的目的如果是引导顾客购物，那么，当顾客表达与购物无关的内容或对需求表达得不够清楚时，客服人员便要意识到，此时是通过发问拉回主题，了解顾客需求的合适时机。

035 避免重复

● 【要点呈现】

虽然重复有时候是有力量的，人们有时候也会通过重复呈现某些内容表达其重要性。如，网络上曾经有一句流行语："重要的事情说三遍"，就是通过重复表达内容的重要性。

但是，在沟通的过程中，如果客服人员对某些内容重复发问，顾客便会认为客服人员没有认真倾听，或者查看自己的表达内容。而这样一来，顾客很可能会对客服人员生出不好的印象。

那么，在与顾客交流的过程中，客服人员应该如何避免重复发问呢？对于这个问题，客服人员可以从两个方面进行把握，具体如下。

1. 避免一个问题问多次

在与顾客交流的过程中，一个问题最好只问一次。当客服人员向顾客询问某问题时，如果顾客想回答，那么，他自然会回答。而如果这个问题顾客不想回答，那么，多问几次可能不仅得不到答案，还会让顾客产生情绪上的波动。

当然，也有一种特殊的情况，那就是顾客询问的某个问题对接下来的沟通至关重要，客服人员必须知道顾客的态度，而顾客又没有作答。在这种情况下，客服人员可以选择再次发问。但是，在发问时应该尽可能地变换表达方式，从形式上避免给顾客留下重复发问的印象。

2. 避免问已经表达的内容

除了一个问题问多次之外，还有一种重复发问比较常见，那就是对顾客已经表达的内容再次进行询问。有时候顾客可能会在某些地方不经意地表达一些内容，如果客服人员不注意的话，很可能会因为没有印象而再次询问。

对此，客服人员需要做的就是在倾听顾客表达时，尽可能仔细地进行观察，甚至是记录，让自己时刻清楚顾客讲到了哪些内容，并在此基础上判断还有哪些问题是需要询问的。

● 【实例剖析】

客服：您好，电话客服苏珊为您服务。请问有什么可以帮到您的？

顾客：我想帮我男朋友买一只钢带腕表，你给我一些建议吧！

客服：能不能麻烦您说一下您的要求？

顾客：现在人人都有手机了，看时间不必再依赖于手表。因此，手表更多的是起到显示穿戴品位的作用。所以，手表事关一个男人的门面问题，我希望手表的品牌有一定的知名度，在设计上，最好是机械表，因为这样的表通常做得比较精细，而且也更为经典。另外，最好是带防水和夜光显示功能。

客服：不好意思，您刚才说得有点快，有的信息我未记住。能不能麻烦您再说一下您的要求？

顾客：最好是有知名度的品牌，然后是做工精细、设计经典，带防水和夜光显示功能，清楚了吗？

客服：我想问一下，您对表带是否有要求呢？因为有的顾客喜欢皮带的，有的顾客喜欢钢带的，我想为您推荐更喜欢的款式。

顾客：我一开始不就说了是要买钢带腕表吗？到现在你还来问我这个问题，你到底有没有在认真听我讲话啊！

客服：不好意思，是我工作不到位，我向您道歉。综合您的要求，苏珊觉得您可以看看……

客服人员正想介绍某款手表，电话另一头的顾客却打断了她。

顾客：一开始你说没有听清我的要求，我心想可能是我说得太快。现在你又问我表带的问题，我算是明白了，你根本没有认真听我讲。我估计你介绍的产品很可能也不是我真正需要的，我觉得我们也没有必要再沟通下去了，拜拜！

……

以上为某客服人员与顾客交流的部分内容，从中不难看出，该客服人员在与顾客沟通的过程中便犯了重复发问的毛病。

具体来说，该客服人员不仅对顾客的需求进行了重复发问，还对顾客已经表达的内容再次进行询问。或许对于一次重复，顾客还能表示理解，但是，多次出现重复发问的情况，再好的顾客也会怀疑客服人员是否在认真倾听。

一旦顾客觉得客服人员没有认真倾听，就会认为客服人员对自己不够重视，或者对工作不够负责。而这些又是态度问题，比起工作能力不足，态度不好更不值得被原谅。所以，如果客服人员多次重复发问，顾客可能会出现抵触情绪，而在这种情况下，客服人员要想再引导顾客完成购物就为时已晚了。

- **【注意事项】**

客服人员之所以会出现重复发问的情况，说到底还是工作不够细致。如果客服人员能够足够重视每一次沟通，随时记录顾客传达的信息，那么，重复发问是完全可以避免的。

其实，习惯成自然。如果客服人员能够养成记录的习惯，用纸笔将顾客传达的信息随时记录下来，那么，客服人员对于顾客表达的内容将有更深的印象，而重复发问自然也可以避免。

036 注意方式

- 【要点呈现】

发问也是一门学问，即便是同样的内容，也可以通过多种不同的方式进行询问。而且不同的询问方式给人带来的感觉也可能呈现出较大的差异。所以，客服人员在发问时应注意发问的方式，选择让顾客觉得更舒服，或者说，至少不让顾客反感的发问方式。

那么，怎么选择让顾客更舒服的询问方式呢？客服人员可以着重把握两点，具体如下。

1. 选择合适方式

在客服人员与顾客沟通的过程中，常见的询问方式主要包括4种，具体如图4-1所示。

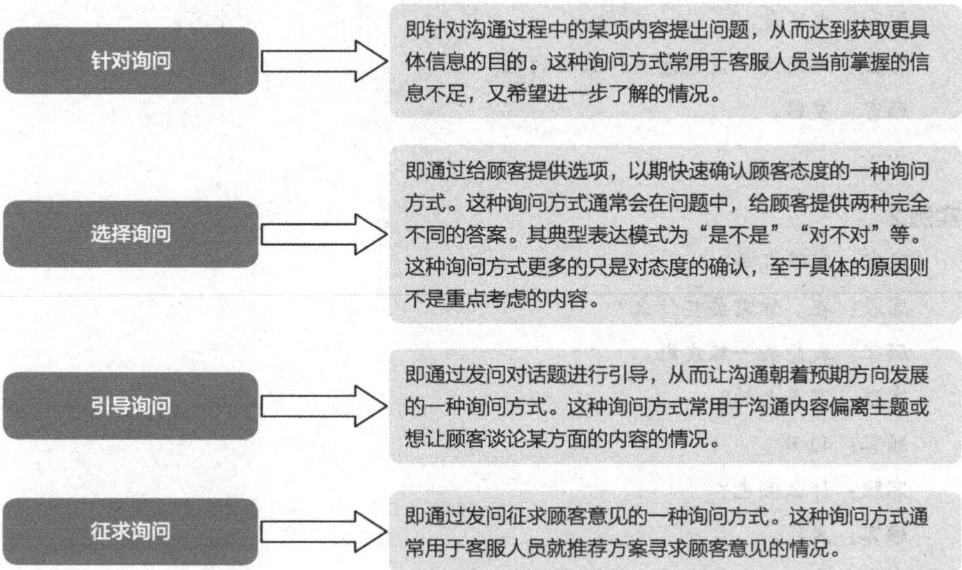

▲ 图4-1 常见询问方式

从中不难看出，每种发问方式的侧重点都是不同的。所以，在与顾客沟通时，客服人员为了更好地达到某一目的，可以选择其中相对适合的一种发问方式。这样不仅更容易让顾客接受，也能更好地对顾客进行引导。

2. 注意表达形式

除了询问方式的选择之外，客服人员在发问时还必须注意表达的形式。通常情况下，愉快的沟通氛围之下，顾客往往更加爽快。所以，客服人员在发问时，应该尽可能地选择让顾客愉悦的表达形式，而不能以俯视的态度进行询问。毕竟，客服人员的本职工作就是为顾客提供服务，让顾客获得便利。

- 【实例剖析】

实例 1

顾客：在吗？

客服：您好，客服小朱为您服务。请问有什么可以帮到您的？

顾客：我想买一双鞋。

客服：哦，那您是不是需要板鞋？

顾客：不是。

客服：那是篮球鞋？

顾客：不是。

客服：帆布鞋？

顾客：也不是。

客服：那您说一说您想买什么样的鞋？

顾客：皮鞋。

……

实例 2

顾客：客服在吗？

客服：在。你需要些什么？

顾客：我想买一双皮鞋。

客服：穿多大的？

顾客：42 码。

客服：什么颜色？

顾客：黑色。

客服：休闲一点，还是比较正式的？

顾客：休闲的。

客服：有鞋带的还是没鞋带的？

顾客：得了吧！你是在审犯人吗？不好意思，像你这种问问题的方式我实在是无法接受，我看我还是去别家好了！

……

以上为客服人员与顾客沟通的两个实例，可以说在这两个实例中，客服人员发问的方式还有待学习。

在实例 1 中，客服人员因为一直没有找到合适的询问方式，所以，本来只要问“您需要什么样的鞋？”便可得到的答案，该客服人员问了 4 个问题之后才得到。这不仅浪费了彼此的时间，还会让顾客觉得客服人员的沟通能力太差。

而实例 2 中，客服人员在表达问题时，方式上有很大的问题。其询问就像是上级对下级，或者说优势一方对劣势一方的询问。虽然许多顾客也不奢望客服人员时刻奉承自己，但是，客服人员还是应该给予顾客应有的尊重。如果客服人员的询问方式不够尊重，那么，顾客很可能难以忍受。

- 【注意事项】

服务行业，部分人信奉的是“顾客就是上帝”，或者“顾客就是衣食父母”。虽然，这两句话因为有抬高顾客而贬低服务人员的意味，所以并不可取。但是，客服人员与顾客始终是服务与被服务的关系，为顾客营造一个相对愉悦的沟通氛围，是一名客服人员的本职工作。

因此，为了让顾客获得相对愉悦的感受，客服人员在发问时，一定要注意方式。既要选择合适的方式，快速获得想要的信息，也要注意表达的形式，用顾客更容易接受的形式进行询问。

037 转换立场

- 【要点呈现】

正所谓：“横看成岭侧成峰”，当所处的角度，或者立场不同时，人们看到的东西是存在一定差异的。如果只是站在自己的角度看问题，可能就很难理解对方要的究竟是什么。

客服人员在与顾客交流的过程中也是如此。如果客服人员只是把自己当作商家产品的推销员，那么，想得更多的可能是如何让顾客更快地花钱购物。其实，除了产品推销员之外，客服人员还有另一重身份，那就是顾客的购物意见提供者。

所以，客服人员在与顾客的沟通过程中既要有意识地进行推销，又要适时转换立场，提供顾客需要的信息。这既是客服人员的职责所在，也是促进愉快沟通，提高成交率的重要手段。

当然，客服人员毕竟也不是顾客本人，所能了解的信息有限，也没有必要模仿顾客的一举一动，直接扮演顾客的角色。但是，客服人员还需通过转换立场，在发问时把握两方面的信息，让服务更合顾客的心意，具体如下。

1. 顾客希望得到什么

俗话说得好：“巧妇难为无米之炊”，客服人员只有在清楚顾客真实需求的情况下，才能有针对性地进行探寻，找出适合顾客的产品。所以，在此过程中通过发问获得相关的信息就显得尤为重要了。

虽然如此，但是客服人员还得明白一点，那就是沟通毕竟是双方共同进行的一种活动，如果客服人员只想着通过发问如何达到自己的目的，而不考虑顾客希望得到的是什么，那么，所问的问题很可能对于目标的达成起不到实际作用。

而且，当客服人员表现得过于功利时，顾客很可能会生出抵触情绪，甚至拒不配合。这样一来，沟通很可能就难以愉快地进行下去了。

2. 怎样表达顾客更受用

如果说发问的内容来自"顾客希望得到什么"，那么，发问的形式就应该取决于"怎样表达顾客更受用"。

所以，当要表达的内容基本明确之后，客服人员还需想一想哪种发问的表达方式更容易让顾客接受，甚至更容易获得顾客的好感。毕竟，在购物过程中，除了产品的功用之外，对于产品及客服等人员的好感度是影响顾客最终决定的重要因素之一。如果能通过合适的发问获得顾客的好感，沟通也更容易达成预期的目标。

- **【实例剖析】**

顾客：

客服：您好，客服珠珠为您服务。请问有没有什么可以帮到您的呢？

顾客：我的洗衣粉快用完了，就来看看接下来用什么洗衣比较好。

客服：那您是想买洗衣粉，还是洗衣液呢？

顾客：嗯，洗衣粉洗着有些发热，我看这次还是买洗衣液好了。

客服：那您对洗衣液有没有什么要求呢？

顾客：最好是有香味的，然后，就是夏天我可能每天要洗几次衣服，而且大多都是贴身的，所以，这个洗衣液一定不能是刺激性的。

客服：除此之外，您是否还有其他要求，比如香味、价格？

顾客：香味的话，我之前用过薰衣草香的，感觉还挺好闻的，这次也买这种香型的就好了。价格的话，洗衣液就几十块钱的东西，我没有什么特别的要求。至于其他方面的话，我也不太懂，你帮我注意一下好了。

客服：根据您的要求，我觉得 A 款洗衣液可能比较适合您。该洗衣液属于亲肤型的产品，用该洗衣液洗过的衣服将带有一丝淡淡的香味，而且洗完之后的衣服穿上之后也不会对肌肤起任何刺激作用。即便是用它洗刚出生的小宝宝的衣物也不会有任何问题。另外，您说您洗衣服的量比较大，这款洗衣液属于高浓缩型的，仅仅 10 克便可以清洗约 1 千克的衣服。而一瓶洗衣液重达 1 千克，相信一瓶可以让您用上好几个月。价格方面的话，仅为 19 元，可以说是比较实惠了。您觉得这款洗衣液怎么样？

顾客：我觉得各方面都挺好的，谢谢你，我就买这款好了。

客服：感谢您对本店的支持，祝您购物愉快！如果有任何问题，欢迎随时和珠珠联系哦！

……

以上为某客服人员与顾客交流的部分内容，在这个实例中，顾客之所以选择客服人员推荐的产品，可以说与客服人员转换角度进行思考并发问是不无关系的。

具体来说，客服人员转换角度发问主要体现在两方面。首先，从发问的内容来看，客服人员所问的问题都与产品推荐相关，这既是客服人员希望得到的信息，也是顾客明确自身需求必须回答的。所以，其所提的问题是考虑了顾客的立场的。

其次，从顾客的表达来看，该顾客比较习惯于使用表情符号。而客服人员则在发问时适当地配以一些表情符号。这无疑便可在拉近与顾客距离的同时，为顾客制造一种相对轻松的氛围。并且从对话中不难发现，顾客对这种发问方式还是比较受用的。

- 【注意事项】

在与顾客沟通的过程中，客服人员需懂得“横看成岭侧成峰”是角度、立场不同使然。如果只是站在自己的角度考虑问题，那么，很可能就会因为身在自己的角色中，而无法识别顾客的“庐山真面目”，不知道顾客要的究竟是什么。

所以，为了避免让立场遮住自己的双眼，客服人员需要在合适的时候转换立场，想一想顾客需要获得的内容和感受是什么，并通过发问等形式进行引导和说明。这既是了解顾客真正需求必须做的一件事，同时也是为顾客营造愉快沟通氛围的一种有效方式。

038 紧扣目标

- 【要点呈现】

客服人员与顾客的每次沟通都是有特定目标的，这些目标既是客服人员对自己提出的要求，也是为了提高服务水平和顾客满意度而制定的一个方向。所以，能否达成目标对客服人员来说是一件非常重要的事。

但是，如果仅仅知道目标，而不能为目标的达成努力，那么，目标很可能将变得难以触及。所以，在与顾客沟通的过程中，客服人员需要尽可能地让内容紧扣目标。为此，客服人员可以通过两大发问策略，让沟通时时紧扣目标，具体如下。

1. 围绕目的发问

客服人员与顾客的每次沟通，乃至客服人员的每一次表达，都可能有一定的目的。一次沟通要达到的目的就是一个相对较大的目标，而每一次表达要达到的目的则是一个相对较小的目标。

虽然目标有大小之分，但是，从某种程度上来说，它们都是客服人员想要获得的预期效果。而要更快地达到这些目标，比较简单、有效的方法是让每次发问围绕目的进行，增加沟通的针对性。

2. 发问引导话题

沟通需要达到的目标更像是一个靶子，而客服人员的表达则好比是一次次的射击。客服人员如果想尽快地射中靶心，达到目标，就需要在每次表达之前瞄准目标。但是，有时候可能会出现话题偏离目标的情况，此时，客服人员需要做的就是通过发问将话题拉回来。

- 【实例剖析】

实例1

顾客：嗨！

客服：您好，客服小朱为您服务。请问有什么可以帮到您的？

顾客：其实我是之前在你们这里买过一套衣服，感觉还不错，所以，这次要买衣服就想到了你们这家店。

客服：本店一直为顾客提供物美价廉的商品，通过薄利多销获得顾客的口碑。您的肯定就是我们工作的动力。

顾客：做得好就应该被肯定嘛！

客服：话虽如此，但是，像您这种主动为商家点赞的顾客还是比较少见的。对于我们客服来说，能遇到像您这种好说话的顾客，可以说是非常幸运的一件事了。

顾客：你太客气了，我只是做了我认为对的事！对了，忘了说了，我想买一条裙子，你能帮我推荐一下吗？

客服：能麻烦您说一下您都有哪些要求吗？

……

实例2

顾客：客服在吗？

客服：您好，客服静怡为您服务。可以说说您的需要吗？

顾客：我之前在你们这里买过衣服，感觉还不错，所以，这次买衣服我首先想到的就是你们这家店。

客服：静怡代表本店全体人员感谢您对小店的支持，您的肯定是我们工作的动力。像您这种主动赞扬商家的顾客一看就是很好说话的那一类人，能遇到您真是静怡的幸运。能麻烦您说一下您的需求吗？静怡想看看哪些产品比较适合您。

顾客：嗯，我想买一条裙子，你帮我推荐几个款式吧！

……

以上为客服人员与顾客沟通的两个实例，虽然这两个实例中顾客对店铺的态度，以及顾客要购买的产品基本都是相同的，但是，两位客服人员对话题的引导能力存在着明显的差异，以至于沟通呈现出不同的感觉。

具体来说，在实例 1 中，客服人员只想着怎样通过赞美顾客给顾客留下好印象，却忘记了自己的目标是引导顾客完成购物。所以，直到沟通了比较长的时间之后，客服人员才知道顾客的需求，而且该需求也是顾客自己主动表达的。

可以想象，如果顾客不将话题拉回购物，可能双方还在沟通一些与购物无关的信息。很显然在此过程中，客服人员没有做到围绕目的发问，而其发问引导话题的能力也有待提高。

相比之下，实例 2 中客服人员的表现就要好得多了，该客服人员不仅适时对顾客进行了赞美，还很好地借由发问快速将话题拉回购物。因此，单从效率上来看，实例 2 中的客服人员无疑是更胜一筹的。

- 【注意事项】

客服人员需要明白的一点是，达到目标的成功率固然重要，但是，效率也不可忽视。如果某次引导顾客完成购物用去的时间是平时的数倍，而顾客购买的商品数量又比较少，那么，即便最终成功引导顾客完成购物，从效率上来看也是失败的沟通。

所以，客服人员在与顾客沟通的过程中，不仅要明白自己想要达到的目标，还要尽可能地通过发问引导话题，让沟通的话题与目标相关。毕竟，只有解决了必须解决的问题，才能让顾客满意，更快地达到预期的目标。

第5章

10种策略，
让顾客主动掏钱，快速下单

学前提示

顾客的下单速度与客服人员的工作效率直接相关，如果客服人员能够让顾客快速完成下单，那么，客服人员在特定时间内创造的价值就越高。

当然，要让顾客主动掏钱并快速下单并不是一件容易的事，毕竟这直接关乎顾客的“钱袋子”。所以，客服人员需要做的就是通过一些策略为顾客购物提供理由。

要点展示

- 营造舒适的氛围
- 赞美顾客的眼光
- 迎合顾客的偏好
- 提供选择的空间
- 强调促销的力度
- 制造短期的优惠
- 耐心地解答疑问
- 学会拿销量说事
- 用小舍换取大得
- 举例增强说服力

039 营造舒适的氛围

- 【要点呈现】

在顾客购物的过程中，产品的功用是必须考虑的因素之一。但是，产品的功用通常情况下更多的是满足顾客在物质方面的需求。其实，除了物质需求之外，客服人员还可以让顾客在购物过程中得到精神方面的享受，比如，为顾客营造舒适的沟通氛围，让顾客觉得与客服人员的沟通轻松、自由、愉快。

如果将顾客的产品选择当成一次对产品和客服等相关人员的考验，那么，产品的功用等就是顾客重点考察的内容，在 100 分的试卷中，其占到的分值可能是 80 分、90 分，甚至是 100 分。而沟通氛围等与客服人员服务相关的内容，则相当于是试卷最后的附加题。

虽然试卷的满分是 100 分，似乎只要产品自身足够好就可以了。但是，客服人员应该要明白，即便两家店铺的最终得分都是满分，顾客在排名时也一定会将服务做得更好的一家店铺放在前面。

所以，除了产品自身属性之外，客服人员还需要通过营造舒适的氛围，给顾客留下好印象，提升顾客购物的附加值。具体来说，在营造舒适氛围时，客服人员可以从如下 3 个方面努力。

1. 寒暄拉近距离

通常情况下顾客与客服人员之间是陌生的，再加上网购无法亲身验证产品，所以，部分顾客对客服人员是比较戒备的。因为在他们看来，客服人员很可能只是在忽悠他们购物。

在这种情况下，顾客往往时时担心客服人员会给自己挖坑，因此，对于客服人员传递的信息是持怀疑态度的。而要引导顾客快速完成购物，客服人员就需要先拉近与顾客之间的距离，为顾客营造一种相对轻松的沟通氛围。

比如，同样是引导顾客完成购物，如果客服人员功利性过强，直奔主题，那么，顾客可能会表现出抗拒。但是，如果客服人员能先与顾客进行一番寒暄，那么，客服人员与顾客之间的心理距离便会有所缩短，而顾客自然也能对客服人员多一分信任感，减少对客服人员引导的抵触。

2. 注意表达方式

很多时候客服人员与顾客的不愉快沟通都来自表达方式的不当，比如，有时候客服人员明明是为顾客着想，但是，在表达时却像是父母在教导孩子。这种情况下，顾客自然不会轻易买账。

对此，客服人员需要明白一点，那就是顾客都喜欢听好听的话。在沟通中即便是“刀子嘴豆腐心”，也是不被接受的。所以，客服人员在与顾客沟通时不说应尽可能地让顾客听着舒服，但是，至少来说，也应该做到不让顾客反感。

3. 学会换位思考

客服人员与顾客在沟通过程中毕竟是扮演着不同的角色，如果客服人员过分强调作为产品导购员的身份，那么，便很容易忽视顾客的感受，为顾客推荐一些不需要的东西。

而在这种情况下顾客通常又不会接受客服人员的推荐，甚至还会对客服人员产生不好的印象。与其如此，客服人员还不如多多进行换位思考，想顾客所想，在为顾客推荐其真正需要的产品的同时，提高成交率和满意度。

● **【实例剖析】**

顾客：你好，客服在吗？

客服：嗨，您好。客服小马为您服务。不知道有什么可以帮到您的？

顾客：哦，我想买一双篮球鞋，你给我推荐一下吧！

客服：看样子您也是一位篮球爱好者啊！其实，小马也经常看 NBA，今年的比赛好精彩啊！

顾客：是啊！ A 队和 B 队的表现都非常抢眼，估计今年的冠军就在这两队中间产生了。

客服：小马也是这么觉得的，那依您看，哪一队的胜算比较大呢？

顾客：这个嘛，A 队善于攻击，B 队则以防守严著称。到底哪个队获得冠军还真不好说，不过我个人希望 A 队能赢，因为 A 队的 ×× 球星是我的偶像。

客服：其实，小马也是 ×× 球星的粉丝。对了，光顾着聊天了，还没问您对要买的篮球鞋有什么要求呢？

顾客：只要穿着舒服，鞋底耐磨，然后外观比较好看就可以了。

客服：您这样说，我觉得 C 款球鞋您可能会喜欢，这是我们的偶像今年在 NBA 中的战靴。相信您对这款鞋也已经比较了解了吧！

顾客：确实，作为 ×× 球星的粉丝，我对这款鞋各方面的信息都有一定的了解。只是 ×× 球星是 NBA 的巨星，这款鞋子肯定比较贵，所以我估计这款鞋子买回来之后我会舍不得穿啊！

客服：确实，这款鞋子价格是比较贵的，看上去似乎更适合珍藏。那要不您看看 D 款篮球鞋，这是 ×× 球星的队友在 NBA 中的战靴，这款鞋子轻便、舒适、耐磨、好看，而且价格相对来说也比较便宜。更为关键的一点是，如果 A 队今年夺冠了，这双鞋就是冠军球员的同款球鞋。这想想都让人兴奋呢！

顾客：你说得很有道理，这款鞋说不定会给我带来惊喜呢！到底都是 ×× 明星的粉丝，我感觉我们对很多事的看法都是相同的，和你沟通真是太愉快了，我就买 D 款篮球鞋好了。

客服：感谢您对小店的支持，祝您购物愉快，也祝 A 队今年夺冠。如果您有任何问题，欢迎随时与小马联系哦！

……

以上为某客服人员与顾客交流的部分内容，在这个实例中，客服人员小马在为顾客营造舒适的沟通氛围方面做得很好。

首先，在沟通开始时，客服人员便以 NBA 为切入点，与顾客进行寒暄，这在拉近与顾客之间距离的同时，也让客服知道了顾客的一些想法，这对后面为顾客推荐产品起到了很重要的作用。

其次，在为顾客推荐产品时，顾客表达对 C 款篮球鞋价格过高的意见之后，客服人员适时进行换位思考，不仅帮助顾客分析了不选 C 款篮球鞋的原因，还为顾客推荐了性价比相对较高的 D 款产品。并通过未来价值增加产品对顾客的吸引力，最终让顾客完成了购物。

- 【注意事项】

虽然在很多时候舒适的沟通氛围是客服人员想方设法为顾客营造的，在此过程中，顾客是享受服务的一方，而客服人员更多的是费力进行讨好的一方。但是，客服人员需要明白，在同一种氛围之中，情绪是可以互相传染的，当顾客享受到舒适氛围的同时，他对客服人员也会更“客气”一些。

所以，舒适的沟通氛围在一定程序上也可以说是为客服人员自己营造的。另外，退一步讲，即便顾客不会因此对客服人员“客气”，但是，至少顾客对于客服人员的印象要好一些，而这无疑对客服人员提高成交率有很大的好处。

040 赞美顾客的眼光

- 【要点呈现】

在与人沟通的过程中，谁都希望能从对方嘴里听到好话，顾客自然也不例外。如果客服人员能够适时赞美，那么，顾客心情愉悦了，对于客服人员传达的信息，也就更容易听得进去一些。

当然，赞美顾客也要找到合适的方面，比如，赞美顾客的眼光便是较为常见的方式之一。在与顾客交流的过程中，客服人员通常可以从两方面赞美顾客的眼光，具体如下。

1. 从购买产品入手

对于心中已有购买选项的顾客，客服人员快速引导其完成购物比较简单、有效的一种方式便是让顾客相信自己的目光。为此，客服人员可以从顾客需要购买的产品入手，坚定顾客的购买决心。

比如，当顾客就购买某产品征询客服人员的意见时，客服人员可以从该产品的销量大、好评率高等方面，让顾客觉得该产品已经得到了其他许多顾客的认同，从而让顾客放心地进行购买。

2. 从顾客角色切入

除了要购买的产品之外，客服人员还可以从顾客在现实生活中扮演的角色入手，站在该角色的角度进行分析，并赞美顾客该角色扮演得好，让顾客得到属于其角色的成就感。

比如，当顾客说是为孩子买书时，客服人员便可以赞美顾客是一个关心孩子学习的好父母，或者赞美顾客培养了一位爱学习的孩子。这样一来，顾客将获得一定的成就感，与此同时也会觉得客服人员“会说话”，并对客服人员产生好的印象。

- 【实例剖析】

实例 1

顾客：请问顾客在吗？

客服：您好，客服丽丽为您服务。不知道有什么可以帮到您的？

顾客：我想买一条裙子。

客服：一看您就是美女一枚，一般有气质的美女都喜欢穿裙子。

顾客：然而，我并不是美女。

客服：看来您还不够自信啊！相信我，您本来就很美。

顾客：我就是想为女朋友买一条裙子，你情况都没搞清楚，却一直在说我美，你确定这样真的好吗？

……

实例 2

顾客：客服何在？

客服：您好，客服静香为您服务。请问您有哪些需要？

顾客：我想买一条裙子。

客服：静香想多问一句，您是自己穿，还是买来送人的？

顾客：那个，我是帮我女朋友买的。

客服：您女朋友肯定是一位美女，一般情况下，裙子只有身材好的美女才驾驭得了，像静香这种“汉子”体型，真是想都不敢想穿裙子这回事。

顾客：（有些自豪）不知道别人怎么看，但是，在我看来，她是绝对驾驭得了裙子的！

客服：不得不说，您女朋友也是找到了一位好男朋友啊！现在像您这种不仅知道女朋友适合穿什么，还亲自挑选的男朋友真是越来越少了。对了，您对裙子有哪些要求呢？

顾客：（开心地）你真是太会说话了，其实我也没你说的那么好了，不过我觉得你们店的 A 款裙子可能比较适合她。

客服：您眼光真好，这款裙子是本店的热销单品之一，月销量近 500 件，好评率更是达到 97%。更为关键的是，这款裙子的修身、高腰、V 领、蝙蝠袖等设计，既可以凸显穿着者的身材，又能显示出穿着者的优雅气质。

顾客：你这样一说，我就觉得这款裙子更适合我女朋友了。好了，别的款式也不必看了，我就买它了。

……

以上为客服人员与顾客交流的两个实例。其中，在实例 1 中，客服人员因为还未搞清楚状况，便想着赞美顾客，结果却因为搞错了产品的使用对象，不仅使马屁拍到了马腿上，还让顾客觉得有些无语。很显然，该客服人员赞美顾客的策略是失败的。

而实例 2 中的客服人员静香在赞美顾客方面做得就要好得多了。具体来说，客服人员静香在了解了产品的使用者之后，对顾客及其女朋友均进行了赞美，而且因为对顾客的赞美到位，很显然该顾客对此也很受用。

- 【注意事项】

虽然大多数人被他人赞美时还是比较受用的，但是，这是建立在赞美的内容与其身份相关的基础之上的。如果客服人员在赞美顾客时还未搞清楚状况，那么，很可能便会将马屁拍到马腿上。

比如，在实例 1 中，客服人员就是因为没搞清楚状况，错误地认为顾客是为自己买裙子，便很自然地称赞顾客为“美女”。但是，因为顾客是一位男子，所以，客服人员的赞美便变成了笑话。

所以，赞美顾客虽好，但是也要在搞清楚状况之后进行。否则，可能不但起不到应有的作用，还会适得其反，让顾客觉得客服人员的赞美完全不走心，甚至由此对客服人员产生反感。

041 迎合顾客的偏好

● 【要点呈现】

人之所以称其为人，就在于每个人对一件事物都有自己的想法。而且因为经历、角度等的不同，即便是对于同一件事，不同的人也会有不同的看法，有的人可能会是喜欢的，有的人则可能是厌恶的。

比如，同样是榴梿，对于喜欢的人来说，它是世间难得的美味；而对于不喜欢的人来说，它的气味实在是无法忍受，即便是不要钱，他们也可能不愿意吃。

也就是说，每个人对同一事物的看法可能不尽相同。而客服人员每天面对的又是各种各样的顾客，因此，为了更好地引导顾客完成购物，客服人员需要了解顾客的偏好，并根据顾客的偏好进行有针对性的引导。

1. 了解顾客偏好

偏好，通俗地理解就是偏爱、喜好。由于世界观、人生观、价值观的不同，顾客在购物时的关注点，或者说喜好方面可能是存在一些差异的，而要让推荐的产品适合顾客的“口味”，客服人员首先就得了解顾客的偏好，知道顾客喜欢的究竟是哪种“口味”。

对此，客服人员可以通过多观察顾客在沟通过程中传达的信息，了解、判断顾客的偏好，并通过试探等方式对判断的结果进行评估。如果顾客对客服人员的试探是赞同的，则表示试探的内容很可能就是顾客的偏好所在。

2. 根据偏好引导

了解顾客的偏好更多的只是前提，一种进行针对性推荐，提高成交率的前提。所以，在了解了顾客的偏好之后，客服人员还需要懂得合理利用顾客的偏好，根据其偏好进行购物引导。

具体来说，客服人员可以在了解顾客偏好之后，将顾客需求、客服人员希望顾客购买的物品以及顾客的偏好作为推荐产品时的参照，并将能满足条件的产品介绍给顾客。这样推荐的产品不仅能满足顾客的要求，也与客服人员的期望具有一致性，购物便取得了“双赢”。

● 【实例剖析】

顾客：你好！

客服：您好，客服安琪为您服务。不知道有什么可以帮到您？

顾客：我想买一件长袖上衣。

客服：您能简单说一下您的要求吗？

顾客：我个人比较希望能买一件衬衫，但是，不要像商务衬衫那种太过正式的。另外，颜色的话，我比较喜欢穿红色和蓝色的衣服。最后，面料的话，最好是纯棉的，这样穿着比较舒服。

客服：看您的头像，您应该很喜欢看《海贼王》吧！

顾客：是啊，我已经看到最新的一集了。

客服：如果是这样的话，安琪觉得您对 A 款衬衫可能会比较感兴趣。这是一款专为年轻人设计的格子衬衫，颜色上红、蓝两色均有库存，其纯棉面料穿着比较舒适，而且背后还印有《海贼王》的相关人物哦！

顾客：嗯，这件衣服挺不错的，就买它好了。

……

以上为某客服人员与顾客沟通的部分内容，该客服人员在结合顾客需求与其偏好方面，做得可以说是可圈可点的。

首先，通过询问，客服人员了解了该顾客对需要购买的产品的一些基本要求。其次，以顾客头像为切入点，客服人员找到了顾客的一个偏好——看《海贼王》。最后，客服人员将顾客的需求与偏好结合，为其推荐了一件印有《海贼王》中人物的格子衬衫。

因为该衬衫不仅满足自己的要求，还印有与自己喜欢的动漫相关的内容，所以，该顾客在看到它之后便立刻决定要买。在此过程中，客服人员根据顾客偏好推荐实际上就加快了顾客的购物进程。

- 【注意事项】

如果将购物的完成比作一种化学反应，那么，根据顾客的偏好进行推荐起到的就是催化剂的作用。因为顾客在购物时需要考虑的比较多，所以，客服人员引导顾客完成购物可能需要一段较长的时间。

但是，如果客服人员发现顾客的偏好，并对与其偏好相关的产品进行推荐，顾客便会对所推荐的产品多一分兴趣，更有可能会迫不及待地想将之收入囊中。这样一来，顾客的偏好很可能就成了坚定顾客购物决心的“临门一脚”。

042 提供选择的空间

- 【要点呈现】

当客服人员对顾客的购物进行全程安排，不给顾客留有任何选择时，顾客便会感觉客服人员有些强推产品的嫌疑，甚至认为在此过程中自己完全是被动的。在这种情况下，客服人员的推荐很可能难以被顾客接受。

所以，在与顾客沟通的过程中，客服人员还需适时给顾客一些选择，让顾客觉得购物的主导权仍握在他手中。对此，客服人员可以通过为顾客提供一些选项，并控制选项数量的方式，在给顾客提供选择空间的同时，对顾客的购物行为进行有效的引导。

1. 常见选项的提供

在进行网购时，顾客常见的可选择项主要有 6 种，如图 5-1 所示。这些选择项都是购物时的一些基本内容，绝大多数商家都会满足顾客的要求。而客服人员要做的就是通过在沟通中进行提醒，让顾客觉得自己把握了选择权。

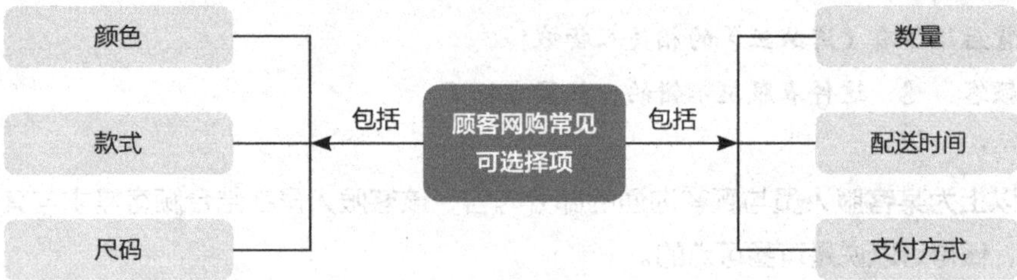

▲ 图 5-1　顾客网购常见可选择项

比如，只要顾客在下单时对配送时间进行设置，快递员便会在对应的时间段将快递送达，这其实是快递员在配合顾客。但是，如果客服人员在沟通时问顾客何时方便签收快递，并提醒其设置，那么，顾客便会觉得配送时间能够选择，自己的选择空间很大，甚至还会因此对客服人员产生好感。

2. 选项数量的控制

为顾客提供选择空间固然能让顾客更多地参与到购物过程中，但是，从客服人员的角度来看，随着选择的提供，购物便会变得越来越不可控。在这种情况下，客服人员引导顾客完成购物的难度将加大，花费的时间也将增加，很显然这对客服人员来说是非常划不来的。

所以，在为顾客提供选择时，客服人员还需要学会对选项的数量进行控制，让购物过程更具可控性。对此，客服人员在沟通过程中可以让顾客对选项较少的内容进行选择。

比如，当颜色只有红、蓝两种颜色时，客服人员可以说“该款有红色和蓝色可供选择，不知道您更喜欢哪种颜色？”这样做不仅为顾客提供了选择，同时也很好地控制了选项的数量。

- **【实例剖析】**

顾客：客服在吗？

客服：您好，客服小胡为您服务。不知道您有哪些需要？

顾客：我想买一件秋天穿的衣服。

客服：本店目前卖得比较好的秋装是卫衣和长袖衬衫，不知道您更喜欢哪种类型的衣服？

顾客：卫衣吧！

客服：卫衣的话，您可以重点看看 A、B 两款哦！

顾客：我觉得 A 款还不错啊！

客服：您眼光真好，这款卫衣是今年的新款，它也是本店销量较高的产品之一。现在所有尺码的这款卫衣均有库存，而且还有红、黑两种颜色可供选择，不知道您更喜欢哪种颜色呢？

顾客：这个问题有些纠结啊，我感觉两种颜色都还不错啊！

客服：这样的话，您可以选择各买一件啊！现在下单购买还能享受第 2 件半价的优惠哦！

顾客：好吧，我就两种颜色各买一件好了！

……

以上为某客服人员与顾客沟通的部分内容，从中不难看出，在这次沟通过程中，客服人员便是通过一次次为顾客提供选择的方式，一步一步地确定顾客需求，并引导其快速完成购物的。

具体来说，在得知顾客需要买秋装上衣时，该客服人员先后从衣服的类型、款式、颜色、数量这几个方面，为顾客提供了选择，并且严格地控制了选项的数量。所以，即便客服人员与顾客的沟通涉及多方面的内容，客服人员也快速引导顾客完成了购物。

- 【注意事项】

在与顾客沟通的过程中，客服人员为顾客提供选择空间时应把握好一个“度”，既要提供选择空间，又要对顾客的选择空间进行控制。

一方面，如果不通过选择的提供让顾客参与产品推荐，顾客可能会觉得客服人员在强推产品，并产生抵触情绪。另一方面，提供的选择空间过多，顾客对产品的要求也就越多，这势必会对产品的成交率，以及客服人员的工作效率产生不利的影响。

所以，客服人员需要做的就是在为顾客提供选择空间的同时，通过对选项进行控制等方式，让顾客既能享受一定的选择权，又不至于因为可以选择的内容过多而影响产品的成交率和客服人员的工作效率。

043 强调促销的力度

- 【要点呈现】

虽说“一分钱一分货”，很多时候价格与产品质量等密切相关，但是，谁也不介意用更低的价格买到某件产品。甚至当价格比较低时，有的顾客会认为商家是在亏本甩卖，买到就是赚到。

所以，客服人员在与顾客沟通的过程中，如果能够通过强调促销的力度让顾客觉得买到就是赚到，那么，顾客对于客服人员推荐的产品必然会极有兴趣。

对此，客服人员可以从两方面通过相对具体的数值，强调促销的力度，增强产品价格对顾客的吸引力，具体如下。

1. 突出折扣

人在购物时，只要是打了折，哪怕就是九九折也会莫名地感觉非常划得来。而当折扣比较低时，部分顾客甚至会觉得价格已经比原价低了许多，即便产品有些瑕疵也无所谓，就好像此时的钱真的就只是简单的数字似的。

而客服人员在与顾客沟通的过程中，如果能够适时突出产品的折扣，部分顾客便会生出产品此时的价格已经比较便宜了，接下来价格可能会出现大幅上升的错觉。所以，本着“该出手时就出手”的想法，许多顾客会忍不住下单。

2. 强调差价

数字，尤其是变化的数字，往往会比文字更具说服力。产品受供求等因素的影响，价格上必然会呈现出一定的变化，也就是说，产品各阶段的价格会有所差异。而在促销时，产品的价格通常又是比较低的。

所以，此时客服人员如果用产品的历史价格，特别是相对高的历史价格，与促销时的价格相比，就可以得到一个差价。而这个差价在顾客看来就是商家让利力度的重要体现。差价越高，就表示此时入手越划得来。

- **【实例剖析】**

顾客：亲，在吗？

客服：您好，客服小红为您服务。您有什么需要？

顾客：我想买一本内容相对全面的手机摄影书，最好是最近新出版的，你帮我推荐一下呗！

客服：您看一看这本《××》，这是上个月刚出版的，现在还热乎着呢！这本书对拍摄、构图、专题、后期等内容均进行了详细的论述，而且这是一本实战型摄影书，可以说一本书在手便可以对摄影的各个环节有所了解，实现从新手到高手的突破。

顾客：看着是不错，那么，这本书要多少钱呢？

客服：原价是 49 元。

顾客：49 元感觉还是有点贵啊！慢着，你说的是“原价”，那现在的价格呢？

客服：现在这本书正在搞促销，所以，在原价的基础上打了六九折。现在这本书只要 33.9 元。

顾客：跟原价相比，这个价格确实是便宜了不少啊！

客服：确实，这本书此次的促销力度是很大的，直接就降了 15 元，价格差不多是降到了原来的三分之二，以后恐怕很难再有这么实惠的价格了。所以，如果您觉得这本书还不错，得把握好这个机会啊！

顾客：那好，我就买一本吧！反正也就三十几块钱，既买不了吃亏，又买不了上当的。

……

以上为某客服人员与顾客沟通的部分内容，从中不难看出，该顾客虽然对客服人员推荐的书的内容比较满意，但是，如果这本书以原价出售的话，顾客还是会觉得有点贵。

这主要是因为，该顾客觉得这本书的价格一般情况下不会超过原价，所以，以原价购买有些划不来。而等客服人员说出折扣和差价之后，该顾客可以明显感觉到此次的促销力度。再加上客服人员说“以后恐怕很难再有这么实惠的价格了”。所以，该顾客便忍不住要下单了。

- 【注意事项】

随着网购的发展，人们每天都可以看到许多产品在打折促销。所以，在购物时，他们会习惯性地认为产品应该要比原价（或者说“定价”）的价格低。因此，即便顾客对某件产品有需求，但是，只要该产品不是打折出售的，他便有可能因为过不了自己心里那道关而迟迟无法下定决心购买。

虽然有可能客服人员只是提供一些咨询服务，对于产品的价格也是无能为力。但是，客服人员只要将折扣信息传达给顾客，并对其进行分析，便可以对促销力度起到强调作用，增加产品对顾客的吸引力。

044　制造短期的优惠

- 【要点呈现】

为了获得更多流量，许多商家都会以“秒杀”等形式，在限定时间内低价出售商品。其实，如果客服人员能够利用好商家制造的短期优惠，不仅可以让顾客快速完成下单，还能给顾客留下一个价格实惠、服务周到的好印象，从而为店铺带来一定的回头客。

通常来说，商家短期优惠在活动时间或产品数量上会进行限定，一旦时间结束，或是数量达到某一数值，便会恢复价格。所以，客服人员可以从活动时间和产品数量方面对顾客进行购物引导，让顾客抓紧时间完成购物。

1. 活动时间

限定活动时间是制造短期优惠引流的常见方式之一，它的特点就是只有在某一时间段内购物才可以享受优惠。对此，客服人员可以通过提醒顾客活动剩余时间的方式，给顾客以压力，引导顾客快速下单。

比如，当某活动持续3天，而顾客向客服询问时已经是活动的第3天了，那么，客服人员便可以告知顾客“还有X小时，本次活动将会结束……”这样一来，顾客如果对产品有意，又不想错过这次机会，便会抓紧时间快速下单。

2. 产品数量

除了限定活动时间之外，还有部分商家是通过限定产品数量的方式制造短期优惠的。也就是说，顾客只有在限定数量达到之前下单，才可以享受优惠。针对这一情况，客服人员可以通过告知剩余数量的方式，让顾客明白机会不等人。

比如，当限定数量为1000件，只剩下100件时，客服人员便可以提醒顾客“该产品只有前1000名购买者才可以享受优惠，到现在为止还没有半天时间，就只剩下100件了……”。

- **【实例剖析】**

顾客：嗨，在吗？

客服：客服希瑞为您服务。请问您有哪些需要？

顾客：这不是秋天到了吗？俗话说“秋风起，蟹脚痒”，身为吃货的我，有些嘴馋了。

客服：这很正常，许多人对螃蟹都是欲罢不能的。只是不知道您有什么具体要求呢？

顾客：不同地方的螃蟹味道还是有些不同，我个人比较喜欢吃阳澄湖的大闸蟹。另外，吃螃蟹就是要吃大的才过瘾，所以，最好是个头大一点的。

客服：那您看看A款大闸蟹礼券怎么样，它包含公蟹、母蟹各4只，其中，公蟹4两1个，母蟹3两一个。

顾客：看上去还不错，那么，多少钱呢？

客服：如果单买的话，是268元，但是因为在搞促销，所以现在可以领满减券，满499元可减200元。也就是说，如果您买两盒的话，实际只需要支付336元。这就相当于只有168元每盒。从价格上来看，可以说是非常实惠了。

顾客：便宜倒是便宜，就是只有两个人吃，如果买两盒只怕吃不完，反倒是有些浪费了。

客服：如果真的吃不完，您也可以送一盒给别人尝鲜啊！相信这种美味大多数人还是不会拒绝的。另外，需要跟您说一下，活动仅限今日，而且限量 2000 件，现在已经只剩下不到 300 件了。如果您要买的话，可能得抓紧时间了。

顾客：唉，对于我这种吃货来说，面对美味挣扎也是徒劳的，不如干脆把心一横，直接买了来得痛快。我就买两盒吧！

……

以上为某客服人员与顾客沟通的部分内容，在这个实例中，客服人员希瑞便是利用短期优惠引导顾客完成购物的。

其实，从对话中不难看出，虽然优惠对于该顾客是有一定吸引力的，但是，因为担心买两盒吃不完，所以，该顾客最初还在纠结到底要不要买。而当客服人员提出可以送人的建议，并告知优惠快要结束了之后，该顾客由于担心会错过这次机会，最终还是决定听取客服人员的意见，下单选购了两盒。

- 【注意事项】

有时候，即便商家给予顾客较为优惠的价格，有的顾客也会对其他方面有所担忧。此时，如果客服人员只是忧其所忧，很可能只会让某一问题阻碍交易达成。

其实，面对这种情况，比较好的方法就是给顾客一些压力，让顾客知道，如果不及时下单，错过了很可能就要再等很长的时间。这样一来，顾客在权衡之后，很可能就会把心一横，抓住机会下单完成购物。

045 耐心地解答疑问

- 【要点呈现】

因为进行网购时，顾客只能看到产品的一些信息，而无法亲自对产品的相关信息进行验证，所以对于网购，许多顾客都是比较谨慎的。这体现在部分顾客可能会向客服人员提出多个问题。

这既是顾客了解产品的重要途径，实际上也是顾客在为此次购物找理由。如果在此过程中，产品基本能满足顾客的要求，而客服人员又能耐心地对相关问题进行解答，那么，顾客便有可能将客服人员的服务态度作为购物的理由之一。

所以，耐心解答顾客的疑问不仅是客服人员的本职工作，也是客服人员提高成交率的一种重要手段。那么，怎么做好耐心解答呢？笔者个人认为，客服人员需要重点做好两个方面，具体如下。

1. 仔细倾听

解答疑问首先得知道顾客的疑问是什么，只有如此才能有针对性地给出相对合适的答案。为此，客服人员需要做的就是仔细倾听、理解顾客表达的意图，并在此基础上判断顾客想知道的是哪方面的内容。

需要特别说明的是，有时候顾客看似是在说 A 内容，实际上想知道的是 B 内容。所以，客服人员在倾听的过程中需要对顾客的意图进行揣摩，为顾客提供真正需要的内容。

比如，在购买手机时，有的顾客可能会问“你们店这款手机有点贵啊！价格在我看的几家店铺里算是比较高的了，只是不知道它值不值这个钱呢？”这个问题乍看起来是说手机价格比较高，其实，该顾客想表达的是它是否“贵得有理由”。

因此，对于这个问题，客服人员需要做的是向顾客“证明”产品的价值。但是，如果仅仅看字面意思，客服人员便可能错误地理解顾客在讨价还价，这样一来，客服人员给出的答案无疑便对顾客没有了参考价值。

2. 耐心解答

耐心解答应该理解为两部分的内容，一是“耐心”，这要求客服人员在回答顾客的问题时，要有足够的耐心，而不能因为顾客的问题太多，或者顾客让人“不爽”，就对顾客没有耐心。

二是“解答”，真正的解答应该是能够消除顾客某方面的疑问的，所以，客服人员的解答应该是有实际作用的。这也就意味着，那些答非所问，以及过于敷衍的回答，并不能称为“解答”。

- 【实例剖析】

实例 1

顾客：您好，我觉得你们店的 A 款篮球鞋还不错哦！

客服：您眼光真好，这款篮球鞋是 ×× 球星今年的战靴。和其他篮球鞋一样，它采用的也是高帮设计。耀黄色的鞋面，也令它看上去更加美观。另外，底部的 Bounse+ 材料的运用，则让它拥有了良好的减震回弹能力。

顾客：我想问一下，你说的这个 ×× 球星是谁，很有名吗？

客服：他是 CBA 的一个外援，在 CBA 中拥有一定的名气，看来您平时对 CBA 关注得并不是很多啊！

顾客：那这个高帮到底是什么概念，怎样才算是高帮呢？

客服：高帮简单的理解就是鞋帮比较高，具体多高才算高帮，这个倒是不好定义。不过，高帮篮球鞋可以对脚踝起到很好的保护作用哦！

顾客：那这个耀黄色又是什么意思呢？

客服：耀黄色就是耀眼的黄色啊！您这都不能理解吗？

顾客：哦，那这个 Bounse+ 呢？

客服：就是一种高反弹耐压缩材料，反正说多了你也不懂。还有什么问题吗？好奇宝宝！

顾客：你这什么态度，回答问题都这么没耐心吗？就你这样的客服，求我买东西我也不会买了！

……

实例 2

顾客：我看你们店的 A 款篮球鞋还不错，你介绍一下呗！

客服：这款鞋确实不错，它是 ×× 球星今年的战靴，从设计来看，高帮、耀黄色的设计，既经典又不失美观，而 Bounse+ 材料则保证了鞋底的减震回弹能力。

顾客：这 ×× 球星是谁啊！

客服：他是 CBA 的一个外援球星。

顾客：那这个高帮是什么意思呢？

客服：这个简单的理解就是鞋帮比较高。选篮球鞋一般都选择鞋帮比较高的，这样可以对脚踝起到保护作用。

顾客：那耀黄色呢？

客服：耀黄色简单的理解就是耀眼的黄色，或者说是亮黄色。看来您对部分词可能不太理解，可能有的东西，我说了您也不能直观地把握。要不这样，这是这款篮球鞋的链接，您看一看，如果有任何问题，欢迎随时联系我。我在线等您。

（几分钟后）

顾客：嗯，我仔细看了你推荐的这款篮球鞋，个人感觉还不错。只是我 5 天后就要打篮球赛了，不知道现在下单，能不能在这之前收到货呢？

客服：您放心，本店将在第一时间给您发货。而且现在相对来说快递数量比较少，所以，一般情况下，国内快递 3 天基本上都可以到。

顾客：这样啊，那我就买这个吧！

……

以上为客服人员与顾客沟通的两个实例，虽然在这两个实例中顾客问的问题都比较多，但是，因为客服人员的处理方式不同，最后的结果也呈现出一定的差异性。

其中，在实例 1 中，因为顾客询问的问题比较多，所以，客服人员逐渐对顾客失去了耐心，以至于到了最后有些敷衍的意味。而顾客最终也对客服人员不够有耐心表达了抱怨。

而实例 2 中的客服人员则要聪明得多，在耐心解答了几个问题之后，便将产品链接发送给顾客，让顾客先行把握，从而减少顾客的疑问。这样既可以增加顾客对产品的了解，也可以让客服人员避免因为顾客问题太多而变得不够有耐心。

● 【注意事项】

耐心解答顾客疑问是客服人员的基本素质之一，只要顾客有疑问，客服人员就应该有耐心地进行解答，而不能答非所问，或者敷衍了事。当然，客服人员毕竟也是人，如果顾客问题太多，客服人员自身的情绪可能会受到影响，出现一些波动。对此，客服人员就需要采取一些方式减少顾客的疑问。

比如，在实例 2 中，客服人员便通过向顾客发送产品链接，增加顾客对产品的了解。需要特别说明的是，无论客服人员采取何种方式减少顾客的疑问，都需要体现对顾客的重视，而不能让顾客觉得客服人员只是在敷衍自己。否则，顾客有可能会因为不被重视而不再继续与客服人员对话，最终影响交易的完成。

046 学会拿销量说事

● 【要点呈现】

在购物过程中许多人都是带有明显的从众心理的，其中一个体现就是在购买产品时会选择销量相对较高的产品。仿佛只要买的人多，产品就一定是值得买的。所以，如果客服人员能够在沟通过程中，把握顾客的从众心理，学会拿销量说事，便有可能起到意想不到的效果。

当然，拿销量说事也是需要一定的技巧的。如果只是一味地强调销量高，而不能提供有力的佐证，那么，客服人员所说的销量高在顾客看来，很可能是毫无说服力的。客服人员可以通过两种方式让销量变得更有说服力，具体如下。

1. 将销量具体化呈现

说起冲泡型奶茶，可能许多人会想到香飘飘。香飘飘之所以为人熟知，其经典的广告语“杯装奶茶开创者，连续六年销量领先。一年卖出七亿多杯，连起来可绕地球两圈”可以说立下了大功。

而人们之所以对这个广告语印象深刻，就在于它通过“连续六年销量领先”“七亿多杯”“绕地球两圈”等具体数据对销量进行了说明。试想，如果它在广告中仅仅传达销量高，而不能提供上述数据，那么，消费者又怎么把握它所谓的销量高呢？

其实，在客服人员与顾客沟通的过程中亦是如此。如果客服人员只是强调销量高，而没有具体的数据做支撑，那么，在顾客看来，客服人员很可能只是在自卖自夸。而这样一来，顾客很难相信客服人员传达出的销量高。

因此，在向顾客传达产品销量高这一信息时，客服人员不应该仅仅停留在强调多的层面，而应该给出具体的数据，证明产品的销量确实高。

2. 特定人群中的销量

与产品总销量的多少相比，部分顾客可能更关注的是产品在特定人群中的销量。比如，年轻人在买衣服时，可能更关注的是同龄人是否也喜欢这个款式。而此时，产品在年轻群体中的销量便成了该人群对产品喜好的重要体现。

所以，在这种情况下，与其向顾客传达“月销量达 2000 件”，还不如说“该产品 80% 的顾客为年轻人，这部分人的购买量达到 1600 件”。毕竟，在年轻人看来，还是同龄人的眼光更具说服力。

- **【实例剖析】**

顾客：嗨！在吗？

客服：您好，客服小九为您服务。请问您有什么需要？

顾客：哦，我想买一些适合宝宝看的书。

客服：不知道您的宝宝现在多大呢？

顾客：哦，快两岁了。我就是觉得孩子要六七岁才读一年级，但是，2 至 6 岁的学龄前儿童，可以通过一些早教让他更早地对这个世界多一些了解，打好学习的基础。不知道你们店有没有适合这个年龄段的孩子的书。

客服：您觉得这套《十万个为什么》怎么样？它对历史、文化、动物、植物、科学、人体等均进行了解读。可以说，这套书可以作为儿童的百科全书。而且这套书是专为亲子共读打造的，您还可以和孩子一起阅读。

顾客：听你介绍，倒是感觉内容还是比较适合的。只是这是给孩子读的书，质量等各方面都应该要好一些。但是，网上购物我又不能亲眼看到这套书，所以，我还有些纠结啊！

客服：对于这套书的质量，您大可不必担心。这套书是小店销量较好的书之一，月销量达 1000 套，其中，像您这种为宝宝买书的妈妈就占到了近 9 成。而且，比较关键的一点是，这套书的好评率达到了 95%。

顾客：这样啊！这么多妈妈都买了，还给了好评，那应该还是很不错的。那我就买这套书好了。

……

以上为某客服人员与顾客交流的部分内容，从中不难看出，该顾客虽然对客服人员推荐的书的内容是比较满意的，但是，却因为网购对书的质量等无法确定而有些纠结。

网购的弊端之一就是顾客无法亲自查看产品，所以，像本案例中这种对产品质量抱有怀疑态度的顾客在现实生活中并不少见。而对于这个问题，本案例中的客服人员小九便做得很好。

具体来说，客服人员小九虽然无法让顾客亲自查看产品，但是，通过销量数据和同类人群对产品的评价，让产品的质量变得更有说服力。而顾客最终也因为从众心理的影响，坚定了下单决心。

- **【注意事项】**

在与顾客沟通的过程中，客服人员需要明白一点，因为客服人员最终的目的还是增加产品的销量，所以，顾客在沟通之前很可能会将客服人员的身份预设为产品推荐者。如果此时，客服人员不懂得“避嫌”，而只是一味地强调产品销量高，却拿不出实质的佐证，那么，顾客很可能会将客服人员的表达理解为是在“忽悠”。

所以，在与顾客沟通的过程中，适当地自卖自夸虽然有必要，但是，夸也要夸得有技巧，或者说夸也要夸得有理由。与其说一些高大上的内容，为产品制造一个虚无的光环，倒不如直接用数据说话，将产品的销售量通过各种具体的数据进行呈现，让顾客觉得大家都认为这个产品质量“过硬”。

当然，在具体选择时，客服人员还需选择具有说服力的数据。如果选择的数据并不能说明销量高，或者数据反而说明产品销量较低，那么，这样的数据倒不如干脆不拿出来。

047 用小舍换取大得

- **【要点呈现】**

舍得，有舍才有得。随着网购的日益发展，顾客可以选择的店铺越来越多。在这种情况下，如果商家连一点小的利益也无法舍弃，那么，顾客在权衡之下很可能会选择对其更有利的其他商家。

当然，除了商家明确给出一些福利之外，身为“代言人”的客服人员也可以在与顾客沟通的过程中，适当地舍弃一些利益，让顾客因为被特别对待而主动掏钱下单。具体来说，在与顾客沟通的过程中，客服人员可以通过如下3种方式让顾客觉得“得了便宜”。

1. 赠送小礼物

赠送小礼物是客服人员在沟通过程中特别“照顾”顾客的常见方式之一。通过这种方式，客服人员让顾客获得了额外的物品，而在顾客看来，无论赠品的价值如何，只要是有赠品就很划得来。所以，有时候客服人员只需在沟通过程中承诺赠予顾客小价值的物品，顾客购买产品的欲望便会大大增强。

需要特别说明的是，客服人员赠送的小礼物与顾客购买的产品一般情况下应具有相关性。这主要有两方面的原因。首先，对商家来说，与产品相关的赠品通常更容易获得。其次，对顾客来说，正是因为与购买的产品相关，所以，往往更能用得上。

比如，当顾客购买鞋子时，客服人员如果要赠送相关产品，可以赠送袜子。这样一来，顾客可以在穿新鞋时，一并换上新袜子。但是，如果送的是杯子，就有些怪怪的了。避开顾客用不用得上先不说，单从这两者的关系来看，顾客便会觉得好像哪里不对劲。

2. 发放代金券

当顾客购物达到一定金额之后，客服人员还可以向顾客发放一些低面值的代金券。当然，这个代金券通常是要下次购物时才能使用。这既可以让顾客在下次购物时，减少需要支付的金额，也可以为店铺带来一定的回头客。

3. 给予一定折扣

除了赠送小礼物和发放代金券之外，客服人员还可以适当地给予顾客一些折扣，让顾客得到满足。

比如，可以在原价的基础上打九折或者九五折，这样价格虽然看似没有便宜太多，但是，顾客却可能因为商家维护了自身利益获得了一定的成就感。再加上客服人员是在“特别对待”自己，所以，在这种情况下，顾客很有可能出于个人情感，坚定购物的决心。

● 【实例剖析】

实例 1

顾客：你好，我看你们店的 A 款帆布鞋还不错啊！

客服：您眼光真好，这是小店销售得比较好的款式之一。许多年轻人都觉得这双鞋很好看呢！

顾客：好看是好看，就是有点贵啊！我如果买这双鞋，就没钱再买袜子了啊！

客服：俗话说得好，一分钱一分货，这双鞋绝对是值这个价的。

顾客：如果我买这双鞋子，你能不能送我一双袜子呢？

客服：不好意思，小店是小本买卖，买东西是不送赠品的。

顾客：这么小气，买一双几百块钱的鞋，送一双袜子都舍不得。那看来是没法再谈下去了，拜拜！

……

实例 2

顾客：你们店的 B 款牛仔裤还挺有范儿的啊！

客服：您真是火眼金睛，这是小店卖得最火的一款牛仔裤了。许多年轻顾客都说这是潮人必备单品。

顾客：就是价格有些贵啊！

客服：确实，这款牛仔裤的价格是比一般牛仔裤略高一些的，但是，相信您也看到了，这款牛仔裤从设计到质量都是可圈可点的。所以，它绝对也是值这个价的。而且这个产品是全国统一定价的，客服人员也无权私自调整价格。要不您看这样好不好，您购买这款牛仔裤，小店再赠送您一样东西，皮带、帽子或者袜子，您可以随便选择一样作为赠品。

顾客：那我就买一条 B 款牛仔裤。你记得送我一根皮带哦！

……

以上为客服人员与顾客沟通的两个实例，在实例 1 中，顾客觉得鞋子有点贵，并且暗示客服人员赠送一双袜子。在这种情况下，如果客服人员承诺赠送一双袜子，顾客很可能便会下单。可是，该客服人员却舍不得赠送，所以，最后顾客因为客服人员太过小气而打消了购物念头。

实例 2 中，顾客同样是觉得产品价格略高，但是，客服却通过一样赠品轻松地让顾客完成了下单。其实，一根皮带不过就是十几块钱，甚至就几块钱。能够用这个赠品，获得一笔价值数百元的订单，很显然还是值得的。

- 【注意事项】

当顾客提出产品价格有些高，或者向客服人员要赠品时，实际上就说明顾客对要购买的产品是有购买意愿的。此时，客服人员只要给予一点点福利，顾客便有可能会快速下单完成购物。相反，如果客服人员舍不得一些小的利益，则很可能直接失去一位顾客。

所以，有时候客服人员应当转变一下观念，适度让利于顾客，薄利多销也不失为提高商家总营业额的一种有效手段。毕竟，商家的盈利总和是由买入卖出的差价和卖出数量共同决定的。如果卖出的数量足够多，不仅能增加商家的盈利总和，还能为商家赢得好的口碑，增加店铺对其他顾客的吸引力。

048 举例增强说服力

- 【要点呈现】

俗话说得好：“事实胜于雄辩”，任客服人员说得天花乱坠，如果没有具体事实做支撑，顾客也可能认为客服人员只是在撒谎。所以，为了让表达更具说服力，客服人员还需提供一些“事实”。

这里的事实并非将产品的相关信息全部如实告知，而是提供一些可以说明产品功用等方面信息的证据。比如，用具体的案例进行说明。一般来说，在与顾客沟通的过程中，客服人员可以通过如下两种方式，举例进行说明，增强表达的说服力。

1. 自身的使用感受

客服人员自身的使用感受是对产品质量、功效强有力的证明。一方面，使用产品之后，客服人员将感受融入表达中，可以让表达的内容更显真实性。另一方面，如果客服人员长期使用某产品，那么，在顾客看来，该产品的质量和功效应该还不至于太差劲。

当然，因为客服人员始终有一个产品推荐者的身份在，所以，顾客对于客服人员很可能是半信半疑的。此时，如果客服人员还只是一味地说产品好，顾客很可能不会买账。

2. 其他顾客的反馈

与客服人员的使用感受相比，其他顾客的反馈无疑更具说服力。所以，如果客服人员能在沟通过程中，用其他顾客使用产品的案例，特别是一些可提供实证的案例进行说明，那么，在顾客看来客服人员的表达便更具可信度。

另外，需要说明的是，客服人员在用其他顾客的反馈信息进行举例说明时，应尽可能地让顾客觉得真实。为此，客服人员应尽可能地对案例中人物的相关信息进行具体的介绍。

- 【实例剖析】

顾客：在吗？

客服：您好，客服飞飞为您服务。请问有什么可以帮到您的？

顾客：我想买一盒 BB 霜，你能帮我推荐一下吗？

客服：能麻烦您说一下具体要求吗？

顾客：哦，遮瑕就不用多说了，另外，我的皮肤偏油性，所以，最好具有控油功效。最后，妆效的话最好是自然一点的。

客服：您觉得 A 款 BB 霜怎么样，这款 BB 霜不仅适合所有肤质，还具有遮瑕、控油、滋润、定妆等功效。除此之外，在妆效上也显得光泽、自然。

顾客：听你的介绍倒是不错，但是，效果还是眼见为实，单凭你的这些介绍，我还是很难判断啊！

客服：不知道您是否看了《××》电影，这部电影中的 ×× 女星用的就是 A 款

BB霜。这是她使用后的效果，您看一下。

顾客：嗯，看起来确实不错，但她毕竟是明星，使用的效果肯定是比一般人要好一些的。

客服：那您再看看这张照片，这是湖南长沙的某顾客在使用这款BB霜之后的效果。她还评论说用了这款BB霜之后，朋友们都觉得她比电视上的某位女星还漂亮呢！您看看。

顾客：虽然不知道我使用的效果怎么样，但是，看她们这些照片的效果，我觉得这款BB霜还是值得一试的。好吧，我就买一盒试试。

客服：相信我们这款产品一定不会让您失望的，如果有任何问题可以随时联系飞飞哦！祝您购物愉快！

……

以上为某客服人员与顾客交流的部分内容，因为该顾客要购买的是美妆类产品，所以，使用后的效果对于顾客来说至关重要。在这种情况下，如果客服人员只是一味地对产品进行介绍，而不能让顾客看到使用后的效果，顾客可能会因为无法获知使用效果而打消购物念头。

好在客服人员飞飞通过举例对使用效果进行了说明。具体来说，客服人员先是搬出某明星在电影中使用产品之后的效果。但是，顾客认为明星使用后的效果可能会比一般人更好一些。于是，客服人员又举了一个普通顾客在使用产品之后的效果的例子。而该顾客最终也觉得产品值得一试，并决定买一盒。

● 【注意事项】

还是那句话“事实胜于雄辩”，很多时候，客服人员与其花费时间和精力把产品的优点说得天花乱坠，还不如为顾客提供一些看得见的“事实”，让顾客“看到”使用后的效果。

所以，客服人员要学会通过具体的案例进行说明，让顾客更直观地对产品的相关内容进行把握。当然，在此之前，客服人员还需要做好一件事，那就是及时收集一些素材，确保自己有例子可用。

第6章

10个方面，消除疑虑，成交率直线上升

学前提示

网购时顾客毕竟只能看到一些产品信息，而无法亲自查看。所以，顾客对购物有疑虑是一件很正常的事。

其实，从另一个方面来看，顾客之所以就相关疑虑咨询客服人员，很可能就是因为其对产品有需求。因此，如果客服人员能够消除顾客的疑虑，便有可能迎来成交率的直线上升。

要点展示

- 产品质量疑虑的消除
- 产品规格疑虑的消除
- 产品品牌疑虑的消除
- 包邮与否疑虑的消除
- 发货时间疑虑的消除
- 物流速度疑虑的消除
- 会否损坏疑虑的消除
- 保修问题疑虑的消除
- 包换包退疑虑的消除
- 处理时间疑虑的消除

049 产品质量疑虑的消除

- 【要点呈现】

许多顾客在进行网购时心理是矛盾的，一方面，他们希望以更优惠的价格获得商品。另一方面，当价格比较低时，他们又会觉得产品的质量可能存在问题，否则，商家也不会以这么低的价格出售。

质量是顾客购买产品的关键因素，如果某件产品在顾客看来质量是不过关的，那么，即便价格足够便宜，顾客也可能不会下单选购。所以，当顾客对产品的质量有疑虑时，客服人员需要尽可能地消除顾客的疑虑，否则，沟通很可能将难以获得想要的效果。

那么，客服人员应该怎样消除顾客对产品质量的疑虑呢？总的来说，当顾客对低价商品的质量有疑虑时，客服人员通常可以从两方面消除疑虑，具体如下。

1. 说明低价原因

俗话说得好："天上不会掉馅饼"，在顾客看来，商家是以盈利为目的的，所以，商家不可能全然不顾自身利益，无缘无故地降价进行甩卖。除非是产品的质量有问题，商家急于处理。

因此，如果客服人员在与顾客沟通的过程中，没有对低价的原因进行说明，顾客很自然地便会认为是商品的质量有问题。所以，客服人员必须告知产品低价出售的原因，让顾客觉得"便宜得有理由"。

2. 做出质量保证

虽然客服人员向顾客说明低价原因之后，部分顾客会相信商家是为了让利于顾客，但是，对于产品质量本身，可能仍有疑虑。所以，除了对低价原因进行说明之外，客服人员还需对产品的质量做出一些必要的保证。

比如，顾客可能会对产品是否是正品有疑虑。此时，客服人员便可以为顾客提供验证方法，并承诺不是正品可以在限定时间内退货。甚至是打出"假一赔十"等口号，让顾客觉得客服人员对产品的质量是有信心的。

- 【实例剖析】

顾客：你们店这A品牌的银色款手机价格比较实惠啊！

客服：是的，这款手机其他店铺通常都在4000元左右，而本店只要3888元。也就是说，本店这款手机要比其他店铺便宜100多元呢！

顾客：这么便宜不会有什么问题吧？

客服：您放心，这次是为了感谢新老顾客对本店的支持，才拿出部分手机进行促销的，手机的质量本身没有什么问题。

顾客：那为什么你们店银色款是 3888 元，金色款却是 3948 呢？

客服：您也知道，什么东西都是物以稀为贵的，金色款相对来说，市场的需求量较大，每个店铺的库存都相对有限，所以，价格上要稍贵一些。

顾客：3888 元对于我这种刚参加工作的人来说，毕竟不是小数目啊！我还是有些担心这个手机是不是正品呢？

客服：您放心，小店是 A 品牌手机旗舰店，所有手机绝对都是正品。收到手机之后，您可以在 A 品牌官网输入序列号进行查询。如果查询结果不是正品，本店将无理由退还所有款项。另外，需要说明的是，今天是本次活动的最后一天，活动结束后，这款手机的价格将恢复 3988 元。所以，如果您觉得这款手机还不错，可要抓紧时间拍单了！

顾客：听你这么说应该不会有问题了，那我就拍一部吧！

……

以上为某客服人员与顾客沟通的部分内容，从中不难看出，因为产品的价格比其他店铺要低一些，所以，该顾客对产品的质量是有疑虑的。而客服人员则通过与顾客的沟通，慢慢地消除了顾客的疑虑。

具体来说，该客服人员先从价格切入，以感恩促销、供求决定价格为理由，对产品价格低、不同颜色的产品价格有差异分别进行了说明。然后，再以“品牌旗舰店”作为正品的保证，并在为顾客提供了判定方法的同时，做出了不是正品无理由退款的保证。

最终客服人员的表达起到了作用，顾客对产品质量的疑虑大大消除，并表示要拍一台，而这次沟通也以相对愉快的方式收场了。

- 【注意事项】

当顾客对产品的质量有疑虑时，客服人员有必要通过说明低价的原因，并做出质量保证，让顾客对产品的质量多一分信心。而为了保证工作效率，让顾客更快地完成购物，客服人员还可以通过一定的方式，告知顾客优惠只在限定的时间内才可以享受，从而坚定顾客的下单决心。

比如，本案例中客服人员便是告知顾客“今天是活动的最后一天，活动结束后，这款手机的价格将恢复 3988 元”。其实，当顾客听到可以享受优惠时，其购买产品的欲望会有所增加。所以，在这个案例中，客服人员之所以可以快速引导顾客完成下单，这句话也起到了一定的作用。

050 产品规格疑虑的消除

- 【要点呈现】

除了对产品是否是正品等质量问题有疑虑之外，顾客对产品规格的疑虑也比较常见。因为在顾客看来，规格不标准的产品买回去之后很可能会出现两个问题，具体如下。

1. 产品不正规

通常情况下，产品的规格都是有一定标准的。而正规的产品一般都是严格按照标准规格来制作的。因此，当产品的规格不符合标准时，顾客便有理由认为该产品是不正规的。而对于不正规的产品，顾客一般是不会轻易购买的。

2. 产品不合用

正是因为产品的规格都是有一定标准的，所以，顾客在购买产品时，一般都会选择最适合自身需求的规格。比如，在选鞋子时，顾客一定会根据自己脚的大小选择最适合的鞋码。

而当产品的规格不符合标准时，顾客原本按照自身实际情况选择的产品规格，便会变得不合用。比如，顾客平时穿的是40码的鞋，但是，如果买到的是不符合规格的40码鞋，那么，便有可能出现大了，或者穿不进去的情况。

很显然，无论是产品不正规，还是产品不合用，顾客都会打消购物念头。所以，客服人员需要从源头解决问题，消除顾客对产品规格的疑虑。一般来说，客服人员可以通过两种方式消除顾客对产品规格的疑虑，具体如下。

1. 说明自身规格

因为不同地区采用的标准可能存在一些差异，比如，同样是鞋码，便有中国码、美国码、欧洲码等多个不同的标准。不同标准之下，鞋码的大小很可能也会出现一定的差异。

所以，为了让顾客根据自身情况选择更适合自身需求的产品，客服人员需要对自身产品规格所采用的标准进行必要的说明，在必要的情况下，为了方便顾客查看，还可以提供不同标准的对照表。

2. 不标准可退货

对于顾客来说，不标准的产品很可能直接影响使用，这也是大部分顾客对产品规格有疑虑最直接的原因。对此，客服人员可以通过一定的举措，给顾客以信心。比如，承诺产品不标准可以直接退货。

客服人员不要小看了这个承诺，虽然这是一个有业界良心的商家都会做的一件事，但是，在顾客看来，只要客服人员敢承诺，就说明其对产品的标准是有信心的。而且，即便产品有问题，既然客服人员做出了承诺，那么，大不了到时再退货好了。因此，就是这样一个承诺，却有可能让产品的成交率出现大幅上升。

- **【实例剖析】**

顾客：你推荐的这款鞋还挺不错的，我个人也比较喜欢，就是不知道有没有适合我的鞋码。

客服：您放心，所有尺码小店都还有库存。所以，无论您穿多大的鞋子，小店都可以提供哦！

顾客：嗯，就是不知道你们店的鞋码标不标准呢？

客服：您看，这是中国码、美国码、欧洲码等不同标准的对照表，小店的尺码是以欧洲码为标准的，您只需要根据实际情况，对照这个表选择对应的欧码就可以选到适合自己的鞋码了。

顾客：你们这个欧码标准吗？

客服：您放心，小店参照的欧码和国际上的标准完全一致。您如果还不放心，等收到之后，可以通过测量进行判断。当然，因为测量方法的不同，可能会有2到3厘米的误差在正常范围内，这一点要向您说明。

顾客：关键就是我曾经在有的店铺买鞋子时，明明是对照鞋码来的，可是收到之后却发现有的根本穿不进去，有的就长了一截。这让我有一些无奈，你们店的鞋不会也是这样的吧！

客服：您放心，本店的尺码都是标准的。而且如果是尺码有问题的话，本店支持退货，并主动承担运费。

顾客：你这么说我就放心多了，有你这句话在，如果尺码真有问题，我大不了退货就好了。那我就拍一双吧！

……

以上为某客服人员与顾客沟通的部分内容，从中不难看出，该顾客对产品还是有购买欲望的。但是，可能是因为在不规格的产品上吃过亏，所以对产品的规格有一定的疑虑。

对于这个问题，客服人员处理得很好。具体来说，客服人员先是向顾客说明了自身的尺码标准，为顾客选择尺码提供了参照。然后，又对尺码进行了保证，并对可能的误差进行了说明。最后，还做出了尺码有问题可以退货，并有商家承担运费的保证。

可以说，几乎所有与产品规格相关的内容该客服人员都考虑进去了。而在得到承诺之后，顾客对于产品规格的疑虑也基本消除了。所以，最后顾客决定进行拍单也就在情理之中了。

- 【注意事项】

在大多数情况下，顾客之所以购买某件产品，就是因为这件产品自己用得上。但是，如果产品的规格出现了问题，那么，顾客使用之后的效果可能达不到预期，甚至可能根本用不了。

所以，在出售某件产品时，客服人员应保证其规格是符合相关标准的。当然提供符合规格的产品，这更多的是厂家和商家需要做的工作。但是，身为顾客购物的意见提供者，客服人员有义务为顾客推荐更适合的规格。

因此，在规格这个问题上，客服人员应该坚持的原则是，让顾客选到相对适合的尺码等，保证产品可以用得上。也就是说，当产品规格与相关标准不符时，客服人员需要引导顾客找到适合的规格。

比如，有的店铺在产品尺码的相关信息中，便明确列出来“此款鞋码偏小，请选大一码”，这实际上就是为了让顾客选到合适的尺码，特别进行的说明。客服人员在与顾客沟通的过程中，如果鞋码不太标准，也可以参照这种方式，对顾客进行必要的提醒。

051　产品品牌疑虑的消除

- 【要点呈现】

在价格相同的情况下，顾客在购物时通常更倾向于购买具有一定知名度的品牌旗下的产品。原因就在于人们认为知名品牌往往更注重产品的质量，所以，其产品相对来说要更可靠一些。

也正是因为如此，当顾客看到品牌不具有知名度，或者非专卖店在卖某品牌的产品时，便有可能产生一些疑虑。

1. 对知名度的疑虑

对于不具有知名度的品牌，顾客的疑虑就在于，这可能是一个山寨品牌，甚至于连一些基本的信息都没有，其产品质量自然也就堪忧了。而这样一来，即便产品看起来再好，顾客也不敢轻易下单。

所以，当顾客对产品品牌的知名度有疑虑时，客服人员一定要想办法让顾客觉得产品是可靠的。对此，客服人员可以通过介绍品牌的相关信息，让顾客认识到这是一个正规厂家的品牌，它的产品质量是过关的。

2. 对非专卖的疑虑

除了品牌不具知名度之外，当非专卖店售卖某品牌时，顾客也有可能对品牌产生疑虑。因为在顾客看来，知名的品牌一般都有专卖店，如果产品是正品，那就没有必要再放到非专卖店来卖了。所以，非专卖店的产品很可能是假货。

对此，客服人员需要做的就是提供一些可以证明产品是正品的“证据”。比如，客服人员可以将该品牌的授权信息进行展示，也可以将顾客对产品的正面评价作为依据，还可以提供可以直接证明产品是正品的相关资料。

● 【实例剖析】

实例1

顾客：你们店的A产品看起来还不错啊！

客服：您眼光真好，这是小店的爆款产品之一。不瞒您说，许多顾客都觉得它很有“眼缘”呢！

顾客：但是，你们这个品牌我好像没见过啊！这不会是一个山寨货吧！

客服：您不知道这个品牌其实也不奇怪，这个品牌是国际知名品牌××旗下的子品牌，它是一个刚推出不久的品牌。所以，它也是按照××品牌的要求进行生产的，产品的质量绝对过硬。这是这个品牌的一些资料，您可以看一下。

顾客：嗯，听你这么说，我心里就有底多了。这样看来，这个品牌的产品应该不至于太差，我就拍一个吧！

……

实例2

顾客：你们店这款A品牌的跑步鞋确实还可以啊！

客服：您真是火眼金睛，这是本店销售量非常靠前的一款产品，许多年轻人都觉得它挺不错的。其实，这个价格能买到这款跑步鞋，可以说是非常实惠了。

顾客：对啊，就像你说的，这么便宜的价格在外面基本是买不到这款鞋子的，你们店为什么卖这么低的价格？而且你们店又不是A品牌的专卖店，这我就有理由怀疑你们卖的是不是正品了。

客服：您的怀疑很合理，许多顾客都有和您相同的疑问。首先，本店之所以以这么低的价格出售这款跑步鞋，就是为了感谢新老顾客的支持，适时搞一次促销活动，让顾客得到一些实惠。至于专卖的问题，小店是专营户外运动品牌的，A、B、C三个品牌的售卖授权本店都已取得，这是一些资料，您可以看一下。

顾客：不是我故意为难你，但是，这种授权我也不知道是真是假。

客服：这样，您还可以通过产品的销量和其他顾客的评价进行把握。这款产品月销量超过1000件，而好评率则达到95%。另外，小店本着诚信经营的原则，假一赔十。所以，您大可放心下单哦！

顾客：那好吧，我相信你们卖的应该是正品，那我就买一双吧！

……

以上为客服人员与顾客沟通的两个实例，虽然在这两个实例中，顾客都对产品的品牌有所疑虑，但是，两位客服都做得很好，不仅消除了顾客的疑虑，还成功说服顾客完成了下单。

具体来说，在实例1中，顾客因为产品的品牌不具有知名度，所以，即便觉得该产品还不错，也没有决定要不要下单。而客服人员不仅说明了该品牌不知名的原因，还向顾客传达了产品质量可靠的信号。于是，顾客的疑虑得到消除，客服人员也如愿引导顾客完成了下单。

而在实例2中，顾客同样是对产品有购买欲，但是，因为觉得店铺不是专卖店，所以对产品是否是正品产生了疑虑。针对这个问题，客服人员不仅出示了品牌售卖授权，还晒出了相关的数据，并做出了“假一赔十”的承诺。顾客最终也相信产品是正品而买了一双。

- 【注意事项】

虽然并非大品牌的产品都是好的，小品牌的产品也不一定就不如大品牌。但是，在顾客看来，大品牌更具实力，所以，生产条件和水平也相对更好一些，而其生产的产品质量也更为可靠。

因此，当顾客对产品的品牌有疑虑时，客服人员需要重点做好两个工作。一是通过展示相关的资料，让顾客对品牌产生认同感。二是提供一些证据，甚至是做出一些保证，让顾客觉得产品的质量过硬。

052 包邮与否疑虑的消除

- 【要点呈现】

包邮与否一直以来都是许多顾客在进行网购时比较关心的一个问题。在顾客看来，邮费是产品之外的支出，如果购买商品还需另外支付一些邮费，那相对来说，心里就会觉得有些划不来了。

针对这一问题，许多店铺都推出了包邮服务，当然，也有部分店铺因为种种原因是不包邮的。但是，无论是否包邮，客服人员都有必要在与顾客沟通的过程中进行具体说明。

值得一提的是，对于包邮和不包邮的问题，客服人员在与顾客沟通的过程中应采用不同的沟通策略。通常来说，包邮直接告知即可，但是，不包邮则需要进行说明，并寻求顾客的理解。

1. 包邮直接告知

对于顾客来说，如果包邮，顾客便无须支付运费，这无疑是要划算一些的。所以，当顾客购买的商品包邮时，客服人员只需要直接告知便可。这既可以消除顾客的疑虑，也会让顾客觉得此次购物比较划得来，从而增加购买欲。

2. 不包邮求理解

当然，因为一些原因，如顾客单次购物的金额较低、物品超过某一重量等，商家对于顾客的购物可能是不包邮。这种情况在顾客看来，是比较划不来的。所以，客服人员应该向顾客解释清楚，并通过一定的方式寻求顾客的理解，让顾客觉得也不是那么划不来。或者说，至少也让顾客心里舒坦一些。

- 【实例剖析】

实例 1

顾客：你们店这本《手机摄影 不修片你也敢晒朋友圈？！》看起来，好像还蛮不错的啊！

客服：您眼光真好，这是一本手机摄影修片的实战类书，从许多顾客反馈的信息来看，它是喜欢发朋友圈的人的必备书哦！

顾客：嗯，确实挺不错的，就是不知道是不是包邮？

客服：这本书折后价为 50.4 元，小店满 25 元即可包邮。所以，如果您买这本书，是不需要另外再支付邮费的哦！

顾客：这样啊！那还挺实惠的，我就买一本吧！

……

实例 2

顾客：我看了一下，这本《××》，好像还挺适合我这种喜欢晒图的人的。

客服：您说得不错，这是一本修图实战类书，书中通过 30 种美颜 APP，奉送了 250 种修图实战技巧，书中展示的图片便超过了 800 张。可以说这是一本很有“厚度”的摄影后期书。

顾客：听你这么说，这确实是一本值得买的书。那我问一下，如果我就买这本书包不包邮呢？

客服：本书原价为 59 元，本店是以 7.9 折出售的，折后价为 46.6 元。而小店是单次购物满 99 元才能免运费的。所以，如果您只买这本书的话，需要另外支付 6 元快递费。

顾客：这样的话，我就有些纠结到底要不要买了。

客服：其实，如果从价格来看的话，其他店铺这本书的价格通常在 50 元以上，而且有的店铺卖的书还不一定是正品。而本店的保证都是正品，店主承诺假一赔十。只是本店利薄，还希望您能多一些理解。另外，这本书在保证其“厚度”的同时，采用的是全彩式图解的方式，无论是美观度，还是本身的质量，都比一般的书要好得多。所以，从各个角度看，您买这本书绝对是不亏的哦！

顾客：听你这么说，这本书应该是物有所值的，那我就拍一本吧！

……

以上为客服人员与顾客沟通的两个实例，从中不难看出，实例中的两位顾客对于是否包邮这个问题都是有疑虑的。而两位客服人员则根据所在店铺的实际情况，很好地消除了顾客的疑虑。

具体来说，在实例1中，客服人员直接将包邮的信号传达给顾客，顾客则因为划得来直接完成了下单。而在实例2中，虽然买书是不包邮的，但是，客服人员却通过该书价格相对较低且保证是正品、书的美观度好、质量较好，给顾客传达了“买了不亏”的信号，从而坚定了顾客的购买决心。

- 【注意事项】

顾客对于是否包邮这个问题有疑虑，实际上就是在衡量需要购买的物品是否划得来。对于包邮的情况，客服人员只需直接告知便可。但是，当产品不包邮时，客服人员要做的，就是让顾客觉得物有所值。

当顾客购买的是一些低价格的小物件时，邮费可能比一件产品的价格还高，此时，单买一件肯定是划不来的。对于这种情况，客服人员可以通过劝说顾客多买几件产品，让运费显得不那么“贵”。

而当某件产品本身有一定价值时，客服人员便可以进一步突出产品自身的价值，并向顾客传达店铺是薄利多销的信号，让顾客觉得店铺出售的产品确实好，从而将不包邮这个问题弱化。

053　发货时间疑虑的消除

- 【要点呈现】

下单完成之后，谁都希望商家能够尽快发货，因为商家的发货速度直接影响快递的到达时间。但是，由于部分商家发货不够及时，有的顾客在购物完成之后很久都等不到商家发货。所以，许多顾客在购物过程中，都会习惯性地询问发货时间。

通常情况下，如果顾客开始向客服人员询问发货时间，那么，就说明该顾客对于产品有着较强的购买欲。此时，只要客服人员告知顾客会尽快发货，顾客很可能就会下定购买的决心。

当然，在告知顾客发货时间时，客服人员还需要采取一定的方法，让自己的表达更具说服力。比如，客服人员可以对发货时间进行具体说明，甚至可以直接晒出商家发货时间的相关记录。

1. 说明发货时间

许多顾客之所以想知道商家的发货时间，就是希望自己能够对商家的工作效率有一个大致的把握，从而判断商家的实力，并对收到快递的时间进行估算。

对此，客服人员需要做的就是向顾客说明具体的发货时间。当然，为了让顾客觉得商家确实有一定的实力，在说明的过程中，客服人员可以顺带着对商家负责发货的人数进行介绍。

2. 晒出相关记录

虽然客服人员说明具体发货时间之后，大部分顾客会比较放心地完成下单。但是，也有部分顾客认为客服人员口说无凭。在这种情况下，客服人员便需要晒出相关记录来证明自己所言非虚了。

比如，客服人员可以直接晒出某些订单的下单时间和发货时间，让顾客通过数据的对比，更加直观地把握商家的发货时间。

- 【实例剖析】

实例 1

顾客：你介绍的这件外套我很喜欢，就是不知道你们店的发货速度怎么样，如果迟迟不发货，那我可能就不买了。

客服：这点您不用担心，您买的商品小店库存充足，而且负责发货的同事就有近 10 人，所以，即便是像“双十一”这种订单特别多的时间段，小店都可以保证在半天内发货哦！

顾客：你这样说我就放心了，那我就赶紧拍一单吧！

……

实例 2

顾客：你说的这条裙子确实不错，我也很喜欢。我想问一下，你们大概在下单多久之后可以发货？

客服：您的担忧很有道理，顾客都希望下单之后商家可以尽快发货。不过，对于小店，您大可不必担心这个问题。因为小店专门负责发货的同事便达 10 人，而且您买的商品小店都有大量库存。所以，一般情况下，您下单完成之后，小店基本上都可以在当天发货。

顾客：当天发货这速度倒是可以，只是你就这么嘴上说说，我恐怕很难说服自己相信你啊！

客服：嗯，这样吧，给您看一下小店内部分下单和发货时间的数据。您看，这些顾客下单完成之后，小店基本上都是在半天时间之内发货的，即便是“双十一”也不例外。而且小店都是按照顾客的下单先后顺序发货的，所以，您下单越早，发货的同事就会越早为您发货哦！

顾客：好吧！看了你提供的这些数据之后，我相信你们会尽快为我发货的。那我就买一条裙子好了！

……

以上为客服人员与顾客沟通的两个实例，在这两个实例中，顾客对于商家的发货时间都是有疑虑的。而实例中的两位客服人员则通过沟通将顾客的疑虑消除，并引导顾客完成了下单。

当然，这两个实例中的顾客也是有所不同的。其中，实例 1 中的顾客明显好说话一些，客服人员只是对商家的发货信息进行了一些说明，并做了一个保证，顾客便放心地下单了。

虽然客服人员都希望自己能遇到好说话的顾客，但是，在实际工作中，也有部分顾客是比较谨慎的，实例 2 中的顾客便属于此类。客服人员已经对商家的发货时间进行了说明，但是，顾客对客服人员传达的内容仍有所怀疑。此时，客服人员就需要提供一些实质的“证据”，而实例 2 中的客服人员显然就是这么做的。

- 【注意事项】

虽然客服人员为了消除顾客对于发货时间的疑虑，有必要通过一定的措施取信于顾客，但是，在具体沟通过程中，需要特别注意以下两点。

尽可能说实话

将商家的发货速度说得更快一些，比如，将平时的发货速度为一天的商家，说成半天内可以发货，这自然可以从一定程度上消除顾客对发货速度的疑虑，甚至可以直接促使顾客完成下单。

但是，客服人员需要知道的一点是，商家要的是长期的收益，而不是竭泽而渔。如果客服人员对顾客做出了承诺却做不到，那么，顾客很可能会对客服人员，乃至商家产生不信任。这样一来，商家虽然收获了一单生意，却有可能会因此失去大量潜在顾客。这怎么看都是非常划不来的。

注意保护隐私

毫无疑问，客服人员在向顾客展示发货时间的相关内容时，信息越具体，顾客便越会认为其具有可靠性。但是，在向顾客展示相关信息时，客服人员需要保护好其他顾客的隐私。对于顾客的 ID、头像等信息最好做打码处理。否则，客服人员很可能会在沟通过程中，侵犯其他顾客的隐私权。

054　物流速度疑虑的消除

- 【要点呈现】

顾客的收货时间主要由三大环节决定，即下单时间、发货时间和物流速度。其中，下单时间顾客自己可以把握，这点大部分顾客不会太过担心。所以，顾客比较担心的是发货时间和物流速度。

因为上一节已经对发货时间进行了一些说明，所以，这一节笔者重点要探讨的是顾客对于物流速度的疑虑。通常来说，客服人员可以用两点理由消除顾客对物流速度的疑虑，具体如下。

1. 优秀的快递公司

由于各快递公司的实力不均，所以，即便是同样的货物，不同的快递公司送达的时间也会存在一定的差异性。其中，一些实力比较强的快递公司，快递员人数较多，运输的速度也比较快。所以，将快递交由这一类快递公司，顾客通常能比较快地收到快递。

对此，在与顾客沟通的过程中，客服人员可以强调商家是与优秀快递公司合作的，并保证可以尽快将快递送到顾客手中。如果快递公司的速度是被顾客普遍认可的，客服人员还可以直接说出快递公司的名称，让顾客放下心来。

2. 根据地址选择

虽然实力较强的快递公司通常速度要更快一些，但是，事事无绝对。有的地区，部分快递公司的快递点可能比较少，所以，即便快递公司本身有实力，物流的速度也会比较慢。

针对这种情况，如果商家是与多家快递公司合作的，客服人员便可以告知顾客，商家会根据顾客填写的地址，为顾客选择相对合适的快递公司，从而让快递更快地送到顾客手中。

● 【实例剖析】

顾客：你推荐的这件产品确实还挺不错的，我个人也很喜欢。不过，有一件事我必须问你一下。

客服：您有什么问题都可以说，小亚尽量帮您解决。

顾客：是这样的，我有几次在网上购物都是一个星期之后才收到快递的，这速度实在是太慢了，以至于许多水果收到时已经烂得差不多了。所以，我想问一下你们的物流速度怎么样？

客服：您对物流速度有所顾虑是可以理解的，因为部分商家为了节省物流费用，所以选择的都是一些二流的快递公司，这样一来，在物流速度上自然就比较慢了。而小店为了让您尽快收到货，寄快递时选择的都是优秀的快递公司，所以，物流的速度通常都比较快。

顾客：我可以说，我每次网购时客服人员都是这么跟我说的吗？而事实是，部分快递我还是很久才收到。他们给我的解释是，我填写的收货地址快递公司的快递点比较少，所以，物流的速度要偏慢一些。

客服：这一点您放心，我们小店合作的快递公司主要有 A、B、C 三家公司，这三家都是国内物流速度比较快的公司。而且小店发货的同时，也会根据您填写的地址，为您选择相对合适的快递公司，从而保证让您尽快收到快递。

顾客：原来你们店是这么选快递公司的啊！那物流的速度应该会比较快，我就可以放心拍一单了。

……

以上为某客服人员与顾客沟通的部分内容，很显然，在该案例中，顾客对商家的快递速度是有疑虑的，而客服人员通过沟通很好地消除了顾客的疑虑，并最终让顾客放心地做好了下单的准备。

具体来说，客服人员先是向顾客说明了与商家合作的快递公司是比较优秀的，但是，顾客对此并不买账。于是，客服人员又从根据填写的地址为顾客选择快递公司的角度切入，让顾客觉得商家会为其选择相对比较合适的快递公司，进而消除了顾客对物流速度的疑虑。

- 【注意事项】

顾客之所以对网购的物流速度格外在意，主要有两个原因。一是在下单之后，许多顾客对商品都是有期待的，并希望能够尽快收到商品，以判断商品是否达到了预期；二是部分商品，特别是一些新鲜的食品，如果物流运输的时间过长，顾客收到时可能已经坏了。

所以，为了消除顾客对于物流速度的疑虑，客服人员需要让顾客觉得商家寄出快递之后，物流速度是比较快的。对此，客服人员可以以快递公司为突破口，强调与商家合作的快递公司都是有一定实力的，并且商家可以帮助顾客选择合适的快递公司，从而保证顾客能尽快收到快递。

055 会否损坏疑虑的消除

- 【要点呈现】

对于顾客来说，一次愉快的购物最少应该是收到完整的商品。但是，因为部分商品本身就比较容易损坏，再加上商家的包装不到位，而在运输的过程中，又没有做好轻拿轻放，所以，等顾客收到时，商品拿起来已经是“缺胳膊少腿”的了。

俗话说得好：“吃一堑，长一智”，正是因为曾经收到过已经损坏的商品，部分顾客在进行网购时对商品是否会损坏可能会存有疑虑。针对这个问题，客服人员可以用两招化解，具体如下。

1. 强调包装严密

一件商品之所以会在运输的过程中出现损坏，商家负有不可推卸的责任。因为如果商家的包装足够严密，对商品起到了很好的保护作用，那么，除了运输过程中出现暴力分拣的情况，否则，商品基本上不会被损坏。

所以，当顾客对商品是否会被损坏这个问题有疑虑时，客服人员首先要做的就是强调商家在寄快递之前是对商品进行了严密包装的。在此过程中，为了增强商品包装严密的说服力，客服人员甚至可以将包装的过程告知顾客，让顾客对其有一个较为直观的把握。

2. 保证损坏包退

虽然好的包装能从一定程度上降低产品损坏的概率，但是，也并不是所有包装好的商品都能完好地送到顾客手中。比如一箱水果，如果运输时间过长，即便包装得再好，也必然会出现损坏。

对于这种情况，客服人员一味地强调包装严密可能并不能取得什么效果。此时，客服人员便可以给顾客吃一颗“定心丸”，比如，可以给顾客做出损坏包退的承诺，让顾客放心地下单。

- 【实例剖析】

顾客：你们店的 A 款马克杯看上去真漂亮啊!

客服：您眼光真好，这款马克杯是纯手工打造，而且杯面上的图案也是经过精心设计的。许多顾客都觉得它更像是一件艺术品呢!

顾客：我倒是想买一个，但是，你也知道，杯子是易碎品，我担心在运输的过程中可能会出现损坏。而且，我以前买一些易碎品时就出现过损坏的情况，所以，对于这个问题我不得不谨慎一点。

客服：这一点您可以放心，小店在寄快递时会对产品进行严密的包装。小店的每个杯子都会放置在单独的小盒子中。这个盒子对杯子起到了固定作用，让杯子不至于到处晃动。除此之外，在小盒子外面，小店还会用大一点的箱子增加保护，当然，在两个盒子的空隙处会用泡沫塑料等材料固定小盒子，减轻运输过程中震动对杯子的影响。另外，在运单上面，小店也会写上这是易碎品，提醒运输过程中的人员尽可能地轻拿轻放。所以，在运输的过程中基本上是不会出现损坏的情况的。

顾客：确实，你们的包装是做得比较好的。但是，你也说了，是基本上不会出现损坏的情况，那假如我不幸正好收到了一个损坏的杯子呢？你们店对于这种情况是不是还有其他的保障呢？

客服：您不用担心，小店承诺损坏包退。如果杯子收到时就出现了损坏，您只要与客服人员沟通，并提供一些实质的证据，如照片等，小店就会给您退还购买的款项，或者给您重新发货。

顾客：这样啊，那损坏的情况基本上应该不会发生了，我想我应该可以放心地拍一单了。

……

以上为某客服人员与顾客沟通的部分内容，从中不难看出，顾客对于产品还是比较满意的。但是，因为产品是易碎品，所以，顾客对于是否会在运输过程中出现损坏是有疑虑的。

对于顾客的疑虑，该案例中的客服人员处理得很好。客服人员先是向顾客详细地介绍了产品的包装过程，让顾客觉得产品得到了很好的保护。然而，即便如此，顾客仍有担忧。于是，客服人员做出了损坏包退的承诺，而顾客也因为权益得到保障而下定了购买的决心。

- **【注意事项】**

顾客进行网购时之所以会选择某件产品，就是因为看重该产品的整体价值，如果收到时产品就已经不完整了，那么，产品对于顾客的价值将大大降低，甚至会直接等同于一堆垃圾。

因此，从顾客的角度来看，产品在运输过程中不被损坏是网购最基本的权益之一。如果这个权益都得不到保障，顾客便很难放心地完成购物。所以，当顾客对产品是否会被损坏有疑虑时，客服人员一定要消除其疑虑，否则，沟通可能很难取得预期的效果。

056　保修问题疑虑的消除

- **【要点呈现】**

当顾客购买产品，特别是价格相对较高的产品时，往往希望能够获得一段时间的保障，即便产品出现了一些问题，也能得到有效的维修。所以，顾客在与客服人员沟通的过程中，通常会对保修的相关情况进行询问。

在这种情况下，顾客对保修问题的疑虑将很大程度上影响最终的沟通结果。所以，客服人员应该通过一定的举措，消除顾客对保修问题的疑虑。比如，客服人员可以运用如下两招。

1. 具化保修内容

具化保修内容就是指将保修的具体范围告知顾客，让顾客知道产品的哪些部分是可以保修的，哪些部分是不可以保修的。具体来说，具化保修内容主要有如下两个方面的意义。

首先，将保修的内容直接告知顾客最显著的作用就是让顾客可以对保修的相关事项多一些了解，从而增加顾客对产品和商家的信心。其次，当客服人员对保修内容进行具体说明时，顾客会觉得商家是真诚和可靠的。而在这种情况下，顾客往往更容易放心地完成下单。

2. 展现保修实力

除了了解保修内容之外，顾客往往还会对保修是否方便有疑问。比如，有的产品虽然保修的内容较多，但是，保修点却比较少，顾客为了维修产品需要去比较远的地方。这种保修显然是不会让顾客满意的。

所以，客服人员还需通过展现保修的实力，让顾客觉得产品保修很方便。比如，客服人员可以告知顾客产品是全国联保的（当然，这是在支持全国联保的情况下），当顾客所在地保修点较多时，甚至可以通过将保修点数量和位置列出，让顾客觉得在自己所在地周围便可以进行保修。

● 【实例剖析】

顾客：你推荐的这款手机，我个人倒是挺喜欢的，但是，这毕竟是一个近5000元的手机，所以，我还是有一些顾虑的。

客服：您可以说一下您的顾虑，看看小苏能不能帮您解决哦！

顾客：嗯，主要是不知道这款手机是不是提供保修服务。

客服：这个问题您可以放心，这款手机是提供一年保修的，在保修期内，只要不是人为原因造成的损坏，便可以获得免费维修。当然，像电池这种消耗性配件的正常消耗是不在保修范围内的。这是这款产品的具体保修内容，您可以看一下。

顾客：看上去你们这款手机可以保修的内容还是蛮多了，就是不知道保修是不是方便呢？

客服：这款手机是由A公司生产的，只要是A品牌的保修点您都可以持保修卡获得服务。而我国A品牌的保修点总共有600多个，当然，不同城市的保修点也有所不同，能冒昧地问一下您是在哪座城市吗？

顾客：长沙。

客服：小苏看了一下，长沙市区内A品牌的维修点超过了10个，所以，您如果要获得保修服务还是很方便的。

顾客：嗯，你这样一说我心里就有底得多了，那好吧，既然保修都这么方便了，我还有什么理由不拍一件呢？

……

以上为某客服人员与顾客沟通的部分内容，在这个案例中，顾客对产品是有购买欲的，只是对于产品保修的疑虑让其还有些纠结。在这种情况下，能否消除顾客对保修问题的疑虑，很可能就会直接影响交易的达成。

该实例中的客服人员小苏的处理可以说是比较得当的，客服人员先是对保修的具体内容进行了说明，让顾客对相关事项有了一个大致的把握。然后，又通过保修实力的展现，告知顾客其所在的城市有十多个保修点。而通过客服人员的说明，顾客也明显感觉到保修是比较方便的，所以最终决定拍一件也就在意料之中了。

- 【注意事项】

保修是产品售后中非常重要的一项内容，毕竟，谁都不能保证产品在使用过程中不会出现损坏，所以，顾客会将保修视为给自己留的一条“后路”。尤其当购买的产品本身价值就比较高时，顾客对产品的保修往往也看得越重。

所以，当顾客对保修问题有顾虑时，消除其顾虑是每一位客服人员必须做的一件事。通常情况下，顾客对于保修侧重关注两点，一是能够保修的范围，二是保修是否方便。在实际沟通过程中，客服人员只需根据产品的具体情况，重点围绕这两点进行介绍即可。

057 包换包退疑虑的消除

- 【要点呈现】

在一些情况下，顾客收到产品之后，可能会发现产品并不适合自己，此时，对顾客来说，产品的价值将大打折扣。所以，为了保障购物的应有权益，部分顾客可能会对产品是否包退包换有顾虑。

当然，由于产品种类、店铺标准等不同，客服人员可以根据所在店铺的实际情况，告知顾客产品是否可以包退包换。但是，在此过程中，也必须掌握一些技巧，具体如下。

1. 可退换：说清条件

对于可退换的产品，客服人员在告知顾客可退换的同时，还需要说清退换的条件。这一方面是为了让顾客明白产品可退换的范围，消除顾客对退换问题的疑虑。另一方面，也是维护商家正当权益的必要手段。

比如，当顾客买的衣服不合身时，大多数店铺原则上都是可以退换的，但是，这是建立在衣服未出现损坏的情况下。所以，在沟通过程中，客服人员就需要告知顾客衣服未损坏才可退换。这样一来，顾客既知道了衣服是可以退换的，也会更小心地保护衣服，从一定程度上维护了商家的利益。

2. 不可退换：说明理由

部分产品，如食物、化妆品等，其自身属性就已经决定它们是不能退换的。对于这一类产品，客服人员需要在明确告知顾客不可退换的同时，给出一些合理的、听着比较舒服的理由。

因为顾客毕竟是客服人员的服务对象，客服人员需要做的就是提供令其满意的服务。所以，“买卖不成仁义在”，无论何时客服人员都需要顾及顾客的感受。而且，如果客服人员的理由合理，并感受到客服人员的诚意，顾客通常也会表示理解，甚至还会用拍单来支持。

- 【实例剖析】

实例 1

顾客：你们店这红毛丹看上去还不错，就是不知道味道怎么样。

客服：您放心，小店的红毛丹都是从原产地直接发货，不仅果实饱满、口感甘甜，而且非常新鲜。

顾客：那如果我收到的是酸的，能不能退换呢？

客服：这一退一换，等果子再到我们手里，肯定不新鲜了，换位思考一下，这样的果子如果卖给您，您会要吗？而且，这不过就是几十块钱的东西，您不至于为了这点钱来回折腾吧！

顾客：那为了让我们都不折腾，我看我就没必要再买了！你自己留着慢慢吃吧！

……

实例 2

顾客：你们店的 A 款靴子很漂亮，我想买一双。

客服：您眼光真好，这款鞋是今年的流行款，它的鞋面是头层牛皮，内里用的也是皮料，再加上车缝线和圆头设计，让人一看便觉得高端大气上档次。可以说这是今年潮男必备的单品之一了。

顾客：你也说了这款鞋用的是皮料，而且它的价格也达到了 600 多元。那假如我穿着不合适，可以退换吗？

客服：通常来说，只要鞋未被损坏，您在收到货之后的 7 天内都可以进行退换。所以，如果鞋码不合适，您可以和客服人员说明一下，小店收到您寄来的鞋之后，便重新给您发一次货。

顾客：嗯，如果是这样的话，我就不用担心鞋不合适这些问题了，那我就拍一单吧！

……

以上为客服人员与顾客沟通的两个实例，从中不难看出，两个实例中的顾客对于产品能否退换都是有疑虑的。但是，因为两位客服人员处理方式的不同，最后的结果可以说是完全不同的。

实例 1 中，顾客对红毛丹味道不好是否可以退换有疑虑，虽然红毛丹作为生鲜类的产品，大多数店铺都是不提供直接退换服务的。但是，该客服人员在向顾客传达信息的过程中，表达有欠妥当。

当然，不能退换这一点是一定要告知顾客的，但是，在表达时客服人员应该顾及顾客的感受，不能让顾客觉得不舒服，很显然这一点实例 1 中客服人员做得不够好。

而实例 2 中，因为购买的产品具有一定价值，而且产品是否正确又从很大程度上影响其使用价值，所以，顾客对于能否退换是有疑虑的。对此，客服人员不仅告知顾客产品是可以退换的，还向顾客说明了退换的条件是产品未被损坏。可以说，单从消除顾客对能否退换的疑虑来看，该客服人员是处理得比较好的。

- 【注意事项】

产品能否退换，对于顾客来说就相当于产品的使用价值是否可以得到基本的保障。谁都想让自己的购物多一分保障，所以，很多时候产品能否退换将对顾客是否购买产品产生很大的影响。

对于可退换的产品，客服人员只需告知并说清退换的理由即可，一般情况下，顾客还是比较容易接受的。但是，当产品不可退换时，顾客就会认为产品的使用价值得不到保障。如果此时客服人员还不能说明理由，获得顾客的理解，那么，顾客很可能会带着不快离开，而店铺则将永远失去一位，甚至多位顾客。

058　处理时间疑虑的消除

- 【要点呈现】

俗话说得好：“时间就是金钱”，当顾客在购物过程中遇到问题时，总希望卖家能够第一时间出面进行解决。但是，并不是所有卖家的售后服务都做得足够好，所以，许多顾客都曾遇到过卖家对问题处理不及时的情况。

也正是因为如此，在购物过程中，部分顾客可能会对卖家处理问题的时间有所顾虑。而这个顾虑对于顾客是否下单购物将产生较大的影响。因此，当顾客对问题处理时间有疑虑时，客服人员必须设法消除其疑虑。具体来说，在沟通过程中，客服人员可以从如下两方面切入。

1. 做出正面回答

当顾客就某一问题询问客服人员时，往往希望可以得到有用的信息。如果客服人员不能正面回答顾客的问题，那么，在顾客看来，客服人员对于询问的内容是没有信心的。在这种情况下，顾客可能会认为店铺不够可靠。

因此，当顾客就问题处理时间询问时，客服人员必须正面做出回答，让顾客放下心来。当然，在此过程中，客服人员可以在回答的过程中加入一些可以证明店铺售后质量的信息，比如，店铺中有数位客服是专门解决顾客在购物过程中遇到的问题的，让顾客觉得店铺可以在第一时间解决购物过程中的相关问题。

2. 给出实质“证据”

有一个成语说得好：“口说无凭”，如果客服人员只是嘴上说说会在第一时间帮助顾客处理问题，但是，却不能给出实质的“证据”，那么，顾客很可能不会买账。毕竟，嘴上说些好话谁都会，而它并不能代表实际情况。

所以，在必要的时候，客服人员还需给顾客看一些“证据”。比如，客服人员可以将其他顾客对于店铺处理问题的好评通过截图呈现给顾客。有图有真相，这样顾客对于客服人员表达的内容可能会多一分信任。

● 【实例剖析】

顾客：你们店这件白衬衫看上去挺不错的。

客服：您眼光真好，虽然这是一款衬衫，但是，它的七分袖设计以及胸前部位的印花，都令其比一般的商务衬衫更适合年轻人。而且，它的修身设计也能凸显男性的身材。可以说，大部分比较潮的年轻人都会选择这种款式的衬衫。

顾客：老实说，这款衬衫的款型确实是我喜欢的，但是，对于网购我还是有一些顾虑的。

客服：那能不能麻烦您说一下您的顾虑，可能小张能帮到您哦！

顾客：是这样的，我网购时曾经遇到过这样的情况。有一次买外套，订单下了一天之后，还没有发货，因为我急着要用，所以就去找客服。结果，过了半天客服人员才回复我，并开始解决我的问题，这种处理问题的反应速度我真的是不敢恭维。

客服：看来您是有过客服人员不及时处理问题的经历啊！这一点小店不会发生，您大可放心。小店有专门的售后客服，而且人数达到了 5 人，所以，如果您在购物过程中出现了什么问题，只要联系售后客服就可以在第一时间得到解决哦！

顾客：不是我不相信你，但是，客服人员一般都是比较敢做承诺的。所以，单凭你说的这些，我实在是难以判断的。

客服：您的担忧可以理解，不过，小张这里还有“证据”哦！这是一些顾客对小店售后处理的评价的截图，从中不难看出，绝大部分顾客都是比较满意的，您可以看一下。

顾客：嗯，看到这些我就可以放心地下单了。

……

以上为客服人员与顾客沟通的部分内容，在这个案例中，很明显顾客因为曾经有过不愉快的购物经验，所以，对于店铺处理问题的时间是有疑虑的。而这也是顾客迟迟未下单的重要原因。所以，在这种情况下，客服人员的首要任务就是消除顾客对店铺处理问题时间的疑虑。

好在该案例中的客服人员小张是做得比较好的。具体来说，客服人员主要从两方面为消除顾客疑虑做出了努力。小张不仅向顾客介绍了店铺的售后处理阵容，还通过截图的形式，将其他顾客的评价作为“证据”。最终，顾客放心完成了下单。

- 【注意事项】

顾客对问题处理时间的顾虑，客服人员只需换位思考一下便很容易理解。如果顾客为几天后出席一个重要场合的活动特意网购一套服装，但是下单一天之后，还未发货，顾客找客服询问却久久得不到答复，在这种情况下你会不会着急呢?

所以，客服人员应该要理解顾客的疑虑，并让顾客相信店铺是有实力在第一时间对相关问题进行处理的。毕竟，只有消除顾客对店铺处理问题时间的疑虑，顾客才能放心地下单并完成购物。

第 7 章

10 大理由，不让价，还让顾客觉得赚了

学前提示

虽然顾客都知道网购中店铺始终是要赚钱的，但是，大部分顾客都希望自己的购物更划得来一些，所以，客服人员经常会遇到讲价的顾客。

面对讲价的顾客，如果客服人员能做到不让价，还让顾客觉得赚了，顾客自然会愿意下单。当然，在此过程中最为关键的就是找到合理的不让价理由。

要点展示

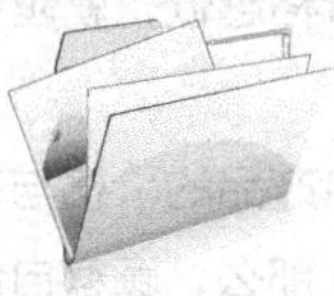

- 已经是优惠价了
- 该产品物有所值
- 暗示产品很抢手
- 要多买才有优惠
- 只有会员才有优惠
- 价格是统一规定的
- 对其他顾客不公平
- 自己其实也不容易
- 表示自己做不了主
- 不让价可以给赠品

059　已经是优惠价了

● 【要点呈现】

虽然网购时产品已经标明了价格，但是，仍有部分顾客会试图与客服人员还价。这更像是顾客的一种习惯，因为在顾客看来，如果以产品的标价成交，店铺的利润空间相对较大，这就意味着自己要支付远高于产品价值的金额。很显然，这是一件非常划不来的事。

所以，客服人员在与顾客沟通的过程中，需要重点向顾客传达一种信号，那就是产品已经是优惠价了，只有这样顾客才会觉得以标价购买产品也是比较划得来的。具体来说，客服人员可以通过如下两种方式突出产品的价格优势。

1. 与过往价格比较

大多数产品的价格都会随着时间的变化而出现一些变化。通常来说，产品刚面世时价格都是比较高的，但是，慢慢地，一部分人拥有了该产品，市场对该产品的需求减少，产品的价格也会随之下降。

所以，产品销售一段时间之后，价格可能会出现明显的下降，如果此时客服人员能够将两种价格告知顾客，顾客便能比较直观地把握产品的降价幅度，甚至会认为产品确实已经是比较优惠的价格了。

2. 与市场价格比较

顾客在购物时大多都有货比三家的习惯，因为网购无法直观地查看产品，所以，部分顾客会将关注的重点放在价格上。同样的产品，哪个店铺的价格越低，就越容易得到顾客的关注。

针对这一点，客服人员在与顾客沟通的过程中，可以将店铺内产品的价格与市场上的普遍价格做比较。如果店铺内产品的价格明显低于市场均价，那么，顾客自然就会相信店铺内的产品已经是优惠价，从而打消讨价还价的念头。

● 【实例剖析】

顾客：你推荐的这款大衣哪里都好，我个人也非常喜欢这个款式，就是有一样我还不太满意。

客服：不知道是什么令您不够满意呢？

顾客：就是这个价格好像还有点贵啊！

客服：嗯，确实，与一般的大衣相比，这款大衣的价格是略高一点。但是，您要知道这是今年的新款，它的材质和设计都是远超一般大衣的。这款大衣刚出来时，价格达到了 899 元，小店现在是在搞活动，所以，以 7 折出售，售后价仅为 629 元。而且纵观其他店铺该款大衣的价格，大多在 700 至 800 元之间。因此可以说，小店的这个价格已经是非常优惠的了。

客服：哦，原来是这样啊！你们店这款大衣的价格确实还比较优惠，那我就买一件吧！

……

以上为某客服人员与顾客沟通的部分内容，在这个案例中，顾客虽然有购买欲，但是因为产品在同类产品中的价格偏高，所以，试图通过沟通，让客服人员便宜一点。

对于这种情况，该客服人员先是将产品当前价格与最初价格进行比较，再将店铺当前价格与其他店铺的价格进行对比。从这两次比较来看，店铺产品的当前价格都是比较低的，这便很好地突出了产品的价格优势。而顾客也意识到产品确实是比较优惠的，便基于这一点做出了下单决定。

- 【注意事项】

有一句话说得好："没有对比就看不出差距"，顾客在查看产品价格时也是如此。如果顾客仅仅看一个店铺中某产品的价格，就会认为产品的价格还可以更低一些、其他店铺的可能卖得更便宜。这可以说是一种固有思维。

而客服人员需要做的就是通过对比，让顾客认识到店铺中产品的价格确实已经比较优惠了。当然，为了增强说服力，客服人员最好在对比时列出具体的价格，这样顾客便可以更直观地进行把握，觉得以店铺的价格购入可能是"赚了"。

060 该产品物有所值

- 【要点呈现】

顾客之所以会在沟通过程中讨价还价，除了因为这是一种习惯之外，还有可能是因为顾客觉得产品的报价超过了它的价值。所以，如果以标价购买产品，那么，对自己来说，是比较吃亏的。

因此，如果客服人员能够在沟通的过程中向顾客证明产品对得起它的标价，顾客自然也就不会再想着讨价还价了。通常来说，客服人员可以用两种方式印证产品物有所值，具体如下。

1. 展现产品价值

虽然产品的价格受到供求关系的影响，但是，对产品价格起决定作用的还是它的价值。所以，如果客服人员在与顾客沟通的过程中能够充分展现产品的价值，顾客便会觉得产品物有所值，而此时讨价还价也就变得没有必要了。

通常来说，一件产品的价值体现在多个方面，如一件衣服，品牌、原料、设计等都是其价值的体现。因此，在沟通的过程中，客服人员要做的就是拿出能证明产品价值的信息，让顾客觉得产品确实是物有所值，甚至是物超所值的。

2. 突出价格优势

很多时候，顾客即便觉得产品是有一定价值的，也希望产品的价格能更便宜一些，或者说至少感觉已经是比较优惠的价格了。对于这种情况，客服人员就有必要在与顾客沟通的过程中突出价格优势，让顾客觉得此时买是比较划得来的，具体方法可参照第 59 页的实例剖析。

- 【实例剖析】

顾客：我个人平时喜欢打篮球，这次想买一双篮球鞋，你们店的 A 款球鞋看着还挺不错的。

客服：您眼光真好，这是小店销得比较好的篮球鞋之一了。许多年轻人都觉得这是篮球爱好者必备的战靴之一哦！

顾客：好是好，就是价格好像有一点贵啊！不知道能不能便宜一点，如果打个折，哪怕是九折我也买了。

客服：不知道您是不是篮球迷，如果您经常看 NBA 就会知道这款鞋是 ×× 篮球明星在今年的赛场上穿过的战靴。而且它又是国际品牌旗下的产品，再加上设计上又兼顾了美观和舒适。所以说，一分钱一分货，这款篮球鞋以这个价位出售绝对是物有所值的。

顾客：我也知道它对得起这个价格，可是怎奈近来囊中羞涩，不知道能否再稍微便宜一点呢？

客服：这个价格比起刚上市时已经降低了 200 多元，即便是与市面上的其他店铺相比，也便宜了差不多 100 元。所以说，您以这个价格购入绝对是比较划得来的。而且这是活动价，两天之后活动结束了，价格又会上涨几十元的。如果您喜欢这款篮球鞋，现在真的是不错的出手时机哦！

顾客：哦，那好吧，虽然价格有一点高，但是，咬咬牙也要买一双，谁让我这么喜欢它呢！

客服：感谢您对小店的支持，相信这款篮球鞋一定不会让您失望的！

……

以上为某客服人员与顾客沟通的部分内容，在这个案例中，顾客试图与客服人员讲价，而客服人员不仅坚守了价格阵地，还坚定了顾客的购买决心。在此过程中，客服人员让顾客意识到产品物有所值可谓是起到了至关重要的作用。

具体来说，客服人员先是通过产品使用者的身份、品牌、设计展现了其价值，然后，再以两次对比突出店铺内该产品此时价格的优势，并适时给顾客一些压力，让顾客觉得很难再以这种价格购入该产品。所以，顾客受到产品价值的影响，再加上担心错过优惠，所以，最终表示咬牙也要下一单。

- 【注意事项】

虽然产品的价值并不是靠说出来的，但是，有的时候客服人员如果不在沟通过程中向顾客展现产品的价值，顾客可能很难把握产品真正的价值，甚至会认为店铺就是故意卖贵一点。所以，让顾客认识到产品的价值还是很有必要的。

另外，当客服人员在沟通过程中突出产品的价格优势时，除了与过往价格、其他店铺的价格对比之外，还可以和实体店的价格做比较。而且，实体店价格通常比较高，与之相比，电商店铺中的价格会更具优势。

061 暗示产品很抢手

- 【要点呈现】

商品的价值规律表现为：价格以价值为基础，并围绕价值上下波动。一件产品的价格虽然是由它的价值决定的，但是，也会受到供求关系的影响，如果某产品数量有限，顾客可能会觉得再贵一点也能接受。

因此，当顾客想要讲价时，客服人员可以向顾客暗示产品很抢手，如果不及时出手，很可能会买不到。这样一来，顾客想的可能是如何抢到货，而价格上稍高于预期也就显得不那么重要了。

通常来说，要让顾客觉得产品很抢手，并给顾客制造一定的压力，客服人员在沟通过程中可以向顾客传达两种信号，具体如下。

1. 销售火爆

一款产品的销售量能从一定程度上说明它的供求关系。当产品销售火爆时，证明市场对该产品的需求量很大。即便部分顾客不买，店铺也不愁卖。此时，市场对店铺是有利的。

所以，如果客服人员在与顾客沟通的过程中，让顾客觉得产品销售火爆，一方面，顾客会觉得没有了讨价还价的筹码，另一方面，也能从侧面反映出顾客眼光好。在这两方面的影响下，顾客很自然地就没有了讲价的想法。

2. 库存有限

如果说销售火爆的产品是不愁卖的，那么，不仅销售火爆，库存还比较有限的产品就是不抓紧时间可能就买不到的。所以，当产品的库存有限时，客服人员可以借此给顾客一些压力，让顾客快速完成下单。

在实际操作时，为了获得更好的效果，客服人员可以将库存的具体数字告知顾客，让顾客在了解库存的同时，清楚地知道产品是很抢手的，如果不马上下单，很可能就要等下一批货了。在这种情况下，绝大部分顾客想的是如何抢到货，也就没有心思再和客服人员讲价了。

● 【实例剖析】

顾客：你们店的 A 款男士包看上去很不错啊！

客服：您眼光真好，这款包既可手提，也可单肩斜挎。它真皮的面料看上去高端、大气、上档次。另外，它的容量大，14 英寸的电脑都可放下，而且磁扣防盗设计又能起到很好的保护作用。可以说，无论是上班族还是学生，这款男士包用着都比较适合哦！

顾客：确实不错，我个人也很喜欢，但是，这近 800 元的价格还是有点高啊！不知道能不能便宜一点呢？比如打个九折什么的。

客服：嗯，确实这比一般的男士包要稍贵一些，但是，它的面料也是要好于一般男士包的，而且 B 品牌是专门做包的，产品的质量相对更可靠一些。这款男士包小店卖得很好，光这个月就售出了 500 多件，相信它绝对是对得起这个价格的。

顾客：真的不能便宜一点吗？打九五折可以吗？

客服：真的不好意思，这款产品是不能讲价的。但是，这款男士包真的是物超所值，您买回去绝对不亏的，要不然这款包的好评率也不可能达到 98%。另外，这款包小店只有 5 件的库存了，下一批货估计要 1 个月之后才会到，所以，如果您真的喜欢，可能得抓紧时间了。

客服：唉，最关键的还是买到自己喜欢的东西，稍微贵一点也无所谓了，那我就拍一件吧！

……

以上为某客服人员与顾客沟通的部分内容，从中不难看出，该顾客对于这款男士包还是比较中意的。但是，因为其价格比预期要稍高一些，所以，顾客还想跟客服人员讲一讲价。

刚开始顾客希望能打个九折，而客服人员告知产品销售火爆之后，顾客放低了要求，将预期折扣调整至九五折。但是，在从客服人员处得知库存仅为 5 件，且下一批货要等 1 个月之后，该顾客却再无讲价的兴趣，而是直接表达了购买诉求。

由此不难看出暗示产品很抢手对于有购买产品诉求、又想讲价的顾客来说，还是很有效果的。

● 【注意事项】

在大多数情况下，顾客在网购过程中是占据主动地位的，毕竟，可供顾客选择的店铺有很多，决定要不要买的也是顾客自己。也正是因为如此，顾客大多希望能以更便宜的价格买到想要的产品，而且会将购物的选择权作为自己的谈判筹码，与客服人员讲价。

对于这一类顾客，客服人员如果能通过一些举措让其失去筹码，比如，暗示产品很抢手，如果不及时下单，可能就买不到了。这样一来，顾客便会意识到自己已处于被动地位，而为了买到产品，其不仅不会再有讲价的心思，还会抓紧时间下单。因为此时顾客的目标已经不再是获得便宜的产品，而是获得喜欢的产品。

062 要多买才有优惠

- 【要点呈现】

网购之所以可以吸引大量顾客，就是因为网购的价格相对较低。这既是网购的一种优势，处理得当也可转化为客服人员拒绝顾客讲价要求的一种有效方式。比如，当顾客讲价时，客服人员便可通过多买才有优惠委婉地拒绝让价。

多买才有优惠的拒绝让价理由可以起到两方面的作用。首先，因为优惠有数量上的要求，而大部分顾客可能只有购买一件产品的需求，所以，这便能很好地起到拒绝让价的作用。退一步说，即便顾客的购买数量真的达到了要求，店铺会给出一些优惠，但总体来看，薄利多销也比单卖一件要赚得多。

其次，不轻易让价实际上也从侧面说明店铺是在实现薄利多销的。因为在顾客看来，如果店铺中某产品的利润空间很大，那么，为了获得更多订单，客服人员肯定会适度给出优惠。而多买才有优惠则证明店铺中某产品的价格是拧不出太多“水分”的，在这种情况下，顾客自然便会打消讲价的念头。

具体来说，在以要多买才有优惠为理由拒绝让价时，客服人员在沟通过程中要向顾客传达如下两方面信息。

1. 单买不能讲价

虽然多买才有优惠实际上已经表达了单买是不能讲价的，但是，有时候如果不说明白，顾客可能觉得还有商量的余地。而这只会浪费双方的时间，也有可能影响顾客购物的心情。所以，在沟通过程中明确表示单买不能讲价，让顾客明白客服人员在这个问题上的态度，还是很有必要的。

当然，为了让态度不至于太过强硬，客服人员在表明单买不能讲价的同时，最好还是给出一些可以接受的理由。比如，可以将产品利薄作为切入点，向顾客传达再便宜一点就要亏本的信号。这样顾客通常也会表示理解。

2. 给出具体数量

既然单买不能讲价，那么，要买多少才能有优惠呢？客服人员在将多买才有优惠作为单买不让价的理由时，心里需要有一个答案。这样一来，当顾客询问时，客服人员便能快速且准确地给出具体数量，而不至于显得慌乱。

另外，如果顾客单次购买的数量达到了客服人员给出的数值，客服人员就要给予其承诺的优惠。所以，如果客服人员仅仅只是拒绝让价，实际上不想给出优惠，就可以通过适当提高优惠门槛的方法，让顾客知难而退，放弃讲价。

- 【实例剖析】

顾客：我想买一本手机旅行摄影类的书，你能帮我推荐一下吗？

客服：旅行摄影类书的话，这本《手机旅行摄影》还不错。它包含风光、人文、夜景、人物、美食等专题，除此之外，对于拍摄技法和后期修图 APP 也进行了详细的解读。作为一本实战型摄影书，书中的技巧一学就会，助您轻松拍出大片的感觉。这是链接，您可以看一下。

顾客：嗯，这本书确实不错，我个人也比较喜欢，就是不知道能不能稍微便宜一点呢？

客服：不好意思，小店薄利多销，像这种书本身就有一些含金量，进价也比较高，如果单买再让价的话，可能就要亏本了。当然，如果您一次多买几本还是可以获得一些优惠的。

顾客：哦，那要买多少才有优惠，又有多少优惠呢？

客服：小店目前有两个活动，一是满减，如果单次购物满 105 元可减去 6 元。所以，如果您一次买 4 本便可以获得满减优惠。二是多买打折，如果单次购买某款书 5 本及以上，可享受九五折优惠。所以，如果您一次买 5 本就可以获得该项优惠。

顾客：啊，要买这么多才有优惠，我哪里要得了那么多呢？而且你们这优惠力度也实在是太小了吧！

客服：小店也想让利于顾客，但是，实在是利太薄，如果让利太多，真的是要亏本了，还请您多一分谅解。

顾客：好吧，看样子真如你所说，你们店是薄利多销，而且我也比较喜欢这本书，我就买一本好了。

……

以上为某客服人员与顾客沟通的部分内容，在这个案例中，顾客对于《手机旅行摄影》这本书明显是比较喜欢的。但是，受到讨价还价习惯的影响，该顾客还是希望客服人员能够给出一些优惠。

对于这个试探性的降价要求，该案例中的客服人员可以说做得很好。具体来说，客服人员先是表明薄利多销，单买不让价，多买可以给出优惠。然后，再以多买时的小额优惠，印证店铺确实是薄利多销。

所以，在这种情况下，顾客便会接受客服人员所说的薄利多销。而既然是薄利多销，那么，价格上的“水分”已经比较少了，而顾客也就没有必要再费力讲价了。

● 【注意事项】

很多时候，委婉地拒绝比起直接拒绝往往更容易让人接受，当顾客想要讲价时，也是如此。如果能在拒绝的同时，让顾客相信店铺的利润空间比较有限，那么，效果很可能会更显著。

而多买才有优惠既是委婉地拒绝单买让价，也是对店铺薄利多销的一种印证。当然，在此过程中，客服人员还需把握好“多买才有优惠”中的这个“多”。如果是为了让顾客多买，可以适度降低“多”代表的数值。但是，如果仅仅是为了拒绝顾客的让价要求，就需要让“多”成为顾客难以达到的一个数值。

063 只有会员才有优惠

● 【要点呈现】

与普通顾客不同，会员通常对店铺更具忠诚度，所以，越来越多的店铺都实行了会员制。而且为了增加会员的留存度，店铺通常都会让会员享受一些优惠。当顾客要求让价时，客服人员就可以说只有会员才有优惠，并进一步尝试引导顾客成为店铺的会员。

如果顾客不愿意成为会员，客服人员至少也给出了不让价的理由，而且也成功转移了话题。反之，如果顾客愿意成为会员，则正中下怀，在这种情况下，适度让利也是值得的。

当然，将只有会员才有优惠作为不让价的理由，客服人员在表达时还需要把握一些要点，具体如下。

1. 怎样成为会员

既然只有会员才有优惠，那么如何才能成为会员呢？这是大多数顾客得知只有会员才有优惠之后，必然会问到的一个问题。对于这个问题，客服人员只需根据实际情况给出答案即可。

需要说明的是，将只有会员才有优惠作为不让价的理由，让顾客明白不让价的态度只是一方面，更重要的还是利用话题转移顾客的注意力。所以，在此过程中，客服人员可以适当将话题引向如何成为会员，让顾客无心再讲价。

2. 会员优惠情况

如果顾客在了解如何成为会员之后，询问会员可以享受哪些优惠，就说明此时顾客关注的重点，已经转移到会员这件事上。所以，客服人员此时工作的重点不再是应对顾客的讲价，而是引导顾客成为会员。换句话说，客服人员已经成功解决了最紧要的让价问题。

当然，如果客服人员有意引导顾客成为会员，还需要在此基础上再多下功夫。具体来说，客服人员可以将会员的优惠情况说得更诱人一些，让顾客觉得花一些代价成为会员也是值得的。

- 【实例剖析】

顾客：你们店的A款羊毛呢大衣看上去还挺有型的。

客服：您眼光真好，这是今年的新款大衣，也是小店卖得比较好的一个款式。它的西装领和刺绣、拼接设计，让其兼具了商务和休闲的双重属性。无论您是穿着上班，还是出席重大场合都合适哦！

顾客：款式是好，就是将近700元，这个价格有一点贵啊！不知道能不能便宜一点呢？

客服：不好意思，小店的所有产品都是不能讲价的。您也看到了，这款大衣从外观到设计都是可圈可点的，所以，它还是对得起这个价格的。请相信我，您买了绝对不会吃亏的。

顾客：难道真的就没有办法再便宜一点吗？

客服：小店的产品都是明码标价的，一般情况下是不会给出额外优惠的，当然，如果您是小店的会员就可以享受一定的折扣。

顾客：那怎么成为你们店的会员呢？

客服：只要单次购物满1000元便可以成为小店的会员了。其实，您这件大衣都已经快700元了，小刘觉得您可以再买一些东西凑齐1000元。比如，您可以再选一下裤子或者穿在里面的衣服。

顾客：那会员有哪些优惠呢？

客服：会员可在每次购物中享受九折优惠，除此之外，在生日时还可以收到店铺的礼物哦！

顾客：这样啊，我觉得购满1000元，成为会员还是比较划得来的，那我再去看一下其他东西好了。

……

以上为某客服人员与顾客沟通的部分内容，在这个案例中，因为产品的价格较高，所以，顾客在与客服人员的沟通过程中试图进行讲价。而客服人员则以只有会员才有优惠为理由拒绝了让价。

当然，如果该顾客真的购满1000元成为店铺的会员，客服人员最终还是要给其九折优惠的。这样看来，让价似乎是失败了，但是，能让顾客增加购物金额，并且成功收获一位会员，这一点优惠还是非常值得的。

● 【注意事项】

当顾客提出让价要求时，直接拒绝当然是一种方法。但是，有时候直接拒绝可能会让顾客产生抵触情绪，甚至因此打消购物念头。所以，客服人员需要做的就是以顾客更容易接受的方式拒绝让价，让顾客不至于因此反感。

对此，引导话题，将顾客的关注点转移到其他方面显然是一种不错的方法。而且，如果处理得当也许还能获得意想不到的效果。就像上述案例中的一样，客服人员通过将话题转移至会员上，不仅很好地处理了让价问题，还让店铺收获了一位会员，其产生的价值是持续的，这种价值远不是几十元、几百元可以衡量的。

064 价格是统一规定的

● 【要点呈现】

归根结底，顾客之所以会选择在与客服人员的沟通过程中讲价，不外乎两个原因，一是认为产品的价格偏高，二是觉得客服人员对于产品的价格有决定权。因此，如果客服人员明确告知顾客自己对产品的价格是没有决定权的，那么，顾客自然就知道再与客服人员讲价也是无用的。

告知顾客自己对价格没有决定权的方法有很多，其中，比较具有代表性的一种就是向顾客传达价格是由公司统一规定的，对此，客服人员也是没有办法。具体来说，在传达该信息时，客服人员需要做好如下两方面的工作。

1. 公司规定

产品价格的决定权在谁手中，顾客讲价的对象就应该是谁。因为跟无关的人讲得再多也是没有用处的。所以，客服人员如果将产品价格的决定权抛给公司，顾客便知道客服人员对这个事情是无能为力的。

如果给产品定价的只是某个人的话，顾客可能会觉得还有讲价的可能。但是，公司作为一个整体，暂且不说会不会给顾客让价，单说顾客在得知这一信息之后，多半也不会有与公司去讲价的想法。

因此，将产品价格的决定权抛给公司，虽然有“甩锅”之嫌，但是，很显然是一个应对顾客讲价行之有效的方法。

2. 表示无奈

当客服人员告知价格是由公司规定之后，就意味着顾客讲价的想法破灭了。在这种情况下，为自己谋求利益眼看无望，无论谁都高兴不起来。而此时客服人员对这件事的态度就很重要了。

通常来说，客服人员在这种情况下比较适合的态度是表示自己也希望能让价，但是因为有规定，所以自己也是无能为力的。这样，即便顾客对不能讲价这件事有所芥蒂，也能对客服人员多一些理解，而不至于过分迁怒于客服人员。

● 【实例剖析】

实例1

顾客：你们店的A款平衡车好酷炫啊！

客服：您眼光真好，这是小店卖得比较好的一款平衡车了。这款平衡车不仅外形美观，而且还带跑马灯和蓝牙音乐哦！

顾客：嗯，真不错，就是这将近800元的价格有点贵啊！不知道能不能稍微便宜那么一毛两毛呢？

客服：这是绝对不行的，这款产品是由公司统一定价的。像我们这种客服人员别说让价一毛两毛，就是一分两分也不行！这个问题你跟我说也没用，价格就是这样了，您自己看看要不要买吧！

顾客：那我就不在这里跟你浪费时间了，我去其他店铺找说得上话的客服好了。

……

实例2

顾客：我想买一辆你们店的A款平衡车。

客服：您眼光真准，这是小店热卖的款式之一。它不仅造型酷炫，还配有跑马灯和蓝牙音乐哦！如果您晚上用它代步，一定可以吸引大量目光哦！

顾客：这款平衡车的款式我倒是觉得没什么好挑剔的，就是这799元的价格还是有一点高啊！近来囊中羞涩，不知道能不能稍微便宜那么一点点，就是一毛两毛也好啊！

客服：您的想法可以理解，其实小马也想给您一个相对优惠的价格，但是，这款产品的价格是由公司统一规定的。作为一名客服，小马就连便宜一分两分的权力也没有，说出来也是满肚子心酸。所以，这件事小马只能说是有心无力了，还请您能多一些谅解。

顾客：原来是这样啊，那这也怪不得你。好了，为了这件事也没必要，那就拍一辆吧！

……

以上为客服人员与顾客沟通的两个实例，虽然在这两个实例中，客服人员面对的情况大致相同，但是，因为表达价格是由公司规定的，自己没有决定权的方式不同，最终造成了完全不同的结果。

具体来说，实例 1 中的客服人员在表达时过于强硬，本来讲价无果，顾客心中就有不悦，而客服人员的表达又相当于是在火上浇油。所以，顾客不留情面地离开也就不足为奇了。

而实例 2 中的客服人员则处理得更好一些。该客服人员虽然也是传达价格由公司规定，自己无能为力。但是，其表达的方式更容易让顾客接受，而且顾客也会因为客服人员比较“可怜”，不忍再与其讲价。

● 【注意事项】

对于部分顾客来说，讲价或许只是一种习惯性、试探性的行为。能讲价自然是最好的，即使不能讲价，只要产品是自己喜欢的，那也能够接受。只是在此过程中，客服人员的态度，或者说表达方式可能会影响顾客的决定。

如果客服人员能够以合理的方式进行表达，顾客也能理解客服人员的难处。但是，如果客服人员的表达欠妥当，让顾客觉得不舒服，那么，顾客也不会给客服人员留情面。

065 对其他顾客不公平

● 【要点呈现】

因为网购时产品的标价是给所有顾客看的，所以，最终的成交价是否与标价一致便涉及顾客间购买产品公平与否的问题。如果客服人员给某位顾客优惠，那么，其他顾客购买产品的价格就要相对高一些。这对于其他顾客来说，显然是不太公平的。

因此，当顾客试图讲价时，客服人员可以从公平对待每位顾客的角度出发，拒绝让价要求。而且因为这是从顾客的角度出发看问题的，所以，在顾客看来也更具说服力。当然，在具体表达时，为了获得更好的效果，客服人员还需要掌握一定的技巧，具体如下。

1. 强调公平原则

什么是公平，这是很难定义的。但是，如果同一时间同一款产品，却以不同的价格出售，那么，对于购买价格相对较高产品的顾客来说便是不公平的。在与顾客沟通的过程中，客服人员便可以在这一点上做文章。

因此，当顾客试图讲价时，客服人员可以适当强调公平原则，将不讲价说成是维护公平原则的一种手段。只要让顾客看到客服人员的态度和决心，顾客便知道执着于讲价也是没有用处的。

2. 巧用换位思考

虽然客服人员可以用公平原则作为不讲价的理由，但是，部分顾客可能会觉得是否公平与自己无关，自己关心的是如何更好地维护自身利益。此时，客服人员便可以巧用换位思考，让顾客更好地理解为什么不能让价。

首先，客服人员可以让顾客体会身为客服人员的难处，让顾客知道，如果人人都讲价，店铺的利益将得不到保障。而且以不同的价格卖出同一款产品，那么，对于部分顾客来说是不公平的。

其次，客服人员还可以让顾客体会不被公平对待的感觉。比如，可以为顾客制造一种情景，在该情景中顾客以较高的价格买入产品。在这种情况下，顾客自然便能体会到让价造成的不公平。

● 【实例剖析】

顾客：我是一个摄影爱好者，趁着现在手上有些钱，想买一台单反相机。现在正好看到你们店的A款单反，觉得好像挺不错的。

客服：您眼光真好，这是小店比较高端的一款单反。因为它的有效像素可达2420万，而且连拍速度可达7张/秒，再加上高性能自动对焦，操作起来比较方便。所以，许多摄影爱好者都钟情这款单反。

顾客：嗯，对于我这种摄影发烧友来说，这确实可以说是必备的单品之一。但是，这8899元的价格还是有点高啊！不知道能不能稍微便宜一点，8800元我就买了。

客服：真的不好意思，为了公平对待每位顾客，小店的产品都是不能讲价的。如果给您优惠，就会造成产品的价格不一，这对于那些以标价购买产品的顾客来说是不公平的。您说是不是这个道理呢？

顾客：道理是这个道理，但是，你给我优惠我不说出去就好了，这样别人也就不知道价格不同了。

客服：话虽如此，但这种做法实际上只是掩耳盗铃，如果您是客服，您知道讲价会对部分顾客不公平，您还会让价吗？而且，如果小周给您的价格是8800元，明天又有一位顾客买这款产品，小周以8700元的价格卖给他，您觉得这样对您来说公平吗？所以，小店不让价是为了公平对待每一位顾客，还请您多一些理解。

顾客：嗯，你说得有道理，如果我是8800元买的，别人是8700元买的，我肯定会觉得不公平。就冲你公平对待顾客的态度，我决定拍一单！

客服：虽然小店的产品不能给您优惠，但是，产品的质量是绝对过硬的。您可以放心购物。

顾客：虽然没有给我优惠，但是，你这服务态度也是值得我点赞的。

客服：多谢您的支持，祝您购物愉快。如果购物过程中出现任何问题，欢迎您随时联系小周哦！

……

以上为某客服人员与顾客沟通的部分内容，在这个案例中，因为产品的价格达到了 8899 元，所以，顾客觉得价格是偏高的，并试图与客服人员讲价。而客服人员则以让价对其他顾客不公平为由，很好地拒绝了顾客的让价要求。

具体来说，客服人员先是告知顾客店铺为了公平对待每一位顾客，所以，所有的产品都是不讲价的。但是，顾客却对此不买账。针对这一情况，客服人员为顾客营造了一种不被公平对待的情景。顾客则体会到不被公平对待的感觉，在为客服人员的服务点赞的同时，最终决定下单完成购物。

- **【注意事项】**

将公平对待每一位顾客作为不让价的理由，最关键的一点就是让顾客体会到不被公平对待的感觉。这样顾客便会知道不让价的意义所在，从而推己及人，接受并理解客服人员不让价的做法。

当然，在沟通的过程中，为了获得更好的表达效果，客服人员可以适当地运用一些表达技巧。比如，在本案例中，客服人员小周便是通过多次反问，让顾客明白让价可能会造成不公平。

066 自己其实也不容易

- **【要点呈现】**

客服人员在日常工作中可能遇到这样的顾客，他们为了获得一定的优惠，不停地诉苦。而客服人员也经常会因为情绪受到感染，出于同情，做出一些让价。这一类顾客的做法实际上是在利用客服人员的同情心，达到讲价的目的。

其实，无论是客服人员还是顾客，都有同情心。既然顾客可以向客服人员诉苦，那客服人员也可以表达自己的不容易，取得顾客的同情。当然，在此过程中客服人员还需找到一些技巧。

1. 理解顾客

当顾客，特别是诉苦型顾客提出让价要求时，客服人员首先要做的就是理解顾客。毕竟，不管顾客是不是真的“苦”，即便是为了拉近与顾客之间的距离，客服人员也有必要对顾客的让价要求表示理解。

更何况沟通就是为了让双方互相理解，而顾客又是客服人员的服务对象，所以，客服人员需要更主动一些。如果客服人员尚且不能理解顾客，那就不要奢求顾客理解客服人员的不易了。

2. 获取同情

客服人员表达对顾客的理解固然是有必要的，但是，仅仅理解顾客是不能达到不让价的目的的。为此，客服人员还需要主动出击，从情感上触动顾客，用自身的不容易获取其同情。

比如，当顾客诉苦时，客服人员就需要在表示理解的同时，向顾客传达自己更加不容易的信号。这样顾客就会觉得自己与客服人员“同是天涯沦落人”，而且客服人员似乎看起来要更“苦”一些。在这种情况下，顾客出于“同病相怜”的心理，即便是多花一些钱也会觉得无所谓，就更不用说再来讲价了。

- 【实例剖析】

实例 1

顾客：你们店的 A 款遮瑕霜我是真的喜欢，不过 290 元的价格实在是有一些高啊！不知道能不能优惠一点呢？

客服：非常不好意思，小刘也想便宜一点，但是，这款产品的利润本就有限，如果再便宜一点小店就得亏本了。

顾客：如果我手头宽裕也就无所谓了，但是，像我这种上班族每个月工作 20 多天，工作 2 年人都苍老了许多，而月工资还不到 4000 元。除去日常的一些开销之外，每个月基本上都没有剩余了。您看我是真的不容易，要不然也不至于为了优惠在这里苦苦哀求。

客服：看上去你确实是挺不容易的。

顾客：您看这样好不好，我知道便宜太多了您也会为难。打个九折怎么样，260 元我就买了。

客服：好吧，你确实挺不容易的，我就做主 260 元卖你一瓶好了。

顾客：非常感谢，您真是一个好人。

……

实例 2

顾客：亲，你们店的这款遮瑕霜看着真心不错，就是这将近 300 元的价格有点贵，不知道能不能稍微便宜一点。

客服：真的不好意思，小童也想更便宜一点卖给您，但是，290 元已经是这款遮瑕霜的底价了。

顾客：唉，像我这种上班族，一个月要上 22 天班，每天上班 8、9 个小时，整个人看上去都老了，却只能拿到 3000 多元的月工资。除去日常的开销，可以说是所剩无几了。能用来买化妆品的钱真的是十分有限啊，好不容易看上了这款遮瑕霜，你就便宜一点嘛！

客服：同样都是为别人打工，您的感受小童明白。每个上班族都不容易，小童一个月上班 26 天，每天上班的时间超过 10 个小时，人都熬成老太婆了，而月工资也就 3000 元左右。而且您也知道现在网店这么多，竞争特别激烈，小店的利润空间本身就已经比较小了，如果每个顾客都讲价的话，小店恐怕很难生存下去了。所以，还请您多一些理解。

顾客：好吧，同是天涯沦落人，大家都是辛苦的上班族，都不容易，我帮你拍一单好了。

客服：感谢您的理解，祝您购物愉快！

……

以上为客服人员与顾客沟通的两个实例，在这两个实例中，因为客服人员对于顾客的诉苦讲价采取的应对方案不同，所以，最终的结果是完全不同的。

其中，实例 1 中的客服人员小刘在看到顾客的诉苦之后，觉得顾客确实不容易，并对其表现了同情，结果在沟通过程中被顾客牵着走，一不留神就答应了顾客讲价的要求，直接便宜了 30 元。

同样是面对诉苦型顾客，实例 2 中的客服人员小童则很好地守住了价格阵地。虽然小童也表示了对顾客的理解，但是，其顺着顾客的话题，将自己的苦楚尽皆吐露，却起到了反将一军的作用，由此获得了顾客的同情。

- **【注意事项】**

网购群体中大部分人都是普通的上班族，这部分人在网购时，通常会将其生活的不易作为讨价还价的理由。诚然，部分上班族的生活压力确实是比较大的，对于这一点客服人员可以表示理解。但是，如果每一个诉苦的顾客都给予优惠，那么，客服人员会因为同情心泛滥而造成较大的损失。

因此，对于诉苦型顾客，客服人员一味地同情、让步，只能被顾客牵着走，这显然是不行的。对此，客服人员完全可以将自己的苦楚吐露，让顾客觉得客服人员比自己更苦，这样在同情心的驱使下，顾客也不好意思再讲价了。

067 表示自己做不了主

- **【要点呈现】**

顾客之所以要在沟通过程中跟客服人员讲价，就是因为认为客服人员对产品的价格做得了主。而事实上许多客服人员只是店主雇用的员工，对于产品的价格这类关乎店铺利益的事项是没有太多发言权的。

因此，当顾客试图讲价时，客服人员如果能明确表示自己做不了主，便可以巧妙地拒绝顾客的让价要求。通常来说，客服人员在表示自己做不了主之后，为了让顾客

“死了”讲价的心，还需要对以下两项内容进行说明。

1. 谁能做主

既然客服人员不能对产品的价格做主，那么，谁能做主呢？这是顾客很可能会问到的一个问题。如果客服人员不能给出合理的答案，顾客便有可能会认为客服人员只是随便找个理由搪塞自己。

所以，当表示自己做不了主之后，客服人员还必须告知顾客一些能够做主的人员。而这些人员最好是不那么好说话，或者不太容易找到的，否则，顾客很可能还不会死心。

2. 能否让价

在给顾客提供可以做主的人选之后，客服人员最好能够对顾客与之讲价能否达成让价协议进行分析。这既可以使客服人员口中“能做主的人”省去一些不必要的麻烦，也能快速解决顾客的问题，提高自身工作效率。

为此，客服人员可以让顾客认识到即便找到了“能做主的人”，顾客也很难获得预期的优惠，而且还会因此浪费大量时间和精力。这样一来，顾客只要权衡一下，便会放弃再做无用功。

- **【实例剖析】**

顾客：你们店这款大金刚菩提子男士手串看上去真不错。

客服：您眼光真好，这款手串精选自然原籽的七瓣金刚，珠肉颗颗饱满，入水即沉，色泽鲜亮，再加上设计新颖。许多喜欢把玩手串的顾客都说这是一款不可错过的手串。

顾客：看上去是不错，就是这将近300元的价格还是有点高啊，不知道能不能稍微便宜一点呢？

客服：真不好意思，小章也想给您打个折扣，但是，怎奈我只是一个客服人员，对于产品的价格根本就做不了主。

顾客：那谁能做主呢？我想跟他聊聊。

客服：通常来说，小店产品的价格都是由店主定的。不巧的是，今天他刚好去外地进货了，这会儿恐怕联系不上。而且，从小章的经验来看，店主通常是不会轻易让价的。毕竟这款产品的设计和质量各方面都属于上乘，而这款产品售价也就298元，本店的利润空间又比较有限。如果您执意要与店主联系，很可能会浪费您的宝贵时间，这样可能更划不来，您觉得呢？

顾客：确实是这么回事。那好吧，既然你做不了主，我也不为难你了，就帮你拍一件好了。

客服：小章代表小店感谢您的理解和支持，祝您购物愉快！

……

以上为某客服人员与顾客沟通的部分内容，从中不难看出，该顾客觉得产品的价格偏高，于是希望客服人员能够适度给予一些优惠。而客服人员则以自己做不了主为理由，巧妙地拒绝了顾客的让价要求。

具体来说，小章在面对顾客讲价时，先是直接表明自己做不了主，快速避开了旋涡中心。然后，又从个人经验得出顾客与店主讲价很可能不仅不能获得优惠，还会造成时间和精力的损失。而顾客在略做权衡之后，也选择了对自己更有利的一种方式，打消了讲价的念头。

- **【注意事项】**

虽然客服人员在与顾客沟通的过程中直接承认自己对产品价格没有决定权，有一点示弱的意味，而且将店主等对产品价格有决定权的人“拉下水”，更像是在“甩锅”。但是，不可否认的是，将责任转给他人确实是处理顾客讲价问题的一种简单并且有效的方法。

当然，很多时候，客服人员可能只是随意地进行“甩锅”，所以，“甩锅”的对象很可能不会配合。此时，客服人员需要做的就是做好全套戏，让顾客失去再与之讲价的兴趣。

068　不让价可以给赠品

- **【要点呈现】**

顾客为什么要讲价？可能并不是顾客觉得产品的价值达不到其标价，而是想让购物更加划得来一些。这其实是顾客占便宜的心理在作怪。此时，如果客服人员能够满足其心理，顾客便会开开心心地下单完成购物。

当然，让价是比较直接的一种满足顾客占便宜心理的方式。但是，很多情况下，客服人员不想，或者说不能直接让价。在这种情况下，客服人员不妨采取“曲线救国”的方式，从其他方面满足顾客占便宜的心理。

比如，可以承诺赠送顾客一些物品。这样一来，顾客便可以得到一些额外的物品，而其购物自然也就更划得来了。当然，为了让赠品起到其应有的效果，客服人员在沟通的过程中还需讲求一定的技巧，具体如下。

1. 突出赠品价值

虽然赠品是不需要额外出钱的，得到了赠品就相当于是得到了便宜。但是，客服人员需要明白的一点就是，没有谁会嫌弃更大的便宜。而且，如果赠品在顾客看来是毫无价值的，那么，即便赠送了，可能也起不到太大的作用。

因此，除了承诺给赠品之外，客服人员还需要在沟通过程中突出赠品的价值，让顾客觉得赠品也是大有用处的。对此，比较常见的一种方法就是赠送与产品相关的物品。比如，顾客购买咖啡就可以赠送咖啡伴侣。因为这种情况下赠品和产品是可以一起使用，而赠品的价值便显露出来了。

2. 显露不舍情绪

除了赠送与产品相关的物品之外，客服人员还可以赠送一些在顾客看来有一定价值的物品。需要说明的是，这个“有价值”，可以是赠品自身真的有价值，也可以是客服人员通过一定的方式营造的价值。

当然，有时候任凭客服人员说得天花乱坠，顾客也不一定会相信赠品真有说的那么有价值。此时，客服人员便需要通过行动来支持自身的说法。比如，客服人员可以在赠送物品时，显露出不舍情绪。这样一来，顾客很自然地就会认为赠品确有一定的价值，甚至会为了这个“大便宜”立马完成下单。

- 【实例剖析】

顾客：我想买一个手机壳，给我推荐一下呗！

客服：好的，不知道您喜欢哪种风格的呢？

顾客：嗯，只要能防摔就好了。当然，如果印有与《火影忍者》相关的内容那就更好了。

客服：您看这款手机壳怎么样，它不仅能对手机起到全方位的保护，而且手感和美观度都不错。最为关键的一点是，这款手机壳上有多种《火影忍者》的相关图案可以选择哦！

顾客：看上去是挺不错的，但是，我觉得吧，一个手机壳卖 29.9 元还是有一点贵啊！能不能稍微便宜一点呢？

客服：俗话说得好，一分钱一分货，小店的这款手机壳具有耐划伤、抗腐蚀、抗变形、防尘、防潮等特点，它的使用寿命远超一般的手机壳。所以，您以这个价买这款手机壳绝对是不亏的。

顾客：质量是好，但是，价格还是贵了一点啊！25 元怎么样，就便宜不到五元钱我就买了。

客服：实话跟您说吧！小胡只是一个普通的客服人员，对于产品的价格是没有决定权的。所以，您提出的让价要求我是无法满足的。不过，如果您购买这款手机壳，小胡可以做主额外再给您赠送一个手机膜。这个手机膜在小店内单买的价格为 6 元，您看这样行不行。

顾客：嗯，这样啊，其实我也不缺手机膜的。

客服：唉，这手机壳总共就不到30元，除去成本和赠送了手机膜之后，您这笔交易，小店不说挣钱，估计不赔本就算不错了。我也是想留住您这位顾客才给出这种优惠的。

顾客：好吧，你也挺不容易的，我就帮你拍一单好了。发货的时候记得要送我手机膜哦！哈哈！

……

以上为某客服人员与顾客沟通的部分内容，从中不难看出，该顾客觉得产品的价格还是有一些偏高的。所以，即便客服人员通过种种描述证明产品物有所值，顾客依然想着要讲价。

其实，抛开产品价格是不是偏高不说，该顾客很显然就属于想要在购物中占一些便宜的那一类人。如果客服人员不能满足其占便宜的心理，可能很难引导其完成购物。所以，该案例中客服人员赠送物品满足其心理是非常正确的一种做法。这一点从顾客最后开开心心地表达下单需求就可以看得出来。

- 【注意事项】

虽然赠送物品能让利于顾客，引导顾客快速完成下单，但是，在此过程中，客服人员还需要把握好一个“度”的问题。也就是说，赠品应该具有一定的价值，但不能是价值太高的物品。

如果赠品价值过低，没有达到顾客的预期，顾客占便宜的心理可能仍旧得不到满足。反之，如果赠品的价值过高，甚至已经让此次交易不仅挣不到钱，还会亏本，那显然也是不可取的。

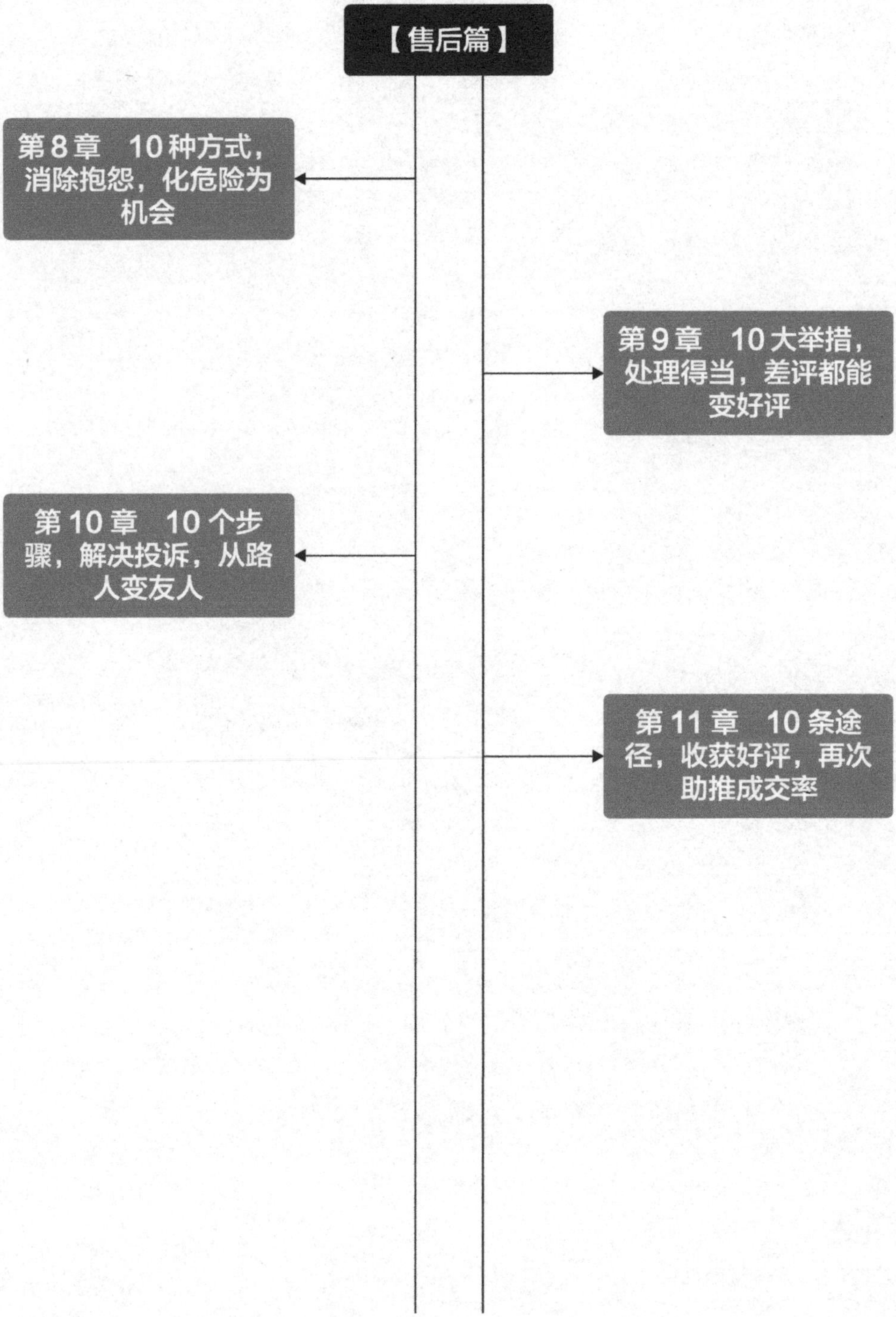
【售后篇】
第 8 章　10 种方式，消除抱怨，化危险为机会
第 9 章　10 大举措，处理得当，差评都能变好评
第 10 章　10 个步骤，解决投诉，从路人变友人
第 11 章　10 条途径，收获好评，再次助推成交率

第8章

10种方式，
消除抱怨，化危险为机会

学前提示

如果顾客就购物过程中出现的问题向客服人员抱怨，就说明顾客对购物是不太满意的。此时，如果客服人员处理不好，便有可能激化矛盾。

当然，如果客服人员能够正确处理顾客的抱怨，就能消除顾客的抱怨，甚至可以由此获得顾客的好感，让顾客变成店铺的粉丝。

要点展示

- 承认不足
- 深表理解
- 调节气氛
- 找到症结
- 征求意见
- 解决问题
- 做好保证
- 给出奖励
- 表达谢意
- 借力上级

069 承认不足

- 【要点呈现】

绝大部分情况下，顾客之所以向客服人员抱怨，很可能是由于在购物过程中遇到了一些问题。或者说，至少在顾客看来是存在一些不合理的地方。所以，当顾客找到客服人员时，心中必然是有不快的。

因此，客服人员需要明白的一点是，如果此时再让顾客感觉不舒服，很可能会火上浇油，造成顾客的情绪爆发。而这不仅不能解决问题，还会让问题越闹越大。所以，当顾客抱怨时，客服人员首先要做的就是承认不足。对此，客服人员在表达时要掌握两个技巧，具体如下。

1. 端正态度

很多时候，顾客的回应取决于客服人员的态度。所以，客服人员在消除顾客抱怨的过程中一定要端正自己的态度。无论己方有理还是无理，先承认己方的不足一定不会错。

这一方面是为了让顾客消气。毕竟，伸手不打笑脸人，即便问题真的出在卖方，顾客在看到客服人员的态度之后，之前的不愉快也会消除不少。另一方面，也是为了让沟通更好地进行下去。当顾客抱怨时，客服人员只有主动承认错误，让顾客的气顺了，双方才有沟通解决问题的可能。

2. 以退为进

当然，对于顾客的抱怨主动承认不足是很有必要的，但是，仅仅承认不足并不能解决问题。所以，在承认不足时，客服人员应该采取的策略是以退为进。即在主动承认不足的同时，寻找解决问题的方案。

- 【实例剖析】

实例1

顾客：客服在吗？给我出来！

客服：先生您好，不知道有什么事可以帮到您的？

顾客：你们店的水果“真好”，我买一箱火龙果，打开箱子一看，一大半都烂了，而剩下的那些，我也不敢吃了。当初买的时候说得好好的，结果就这样，难道这就是你们承诺的新鲜水果？

客服：能让我看一下您的订单吗？

顾客：怕你看不清，我截个大图给你。

客服：这就难怪了，因为您是在“双十一”期间下的单，再加上您的收货地址相对比较偏僻，所以，仅运送就用了十来天。这么长的时间，出现一些烂果也是在所难免的。

顾客：所以，应该责任都在我？怪我下单的时机不对，住的地方不好？

客服：事实摆在眼前，您要这么想我也没办法。

顾客：你真行，这样就想将责任推得一干二净。我也不和你扯了，打个电话投诉你们这种不负责任的商家，看看到时候责任到底在哪一方！

……

实例 2

顾客：客服，你们店真行！

客服：先生您好，客服晓玲为您服务。不知道有什么可以帮到您的？

顾客：你们店真行，我买一箱火龙果，结果半箱都烂掉了，就你们这所谓的“新鲜”水果，你敢吃吗？

客服：能麻烦您给我看一下您的订单吗？

顾客：仔细看看，我截的图。

客服：非常不好意思，这件事的过错主要在我方。因为没有考虑到“双十一”期间快递数量太多，而您的收货地址又稍微有一点偏，所以，运送的时间超过了预期。主要来说，还是我们发货的同事保鲜工作做得不够好。在此，晓玲代表本店再次向您道歉。

顾客：道歉就能让坏果全部变好，挽回我的损失？我真的不知道道歉还有这种功效呢？

客服：请您不要生气，晓玲为刚才没有表达小店的诚意道歉。因为您这次购物的主要过失在我方，所以，小店将承担全部责任。您可以选择让小店退还购物款，或是要求小店重新发一次货。晓玲为小店的过失再次向您道歉。

顾客：真没想到你们这么爽快地就答应赔偿损失，我为刚才的态度向你道歉。麻烦你重新帮我发一次货好吗？

客服：您太客气了，这是我们应该做的。您放心，这次我们发货的同事会做好保鲜工作，不会再出现烂果了。

顾客：没想到你们客服人员的素质这么高，相比之下，我都有些不好意思了。为你的服务态度点赞！下次要买水果，还来你们这家店。

……

以上为客服人员与顾客沟通的两个实例，在这两个实例中，顾客同样是对火龙果中出现大量烂果向客服人员抱怨，但是，由于客服人员的处理方式不同，最终造成了完全不同的结果。

具体来说，实例 1 中的客服人员在面对顾客抱怨时，采取的是从顾客身上找原因。而这在顾客看来，就是客服人员不愿意为此事负责。所以，客服人员实际上是在火上浇油，说得越多，顾客只会越恼火。最终，顾客忍无可忍，愤然离开并表示要进行投诉。

而实例 2 中的客服人员晓玲在面对顾客的抱怨时，则是从己方找原因，并将责任都归于己方。因此，当顾客在看到其态度之后，不仅慢慢地没了怒气，还对自己的行为感觉不好意思，并对客服人员及店铺表达了赞许。

- 【注意事项】

前面也说到了，当顾客向客服人员抱怨时，通常心中是有怨气的。在这种情况下，客服人员的态度将对顾客接下来的反应造成很大的影响。如果客服人员将责任都揽在己方身上，顾客便会认为客服人员及店铺是敢于担当的，而相比之下，自己的“无理取闹”便有些无地自容了。

所以，客服人员在处理顾客的抱怨时，重点不是让顾客知道问题出在哪里，而是让顾客看到客服人员以及店铺对于此事的态度和诚意。对此，主动承认不足既是解决问题的第一步，也是不可略过的一步。

070 深表理解

- 【要点呈现】

顾客针对购物过程中的不愉快向客服人员抱怨是再正常不过的一件事了，毕竟，遇到这样的事情，无论是谁都高兴不起来。所以，客服人员在沟通过程中应该要对顾客多一分理解。

可以说，在很多时候，客服人员之所以能够通过沟通取得应有的效果，就在于客服人员理解顾客，懂得站在顾客的角度想问题。当顾客抱怨时，客服人员如果能对此多一分理解，并用合适的方式进行表达，顾客自然会因为情绪受到感染，慢慢地消除心中的怒气。

当然，客服人员如果仅仅是嘴上说理解，可能顾客并不会买账。对此，客服人员应该在表达时运用一定的技巧，让顾客认为你确实是理解他的遭遇。这样一来，客服人员与顾客的心理距离拉近了，而沟通也就更容易进行下去了。具体来说，在表示理解的过程中，客服人员可以从以下角度切入。

1. 对顾客的遭遇表示理解

顾客向客服人员抱怨，除了是发泄心中的怒气之外，还希望客服人员能够明白自己的感受。当然，客服人员实际上是很难体会顾客的感受的，但是，仍需要通过表示理解表达出自己对于此事的一个态度。

虽然表示理解仅仅是表达客服人员的一种态度，对于事情的解决可能起不到实际的作用。但是，客服人员需要知道的是，你的态度对于顾客来说至关重要，它甚至决定了顾客愿不愿意和你继续沟通下去。所以，表示理解是客服人员在面对顾客抱怨时应该要传达出的一种信息。

2. 结合自身经历进行说明

如果顾客认为客服人员理解自己，那么，沟通无疑将变得更加顺畅。但是，很多时候仅凭客服人员嘴上的理解，顾客并不会认为你真的理解其遭遇。所以，客服人员还需要通过一些手段取信于顾客。

对此，比较简单、有效的一种方式就是结合自身的经历进行说明。如果客服人员能够将与顾客抱怨内容相关的个人经历告知顾客，不仅能为客服人员理解顾客提供有力的实证，还能让顾客感受到客服人员的率真。顾客自然也就更能接受客服人员的说辞，而不至于对客服人员过于排斥。

- **【实例剖析】**

顾客：你们这服务我是真的服了。

客服：您好，客服丽莉为您服务。不知道有没有什么能帮到您的？

顾客：你帮我？算了吧！

客服：您在购物过程中遇到了不快，丽莉能够理解，毕竟，谁都有过不愉快的购物体验。但是，如果您不说出自己的问题，那问题还是得不到解决啊，您说是不是这个道理呢？

顾客：我在你们店买了 4 个椰青，上面明明写着可以赠送开椰器的，可是开椰器在哪呢？快递里我是没看到，估计还在你们店里面吧！你说你能理解，来，告诉我，这种看着椰子开不了的感觉你理解吗？

客服：丽莉非常理解您现在的感受，这就像丽莉曾经在商店里买了一桶泡面却发现里面没有配料是一样的。那种感觉确实是既无奈、无语，又愤怒、郁闷的。您买了 4 个椰青，小店是应该要给您配备开椰器的。只是可能我们发货的同事工作失误，忘了放进去，才让您经历了不该有的不愉快。丽莉代表发货的同事以及小店对此事为您道歉，也请您消消气。

顾客：好吧，我相信你能理解我的感受了，但是，仅仅道歉可不能解决问题哦！对于这件事，你们准备怎么做呢？

客服：您放心，这件事是由小店的工作失误造成的，小店将承担全部责任。您看这样好吗？小店另外给您再发一个快递，把您的开椰器寄过去，并附送一个椰青给您赔罪。

顾客：啊！看来你们对这件事还是蛮有诚意的，放心，我也不是不讲道理的人，事情既然解决了，我也不会给你们差评的。

客服：感谢您对小店的支持和理解，如果您还有任何问题欢迎随时联系丽莉，丽莉一定在第一时间帮您解决。

……

以上为客服人员与顾客沟通的部分内容，在这个案例中，顾客因为没收到店铺承诺赠送的开椰器，所以，在沟通过程中向客服人员抱怨。对于椰青来说，开椰器可以说是必备的工具之一，而店铺又承诺赠送，因此，如果客服人员对这个问题处理不好，顾客很可能会在评价时给差评，甚至有可能进行投诉。

而客服人员丽莉对此事处理得比较好。具体来说，丽莉先是表达了对顾客抱怨的理解，成功让顾客说出了抱怨的内容。接着，以自身经历举例进行说明，让顾客觉得客服人员确实能理解自己的感受。再加上最后客服人员承诺做出补偿，所以，顾客的抱怨最终也得以消除。

- **【注意事项】**

理解是沟通解决问题的重要条件之一，当顾客向客服人员抱怨时，客服人员不应要求顾客理解卖方的处境，而应该尽可能地表达对顾客的理解。毕竟，客服人员与顾客是服务与被服务的关系，获得抱怨中顾客的理解可能是一种奢求，所以，客服人员要做的就是以更好的服务获得顾客的认同和支持。

值得一提的是，有效的沟通往往是建立在双方有共同话题的基础上的。而当顾客抱怨时，如果客服人员能够理解其体会，甚至将自身经验告知，那么，双方便有了共同话题，而双方的关系也将由敌对变成同盟。在这种情况下，顾客出于情感也是更能接受客服人员的说辞的。

071 调节气氛

- **【要点呈现】**

当顾客针对购物中遇到的问题向客服人员抱怨时，顾客的情绪很可能是负面的，而整个沟通氛围的基调也将变得沉闷，甚至是压抑。在这种情况下，顾客很可能是越发泄越觉得不痛快，而客服人员则会因为承受顾客的怒火而感到郁闷。

很显然，由顾客负面情绪引导的沟通气氛对于双方来说都是不利的。对此，客服人员可以在沟通过程中适当对气氛进行调节，让沟通以相对舒适的方式进行。当然，在调节气氛的过程中，客服人员还需重点做好两项工作，具体如下。

1. 调整自身的情绪

因为顾客向客服人员抱怨时，他可能是失望的、愤怒的，所以受到情绪的影响，顾客可能会对客服人员说出一些不好听的话，甚至会让客服人员觉得受到了语言上的侮辱。

面对这种情况，客服人员需要积极地调整自身情绪，尽可能地屏蔽顾客传达的负能量。因为如果客服人员不能调整好自己的情绪，很可能会在和顾客针锋相对的过程中将矛盾激化，让事情变得更糟。

2. 消除顾客的怨气

抱怨的顾客通常都是有一些怨气的，这些怨气的存在就直接影响了整个沟通的气氛。所以，为了让沟通气氛变得舒适，客服人员在调节气氛时需要将消除顾客的怨气作为工作的重点。

- 【实例剖析】

实例 1

顾客：客服给我出来！

客服：您好，客服小英为您服务。您有什么需要？

顾客：我觉得不是我有什么需要，是你们发货的有需要，需要戴一副眼镜。哦，不，视力太差了，戴眼镜都没什么用了。

客服：请您礼貌一点，您这样一上来就出言不逊，再这样下去我可能很难再和您沟通了。能不能说一下到底是什么事？

顾客：我在购物备注中明明写的是要印着《王者荣耀》里面赵云这个角色的手机壳，你们给我发了一个韩信的。请解释解释这到底是为什么？

客服：又不是每个人都玩《王者荣耀》，我们发货的同事有可能不认识这些所谓的角色啊，不就是一个手机壳吗？你有必要为了这点小事在这里瞎胡闹吗？注意一下素质好不好？

顾客：很好，你的脾气倒是比我还要大啊！那我就不抱怨了，直接有礼貌地给一个差评好了！

……

实例 2

顾客：客服给我出来！

客服：您好，客服小雅为您服务。不知道有没有什么可以帮到您的？

顾客：我就不需要你帮了，你还是去帮一下你们的发货员吧！我估计就他那眼神十有八九是什么都分辨不出来了。

客服：哦，不知道您为什么会这么说呢？是我们的同事给您发错货了，还是什么其他的事情没做好？能不能麻烦您说一下问题出在哪里了吗？

顾客：我在购物备注里写得清清楚楚，给我发一个《王者荣耀》里面刘备这个角色的手机壳。你们倒好，直接给我来了个曹操。这两个角色这么大的差别都看不出来，我真的不知道该说什么了。

客服：哦，原来是这么回事。因为小店的发货员是一位中年阿姨，她平时也没有玩过这款游戏，所以，她可能没有分清这两个角色。不好意思，给您添堵了。暖男关键看气质，看您这气质，我猜得没错的话，应该是一个经常连胜、超神的暖男。不知道是否有积善行德的兴趣，放小店一马呢？（“暖男主要看气质”和“积善行德是兴趣”是《王者荣耀》这款游戏中刘备的台词。“连胜”“超神”代表游戏玩得好）

顾客：哈哈哈，看样子你在《王者荣耀》中也经常使用刘备吧！竟然对这个角色的台词这么熟。被你这么一说，我心情莫名地好了起来。

客服：出来混，最重要的是讲义气（这也是《王者荣耀》中刘备的一句台词）。您放心，今日您放我们一马，他日必定涌泉相报。您下次再来小店购物，我们给您打个九折，您看怎么样？

顾客：好啊，看在你的面子上，这次我就不给差评了。只是下次我的订单你可得帮我盯着点，可不要再出现这种错误了。

……

以上为客服人员与顾客沟通的两个实例，很显然，这两个实例中顾客都因为店铺没有按照自己的备注发货而有所抱怨。但是，因为两位客服人员的处理方式不同，使得最终的沟通结果也呈现出较大的差异。

具体来说，在实例 1 中，客服人员在顾客出言不逊的情况下，不仅不懂得调节气氛，让顾客的情绪缓解下来，还用言语刺激顾客。最终顾客在表示给差评之后愤然离开。

相比之下，实例 2 中客服人员的处理就要好得多了。该客服人员通过游戏中的台词，在与顾客打成一片的同时，让顾客的情绪缓解下来，从而让沟通变得越来越轻松。而最后顾客也明确表示不会给差评。

- **【注意事项】**

毫无疑问，沟通双方的情绪对于整个交流是有重大影响的。当顾客抱怨时，实际上就为沟通奠定了一个不太适合解决问题的气氛。在这种情况下，如果不对气氛进行调节，可能客服人员认为的好话，在顾客听来也是刺耳的。所以，在沟通过程中适当调节气氛还是很有必要的。

当然，因为顾客在怨气的影响下，可能会出现负面情绪，所以，客服人员需要做的就是帮顾客赶走负面情绪。这一点，客服人员可以参照长辈哄孩子、小情侣中男方哄女朋友的方式。只要在让顾客顺意的同时，将话题转至其感兴趣的内容，顾客的情绪可能马上就会向好，而顾客的抱怨也将消失无踪。

072 找到症结

● 【要点呈现】

虽然不排除部分顾客会借题发挥，揪着购物过程中某些不要紧的细节向客服人员抱怨，但是，在绝大多数情况下，顾客之所以会向客服人员抱怨，不是在无事生非，而是购物过程中确实出现了一些问题。

所以，客服人员如果要从根本上消除顾客的抱怨，就需要在找到症结的基础上，寻找解决问题的途径。那么，如何找到问题的症结呢？笔者个人认为，客服人员可以通过如下两种方式挖掘。

1. 通过倾听寻找症结

有的顾客属于直肠子，当在购物过程中遇到问题时，他们不吐不快，从沟通一开始便会向客服人员吐露大量信息。对于这一类顾客，客服人员需要做的就是通过认真倾听寻找症结。

当然，因为这一类顾客传达的信息较多，而且其中可能会有大量与购物问题无关的内容。所以，客服人员需要通过分析，判断哪些信息是有用的，并据此推断出问题的症结。

2. 通过引导获得线索

如果顾客能自己说出问题的症结，那自然是求之不得的。但是，在沟通过程中，部分顾客可能只顾着抱怨，一直没有说到问题的重点，或者说不愿意吐露具体的问题。在这种情况下，客服人员就需要通过一些引导获得相关的线索。

比如，客服人员可以直接通过多次提问逐步明确顾客遇到的问题。也可以在对顾客的表达内容进行分析的基础上，结合自身经验，判断其可能遇到的问题，并通过试探性的询问进行确认。

● 【实例剖析】

实例 1

顾客：客服，你得给我一个说法！

客服：您好，客服小樱为您服务。不知道有什么可以为您做的？

顾客：你们店的这款鞋子……平时我穿的鞋都是 40 码。但是，在你们这里买的 40 码，穿上去却大了一截。你别告诉我这是我的脚变小了，而不是你们的鞋子有问题。

客服：能麻烦您给我看看您的订单吗？

顾客：好啊，这是截图，你看个够吧！

客服：哦，原来您买的是马丁靴。通常情况下，马丁靴的鞋码是要比运动鞋大一些的，如果您平时穿的运动鞋是 40 码，买马丁靴就要选择 39 码的。您现在是穿上太大了吧！

顾客：反正穿进去之后，脚和鞋的位置基本是不固定的，你自己想想这双鞋是不是大了呢？

客服：您看这样好不好，您把靴子给我们寄过来，小店再给您发一双 39 码的过去，邮费由小店承担。

顾客：本来是要给差评的，但是，你们这态度还不错。如果你们真的给我重新发货，我倒是可以给个好评。

……

实例 2

顾客：你们店，我是真心服了。

客服：先生您好，客服小智为您服务。请问有什么可以帮到您的？

顾客：我也算是网购经验比较丰富了，可是这样的问题还是第一次遇到。

客服：先生，能麻烦您说一下您的问题吗？说不定小智能给您一些建议，帮您解决困扰哦！

顾客：就你们店的这款鞋，我估计你也不能给什么有用的建议，毕竟，你也不是设计师。

客服：先生，您是在小店购买了一双鞋对吗？那这双鞋是出了什么问题呢？是因为鞋码不对？鞋子的外观和功用没有达到您的预期？还是您在购物的过程中遇到了一些其他不愉快呢？

顾客：我按照平时穿的 40 码鞋码，在你们店买了 A 款马丁靴，结果一试才发现大了一截。你告诉我，这让我怎么穿？

客服：通常来说，马丁靴的鞋码是要比运动鞋大一些的，如果您按平时的鞋码选马丁靴，那么，买到的靴子很可能是大了的。不过您也不必过分担心，顾客在小店买的鞋子如果鞋码不对，都是可以重新发货的。您将鞋子寄给我们，小店再给您发一双 39 码的，您看怎么样？

顾客：好吧，看在你们店处理问题还算人性化的面子上，只要你们重发的鞋子穿着合适，我就不给你们差评了。

……

以上为客服人员与顾客沟通的两个实例，很显然，在这两个实例中，客服人员想要消除顾客的抱怨，找到问题的症结非常关键。但是，因为顾客属于不同的类型，所以，客服人员在处理时采取的方法也是有所不同的。

具体来说，实例 1 中的顾客属于比较主动的一类人。该顾客一上来就将鞋子大了这个问题告知了客服人员。而客服人员则在确认问题之后，提出对应的解决方案，快速消除了顾客的抱怨。

相比之下，实例 2 中的顾客就属于比较难缠的一类人了。这位顾客虽然抱怨不少，但却不愿意直接说出问题。面对这种情况，客服人员小智先是从顾客的表达中找到了“鞋子”这个关键词，然后根据个人经验，试探性提出一些问题。顾客最终在引导下说出问题，而客服人员也针对问题提出解决方案，消除了顾客的抱怨。

- 【注意事项】

当顾客对购物有抱怨时，客服人员要做的自然是消除其抱怨。但是，如果连顾客抱怨的是什么都不知道，客服人员也很难从根本上解决顾客的问题。所以，找到症结既是解决问题的前提，也是客服人员在应对顾客抱怨时必须做的一件事。

当然，找到症结，快速解决问题自然重要。但是，客服人员不能用同一种方法应对不同的顾客。每个顾客在向客服人员抱怨的过程中，表现的方式是不同的。如果客服人员不能根据顾客的表达方式进行引导，很可能用了大量的时间和精力，还不能获得预期的效果。

073 征求意见

- 【要点呈现】

既然顾客是因为对购物中出现的问题不满意而抱怨，那么，客服人员在沟通过程中就需要尽可能地让顾客感觉满意。而要让顾客满意就必须听取顾客的建议，所以，客服人员在沟通过程中应适时征求顾客的意见。

与客服人员自行解决问题不同，在沟通过程中征求顾客的意见可以让顾客的声音得以表达。这无论是对于了解顾客的诉求，还是增加顾客的满意度都是有所裨益的。具体来说，在沟通过程中客服人员可以重点从如下两方面让顾客发声。

1. 多询问意见

在消除顾客抱怨的过程中，客服人员一定要明白一点，能够解决问题的方法可能是多种多样的，但是，要让顾客满意却不是一件容易的事。那么，如何才能在解决问题的同时，让顾客对处理方式感到满意呢？

其中一种简单、有效的方法就是在沟通的过程中多询问顾客的意见。这样一来，客服人员便能通过顾客的表达找到其偏好，并在此基础上制订更适合的解决方案，而这样的解决方案顾客自然也就更能接受。

2. 征求解决方案

许多顾客之所以向客服人员抱怨，就是希望通过沟通找一个说法。当然，这个说法首先是让客服人员承认相关工作没有做好，但是，更关键的是为了解决问题，客服人员代表的店铺应该怎么做。

也就是说，在此过程中，许多顾客的落脚点还是让问题得到更好的解决。而什么才是更好的解决每个人都是有不同的标准的，顾客的标准可能只有他自己知道。那么，如何才能让问题的解决尽可能地达到顾客的标准呢？其中一种方法就是让顾客的意愿得到表达，就解决方案征求顾客的意见。

- **【实例剖析】**

实例 1

顾客：客服在吗？

客服：在的。不知道您有什么差遣？

顾客：你们这手环一点也不人性化啊！

客服：哦，不知您买的是哪款手环呢？

顾客：就是 A 款啊。这款手环连屏幕都没有，就连相关的数据都要在手机上的 APP 看，这样很不方便。

客服：哦，是这样的，因为您买的是第一代产品，所以，它的相关功能还不是很完善。如果您买第二代产品就可以在手环上直接查看相关数据了。您看这样好不好，如果您买二代产品，我给您打个九折。

顾客：所以，你的意思是要我再买一个二代？我就问你如果我要是直接买一个二代，现在这个怎么办？

客服：您可以两个一起用，或者把一代送给别人啊！

顾客：你这客服完全不能解决我的手环问题，我看再沟通也不会有结果，直接给个差评好了。

……

实例 2

顾客：客服在不在？

客服：先生，您好，客服小周任您差遣。

顾客：你这客服倒是蛮有意思的，要是你们店的产品也能像你的服务一样，那就好了。

客服：小周为小店的产品未能达到您的预期道歉，就是不知道小店的产品哪些地方让您不满意呢？

顾客：我在你们店买了 A 款手环，结果发现它是没有屏幕的，就连查看个步数都要看手机，这也太不方便了。

客服：非常不好意思，因为您买的是第一代产品，所以，产品本身是没有屏幕的。如果您要有屏幕的可以看看第二代产品。就是不知道这件事怎么处理，才能让您更满意一点呢？

顾客：那我能不能换货呢？

客服：小店的产品都是 7 日内在保证产品完好的前提下，可以退换的。只是不知道您想怎样退换呢？

顾客：你看这样好不好，我补中间的差价，你帮我换一个二代的。这样我的问题解决了，对你们也不会有太大的损失。

客服：您这个方案不错，就听您的。

顾客：没想到你们这么好说话，冲你这服务态度，我不给个好评恐怕都说不过去了，哈哈！

……

以上为客服人员与顾客沟通的两个实例，虽然这两那个实例中顾客的抱怨内容都是相同的，但是，因为顾客的处理方式不同，所以，最终的结果也呈现出了比较明显的差异。

在实例 1 中，客服人员意识到了问题，并在试图找方法解决问题。但是，因为客服人员在解决问题时在不了解顾客意愿的情况下，便提出了问题的解决方案，这样顾客自然是不会买账的。

而实例 2 中的客服人员则是在得知问题之后，尽可能多地就解决问题征求顾客的意见，并且最后还同意了顾客的解决方案。所以，在沟通过程中顾客一直都感觉是比较顺心的，在这种情况下，顾客自然对问题的处理比较满意。

- 【注意事项】

当顾客向客服人员抱怨时，客服人员通常需要做出一些补偿来平息顾客心中的怨气。所以，为了在减少店铺损失的同时，达到消除顾客抱怨的目的，部分客服人员会自行提出一些解决方案。

对此，客服人员需要知道的一点是，你的方案在顾客看来可能作用不大，甚至部分有逆反心理的顾客还会故意刁难。因此，很多时候，即便客服人员在解决方案中已经做出了补偿，但顾客仍是不满意的。

其实，有时候客服人员与其费心费力寻找解决方案，倒不如在沟通过程中多询问顾客的意见，只要顾客的要求不算过分，尽可能地满足即可。这样不仅解决了问题，也能在顾客心中留下一个比较好的印象。

074 解决问题

- 【要点呈现】

顾客之所以抱怨，是因为在购物过程中出现了一些问题，让其心中产生了怨气。因此，要消除顾客的抱怨，主要还是要解决顾客的问题。一旦顾客的问题解决了，气自然就顺了。

当然，面对抱怨的顾客，客服人员在沟通过程中还需讲求一定的技巧。既要让顾客看到客服人员的态度，又要为顾客提供合适的解决方案。通常来说，在解决问题的过程中，客服人员需要做好如下两方面的工作。

1. 直面问题

顾客向客服人员抱怨就是因为在购物过程中出现了一些问题，虽然这个问题不一定是由店铺直接造成的，但是，客服人员需要就此事做一个表态，让顾客觉得店铺是敢于担当的。

对此，客服人员需要直面问题，承认己方的不足，并积极为顾客寻找解决方案。在此过程中，直面问题既是解决问题的前提，也是增加顾客满意度，提高客服人员工作效率的必要步骤。

2. 提供选择

问题找到之后，接下来需要做的就是解决问题了。前面也已经提到了，解决某一问题的方法可能是多种多样的。而客服人员需要做的就是多给顾客一些选择，让其选择相对适合的一种解决方案。

谁都有趋利避害的心理，顾客自然也不例外。如果客服人员为其提供了选择，顾客便可选择自认为更好的方案。很显然，相对于只能用一种方式解决问题，这种有选择的解决问题的方式更容易让人接受。

- 【实例剖析】

顾客：你们是在逗我吗？

客服：先生，您是有什么事吗？

顾客：看看你们给我发的鞋子。（顾客随后发了一张照片）

客服：嗯，您能说一下有什么问题吗？

顾客：哦，忘记发订单了。你看我在订单上面明明是写的黑色鞋子，你们给我发了一双白色的。（顾客发了一张此次订单的截图）我最不喜欢白色的鞋子，太容易脏了，而且清理起来还特别麻烦，这才特意选了一双黑色的。你别告诉我这是我眼神有问题。

客服：不好意思，可能是我们发货的同事没看清，给您发错货了。小马代表小店向您道歉，这个事情小店会承担全部责任。

顾客：别只是嘴上说说好吗？这个事到底应该怎么解决啊，你是不是应该给我一个说法呢？

客服：您看这样好不好，小马这里有几个方案，您可以从中选择一个。小店的鞋子都是 6 天内包退换的，小店可以给您换一双黑色的，并赠送一双袜子表达对您的歉意。如果您不想麻烦，您可以先将就着，等您下次再光顾小店时，小店将给予您 8 折优惠。当然，您也可以直接申请退款。无论您选择哪种方案，小店都会在第一时间帮您处理，您觉得怎么样？

顾客：你们这款鞋子我还是比较喜欢的，只要你们承诺给我换一双黑色的就好了，至于送不送袜子什么的也都没有太大关系了。不过你们这售后处理还算是比较人性化的，搞得我都不好意思给差评了。

客服：给您做一些补偿是应该的，同时也感谢您的支持和理解。

顾客：你也先别开心得太早，如果你们再出现这种发错货的情况，我还是会给差评的。

……

以上为客服人员与顾客沟通的部分内容，从中不难看出，因为发错了货，所以一开始顾客明显是有怒气的，甚至于其表达都带有质问的意味。毕竟大部分人遇到这种发错货的情况，都很难高兴得起来。

而当客服人员为其提供了多种解决方案，而且其中还有该顾客比较认同的一种方案时，该顾客的态度则明显地缓和了不少，甚至表示“不好意思给差评了”。很显然，沟通进行到这一步，顾客由于发错货产生的怨气已经基本消除了。

- **【注意事项】**

在大多数情况下，顾客向客服人员抱怨，并不是单纯地发泄心中的怨气，而是希望客服人员能够解决自己的问题，让购物尽可能地愉快一些。所以，除了承受顾客的怒火之外，客服人员还需要思考如何解决顾客的问题。

而在解决问题时，客服人员虽然有必要维护店铺的利益，但是也必须顾及顾客的感受。所以，最好还是在可以承受的范围内，给顾客提供一些选择，让问题的处理显得更人性化一些，这也更能让顾客接受。

075 做好保证

● 【要点呈现】

由于在购物过程中曾经出现了一些不愉快，所以，有时候即便客服人员为顾客提供了解决方案，顾客也会因为之前的遭遇对客服人员的话语抱有怀疑态度，认为客服人员未必能说到做到。

因此，为了取信于顾客，也为了更有效率地解决问题，客服人员在与抱怨型顾客沟通的过程中应该适时做好保证。通常来说，客服人员可以从两个方面做出保证，具体如下。

1. 承诺给补偿

虽然顾客向客服人员抱怨，很可能只是要解决问题，而并不一定是要店铺就相关问题做出补偿，但是，如果客服人员承诺给出一些补偿，也没有顾客会拒绝。

而且当客服人员承诺做出补偿时，顾客因为之前购物出现问题的怨气也能得到有效的消除。因为对购物有怨气，所以，有时候即便问题解决了，部分顾客也会给差评。但是，如果客服人员给出补偿，那么，顾客也就不好意思再给差评了。

2. 保证不再犯

除了承诺给补偿之外，客服人员往往还需要保证不会再犯同样的错误，尤其是当顾客表示还有购物意愿时。

比如，当顾客遇到发错货的情况时，客服人员能对此事做出补偿，顾客自然是乐于见到的。但是，顾客更在意的可能是会不会再次发错货。所以，在这种情况下，保证不再犯同样的错误，可能比承诺给补偿更重要。

● 【实例剖析】

顾客：你们店这是在搞什么鬼啊！

客服：先生，怎么了？

顾客：我在你们店买了黑色的外套，白色的 T 恤，你们给我发的是白色的外套，黑色的 T 恤。别告诉我只要颜色都是一黑一白就完事了。

客服：不好意思，可能是小店发货的同事太过粗心，给您发错了货。对于此事，小沐再次向您致歉。

顾客：那你说怎么解决呢？

客服：您看这样好吗？小店按照您的要求重新给您发货，然后赠送一条皮带作为补偿。

顾客：补不补偿的我倒是无所谓，但是，请你告诉我，我还能相信你们不会再犯同样的错误吗？

客服：您放心，小沐保证再也不会出现同样的问题了。如果还给您发错货，小店将双倍返还您的购物款项。

顾客：好吧，我就相信你一次了。如果真的像你说的，能帮我换到满意的货，我可以考虑给好评。

客服：感谢您的支持和理解，请相信小沐，小店绝不会再让您失望的，祝您购物愉快！

……

（几天后）

顾客：你们店真行。

客服：小店给您发的货，您收到了吗？

顾客：货是收到了，只是我不懂你们是什么意思。

客服：哦，不知道您这话怎么说？

顾客：赠品什么你们倒是给了，衣服的颜色也对了，但是，我要的是 165 的，你们给我发 170 的，这样真的好吗？好了，我也不要什么双倍返回款项了，你们把钱退给我，让我省心地去其他店铺消费好吗？接连两次发错货，到底是你们的员工粗心，还是在故意耍我啊！

……

以上为某客服人员与顾客沟通的部分内容，从中不难看出，因为发错了货，所以，从一开始顾客就是有怨气的。在得知情况后，客服人员也承认了错误，并承诺做出补偿。

但是，即便如此，顾客对店铺是否会犯同样的错误仍抱有怀疑态度。而为了让顾客放心，客服人员做出了再犯错，双倍返还购物款的保证。在看到客服的保证之后，顾客的态度出现了明显的转变，并表示如果店铺能做好，可以考虑给好评。

- 【注意事项】

很多时候，保证是一回事，能不能做到又是另外一回事。但是，作为一名客服人员，即便是对抱怨型顾客做出保证也应慎重。宁可少做保证，或者不做保证，也不能出现保证了却做不到的情况。因为如果做出保证又不能做到的话，很可能会让局面变得更加糟糕。

上述案例中便是如此，虽然客服人员的保证取得了顾客的信任，但是，因为客服人员做出了保证，却再次出现了同样的错误，顾客大为恼火，而客服人员也很难再取得顾客的信任了。

当然，客服人员的主要工作是与顾客沟通并解决相关问题，但这并不是不履行保证的理由。如果承诺是你给的，你就要确保能做到。如果做不到，就不要轻易承诺。否则，一旦出现做出承诺又做不到的情况，客服人员就必须为自己的承诺负责。

076 给出奖励

- 【要点呈现】

有的客服人员看到这节的标题可能会感到奇怪。什么？当顾客向你抱怨时，你还要给他奖励？的确，一般的客服人员可能会认为，面对顾客的抱怨，忍住不生气就不错了，还笑着给顾客奖励，这就有些难为人了。

其实，如果客服人员转念一想，给抱怨的顾客奖励，并不只是“热脸贴冷屁股”，而是调整顾客情绪，促进问题解决的一种有效手段。当顾客抱怨时，客服人员如果表示其抱怨对店铺工作的改善有益，并为此给顾客一些奖励，顾客在觉得惊讶的同时，心情也会慢慢变好。

同样的东西，既可以作为给顾客的补偿，也可以作为给顾客的奖励。很多时候，在顾客眼中，补偿是应得的，但是奖励却是意外之喜。同样的东西，你是愿意以补偿的方式接受，还是愿意以奖励的方式接受？这个问题的答案是不言而喻的。

那么，在沟通的过程中，客服人员可以给顾客哪些奖励呢？总结起来，大致可以分为两类，具体如下。

1. 口头表扬

口头表扬是客服人员在沟通过程中给顾客奖励的一种形式。与物质奖励不同，口头表扬大多只是对顾客的表达进行肯定和赞扬，顾客可能不会因此得到物质上的支持。但即便如此，顾客对口头上的表扬通常还是比较受用的。

这一点很好理解，毕竟谁都希望自己的想法在与人沟通的过程中得到对方的肯定。另外，对客服人员来说，口头表扬也只是说一些好话，不需要为此花钱也能获得顾客的好感。所以，这从维护店铺利益的角度来看，也是非常划得来的。

2. 物质奖励

对于顾客，特别是理性的顾客来说，口头表扬虽然受用，但是像这种得不到实际“便宜”的奖励给得再多，也总感觉少了点什么。所以，部分顾客可能在听到口头表扬之后并不会买账，此时，客服人员便需要通过物质奖励来打动顾客。

- 【实例剖析】

顾客：你们店这衣服我简直……

客服：先生，您好，客服小艾为您服务。听您说到小店的衣服，不知道是不是有什么问题呢？

顾客：你们这衣服的做工可不是一般的粗糙，我都看到好几个没有处理好的线头了。给你几张图，你自己看看吧！

客服：先生，您真是火眼金睛、观察入微，这是这款产品最大的不足，却被您一眼就发现了。小艾感谢您选择小店的产品，并在第一时间将产品的相关信息告知，遇到您这种顾客真是小店的荣幸。

顾客：行了，别说那些没用的了。你们这衣服就几十块钱，重新发货什么的没必要也太麻烦，你就说说这事怎么办吧！

客服：先生，您看这样好不好。劳烦您亲自动手，将没处理好的线头去掉，让这件衣服更加完美。当然，对于您的付出，小店会适当地给您一些奖励。从今天开始，您将自动成为小店的 VIP，以后只要在小店购物便可享受九五折优惠。您觉得这样处理怎么样？

顾客：你这客服的态度还蛮不错的，向你们抱怨，竟然还给我奖励。而且就像你说的，这件衣服除了线头没处理好之外，也没有其他问题。我本来是要发泄一下给个差评，但冲你这服务水平我觉得不给好评都有些不仁义了。

……

以上为某客服人员与顾客沟通的部分内容，在这个案例中，顾客因为产品的细节做得不够好，在沟通中向客服人员抱怨。对于顾客来说，只是细节没处理好，问题可能并不是很大，但是，客服人员必须就此给一个说法，让其心理得到平衡。

本案例中客服人员为了让顾客得到心理上的平衡，先是进行了口头表扬，但是顾客并不买账。随后，客服人员给出了物质奖励，表示可以让顾客成为店铺的 VIP。此举让顾客的抱怨基本消除，并对店铺的好感大增，表示会基于服务水平给好评。

- 【注意事项】

顾客向客服人员抱怨就是因为店铺的产品或服务做得还不够好，在这种情况下，大部分顾客可能会觉得花了钱却不能获得应有的产品和服务。所以，顾客心里大多是不平衡的。

很显然，在顾客心中不平衡的情况下，要顾客接受店铺工作上的不足并不是一件容易的事。所以，即便是一些小问题，顾客可能也不会容忍。而客服人员如果能在沟通过程中，给顾客一些奖励，顾客便会觉得在被肯定的同时，占到了“便宜”。这样一来，其心理自然就得到了平衡。

077 表达谢意

- 【要点呈现】

顾客的抱怨在客服人员看来可能只是发泄心中的不满，但是，对于店铺来说，却能看到产品和服务中的不足，让店铺找到改进的方向，获得良性的发展。所以，从这方面来看，客服人员不仅不应该与顾客就相关问题争论，反而应该感谢顾客发现并告知了店铺的问题。

另外，从顾客的角度来看，如果客服人员能承认不足，并为此表达对顾客的谢意，顾客也会觉得客服人员的服务态度比较好，并因此生出好感，这对于问题的解决显然是有益处的。

那么，客服人员应该如何表达对顾客的谢意呢？笔者个人认为，可以从如下两方面切入。

1. 感谢直言

当顾客向客服人员表达抱怨理由时，客服人员可以适时对顾客的直言表示感谢。这既是客服人员对顾客表达内容的认同，同时也是客服人员素质高、懂得照顾顾客感受的一种体现。

虽然对于顾客的抱怨表示感谢，说不上是“以德报怨”，但是，至少在顾客看来，客服人员是包容的。而对于懂得包容自己的人，大部分人或多或少地都会多一分好感。这对于客服人员更好地为顾客解决问题很显然是有益的。

2. 道别致谢

除了在顾客抱怨时感谢直言之外，客服人员还可以在告别时再次对顾客致谢。这不仅可以表现客服人员良好的服务态度，也可以让顾客对客服人员及店铺多一分认同，进一步增加顾客的好感。

- 【实例剖析】

顾客：你们店真是绝了。

客服：先生，您好，客服小莫为您服务。不知道有没有什么可以帮到您的？

顾客：我在你们店买了一条牛仔裤，结果差不多一个星期才收到我就不说了，第一次洗，水的颜色都被染蓝了，这裤子肯定是要褪色的。我就问你，就你们店这服务水平和产品质量，你们还要再祸害其他顾客吗？

客服：小梁为小店工作中的失误给您带来的困扰表示歉意，同时，感谢您指出小店服务和产品的相关问题。您的快递之所以这么久才到您手中，主要是因为“双十一”期间快递数量太多，这一点还请您理解。而关于牛仔裤可能会出现褪色的问题，其实，牛仔裤都是工业处理之后的产品，掉色是不可避免的。但是，如果能在首次清洗时先用盐水浸泡一下，便可起到一些缓解作用。在这个问题上，未给您应有的提醒是小店的失误。

顾客：嗯，你这么一说我倒是可以接受。但是，我现在洗都洗完了，而损失已经造成了。

客服：为了感谢您指出小店工作中不足，也为了弥补小店工作不到位给您造成的损失，小店将在您下次光顾时赠送一些小礼物。

顾客：其实，问题基本上也不在你们身上，但是，你们这服务态度却是真心不错，为你们点赞。

客服：您太客气了，这都是我们应该做的。最后，再次感谢您指出小店工作中的不足，欢迎您随时提出批评和建议。

……

以上为某客服人员与顾客沟通的部分内容，在这个案例中，顾客因为产品配送时间过长和产品出现褪色的情况有所抱怨。对于这种情况，客服人员通过表达谢意的方式，很好地解决了问题。

具体来说，当顾客抱怨时，客服人员先是承认了工作中存在的不足，然后对相关问题进行了分析，寻求顾客的理解。最后，还承诺为了补偿顾客，会在其下次购物时赠送小礼物。在看到客服人员的表现之后，顾客的抱怨最终消除，并因此对客服人员及店铺多了一分好感。

- 【注意事项】

客服人员在沟通过程中适时对顾客的抱怨表示感谢，实际上是客服人员通过承认自身不足适当地示弱，减少与顾客就相关话题产生激烈交锋，从而一定程度上避免将问题弄得更糟。

虽然客服人员的感谢，能让顾客冷静下来，对店铺的相关工作多一些理解，但是，有时候顾客的损失可能已经出现了。此时，只是感谢顾客可能并不会买账，在这种情况下，除了感谢，客服人员还应适度做出补偿，让顾客的心理得到平衡。

078 借力上级

- 【要点呈现】

虽然通过沟通帮助顾客解决问题是客服人员的职责所在，客服人员应该尽可能地通过自身努力，让顾客带着抱怨来，带着满意走，但是，客服人员的力量毕竟是有限的，有时候仅凭一己之力并不能解决问题。

此时，客服人员就需要通过其他方式来解决问题了，比如，借力上级。通常来说，如果在消除顾客抱怨的过程中出现如下两种情况，客服人员就需要通过上级来解决问题了。

1. 顾客执意找上级

有时候客服人员愿不愿意帮助顾客解决问题是一回事，顾客愿不愿意让客服人员帮忙又是另外一回事。如果在沟通的过程中，顾客执意要找上级，客服人员就需要考虑是否需要借力上级了。

一方面，当顾客要找客服人员的上级时，客服人员作为一位服务的提供者，是需要顾及顾客的意愿的。另一方面，因为顾客尚处于抱怨的状态，如果要求得不到满足，很可能会让事情变得更加难以收拾。

2. 自身解决不了问题

在许多店铺中，客服人员可能只是店主雇用的一个员工，所以，客服人员能行使的权利很可能是比较有限的。但是，顾客却不知道，也不会考虑客服人员到底有哪些职权，而只是希望事情能以自己预期的方式解决。

因此，顾客很可能会在沟通过程中提出一些客服人员自身不能解决的问题。在这种情况下，客服人员就需要及时向上级反映，并通过与上级的沟通，找到一个可行的方案。

- 【实例剖析】

实例1

顾客：你们店这卖的是什么东西？就这么糊弄顾客吗？

客服：先生您好，客服小吕为您服务。不知道您遇到了什么问题呢？能麻烦您说一下吗？

顾客：不想跟你废话，把你们店主叫过来。

客服：店主现在在忙别的事，您有什么问题可以先和小吕说一下，说不定小吕可以给您一些建议哦！

顾客：你难道听不懂吗？我要直接和你们店主讲。

客服：好的先生，您稍等，我马上请店主过来和您沟通。

（客服人员向店主说明情况，并做好了工作的交接）

店主：您好，我是××店的店主，不知道有没有什么可以帮到您的？

……

实例2

顾客：你们这鞋子根本就不行啊！

客服：先生您好，客服小曼为您服务，不知道小店的产品有什么地方让您不满意呢？

顾客：我在你们店买了一双A款马丁靴，还以为秋天穿着正好，谁知道一试之下才知道这透气性根本就不行，没穿多久脚都要捂出汗了。

客服：小曼为小店产品给您带来的困扰道歉，您这款马丁靴是冬天款，所以，保暖效果比较好。

顾客：既然是冬天款，为什么你们不在产品信息中明确指出，害我把它当成秋天款的给买了。我现在没鞋子可穿了，你说怎么办？要不这样吧！我出邮费，你们帮我换一双同价格的秋天穿的B款马丁靴。

客服：不好意思，您购买的产品已经超过了退换期限，原则上是不允许退换的，这件事小曼做不了主。但是，鉴于您的情况比较特殊，小曼可以帮您和店主说一下，看能不能特殊处理。您能不能稍等一下。

顾客：好的，麻烦你了。你和店主说一声，如果能通融一下，下次我还会来你们店买东西的。

（客服人员向店主反映情况，店主同意给顾客退换）

客服：告诉您一个好消息，店主说您的情况可以理解，同意给您换货了。

顾客：你放心，我说话算话，既然你们店这次帮了我这个忙，我也会给你们面子，以后网购我会优先选择你们店的。

客服：感谢您的支持，能让您满意就是小店最大的荣幸。也希望您以后能多多光顾小店。

……

以上为客服人员与顾客沟通的部分内容，很显然，在这两个案例中，顾客的抱怨仅凭客服人员的职权都是难以解决好的。

其中，实例 1 中，顾客对于客服人员是持排斥态度的，甚至不愿意向客服人员说明出了什么问题，并且还明确指出要与店主沟通。在这种情况下，客服人员如果试图再与顾客沟通，很可能会让顾客反感。所以，客服人员借力于店主的做法虽然有些无奈，但却是正确的。

而实例 2 中，顾客在抱怨产品与自己的预期不符之后，发现产品买错了，而且已经超过了退换时间。在这种情况下，客服人员可能无权为顾客退换，但是，鉴于情况特殊，客服小曼在向店主请示之后，给顾客做了特殊处理。顾客不仅没有了抱怨，反而对客服人员和店铺非常感激，并表示以后会经常来光顾。

● 【注意事项】

虽然客服人员的主要工作是与顾客沟通，但是，客服人员的职权毕竟也是有限的，再加上顾客有时候会对沟通对象做出要求。在这种情况下，客服人员为了照顾好顾客的感受，就需要适当地进行借力。

当然，需要特别说明的是，借力上级只有在迫不得已的情况下才能实行。毕竟，这需要与上级沟通，如果客服人员过多地借力于上级，不仅会给上级的工作带来过多的干扰，也会给上级留下能力不足的印象。

第9章

10大举措，处理得当，差评都能变好评

学前提示

在产品的销售过程中，出现差评是难免的。但是，差评却会对接下来的销售产生不利影响。所以，处理差评是客服人员重点要完成的工作之一。

其实，处理差评也是一种技术活，处理的方法不同，结果也会呈现出一定的差异。这一章，笔者就教大家如何把差评变成好评。

要点展示

- 及时沟通
- 赞美顾客
- 表达歉意
- 给出解释
- 适度诉苦
- 软磨硬泡
- 博取同情
- 做出补偿
- 帮助退单
- 应对“碰瓷”

079　及时沟通

- 【要点呈现】

如果顾客在评价时给的是差评，就说明购物过程中有让顾客不满意的部分。既然有差评，而差评又会对店铺日后的销售产生重大影响，那么，通过沟通让顾客取消差评，就是客服人员需要重点对待的工作内容之一。

虽然顾客给差评时，不满意已经成为一种事实，但是，客服人员沟通解决的速度在顾客看来体现的却是一种态度。如果客服人员能及时与顾客沟通，那么，在顾客看来，客服人员及店铺对自己是比较重视的。比较关键的一点是，在这种情况下，顾客通常也要更好说话一些。

那么，客服人员要怎样做到及时与给差评的顾客联系呢？笔者个人认为，至少需要做好如下两方面的工作。

1. 第一时间处理

新闻讲求时效性，处理差评又何尝不是呢？有的店铺之所以可以让售出上万件的产品的差评率控制在 1% 以内，除了产品质量本身过关之外，还有一个重要的原因，那就是这些店铺通常会安排人员实时查看顾客的评价，一旦发现差评，便第一时间安排客服人员进行处理。

由此不难看出第一时间处理差评的重要性。之所以要选择在第一时间处理差评，就是因为在顾客眼中，客服人员处理问题的时间与对其重视程度是正相关的，越快处理，就说明客服人员对于顾客的意见越重视。而当顾客认为自己的意见不被重视，客服人员可能很难再让顾客对差评做出修改。

2. 主动取得联系

除了第一时间着手解决之外，客服人员还需要主动与顾客取得联系。因为顾客在评价之后可能不会与客服人员取得沟通，而且毕竟是店铺对顾客有所求，所以，作为店铺代表的客服人员主动一些也是理所应当的。

而客服人员要与顾客取得联系也很容易。通常来说，为了方便快递员派件，顾客都会在订单中填写自己的手机号码，客服人员只需通过打电话、发信息等方式联系顾客即可。

- 【实例剖析】

（晚上 12 点刚过，客服人员小李在看到某位顾客给出差评之后，第一时间利用购物网站中的聊天软件与顾客取得了联系）

客服：亲，女孩子早点休息对皮肤好哦！

顾客：话是这样说的，但我已经养成了晚睡的习惯。你这不是也没睡吗？对了，你是谁，找我有什么事吗？

客服：看来我们都是夜猫子。我是 ×× 店的客服小李，看到您刚刚给小店的 A 产品打了个差评，不知道是哪些地方让您不满意呢？

顾客：哦，你们的处理速度倒是挺快的。你们的产品吧，总体上还算说得过去，就是快递配送的时间太慢了，从下单到收到快递过去了一个多星期，害我错过了最佳使用时间，如果换作是你，你难道不会给差评吗？

客服：您的遭遇小李深表理解，非常抱歉在小店的购物为您带来了困扰。但是您也知道，您下单的时间是快递的高峰期，所以，速度上难免要比平时慢一些。这一点小店也是很难控制的，希望您对小店也能多一分理解。而您的差评将会对小店日后的经营产生很大的影响，不知道能不能冒昧地请您把差评改一下呢？

顾客：好吧，这件事也不能都怪你们，我就看在你们对这件事比较重视的基础上，把差评改成好评好了。

……

以上为某客服人员与顾客沟通的部分内容，从中不难看出，顾客因为快递配送时间过长，在评价时给出了一个差评。虽然这与产品的质量并无直接关系，但是，只要顾客给出了差评，无论是哪方面的，都会对店铺的销售产生不好的影响。

所以，出现差评时一定要进行处理。在该案例中，客服人员也对差评进行了处理，并成功让顾客对差评做出了修改。而该客服人员之所以能取得成功，很大程度上就是因为客服人员是在第一时间主动与顾客联系，并着手解决差评问题，让顾客感到自己的意见得到了应有的重视。

- 【注意事项】

虽然在第一时间主动与顾客沟通，着手处理差评对于成功与否具有较大的影响，但是，在沟通过程中，客服人员也需要掌握一定的技巧。最好不要开门见山地说明来意，因为这样可能会激发顾客的抵触情绪。

为此，客服人员可以效仿上述案例中客服人员小李的做法，先通过寒暄拉近与顾客之间的心理距离。这样一来，顾客对客服人员的戒备心会渐渐地放下，而且基于双方的沟通，顾客出于个人情感也更容易听取客服人员的意见，客服人员变差评为好评的成功率无形之中也会大大增加。

080 赞美顾客

- 【要点呈现】

在与顾客沟通的过程中，客服人员需要明白一点：谁都喜欢听好话。如果客服人员能够在沟通过程中对顾客进行适度的赞美，顾客心情大好之下，很可能会愿意对差评做出修改。

当然，为了增加劝说的成功率，也为了提高客服人员的工作效率，在赞美顾客的过程中，客服人员还需要掌握一定的技巧。对此，客服人员在沟通过程中要重点做好两方面的工作，具体如下。

1. 多在顾客面前说好话

当客服人员在顾客面前说好话时，就相当于为顾客创造了一个愉悦的沟通环境，而在这种环境下，顾客自然会更好说话一些。所以，在处理差评的过程中，客服人员在顾客面前多说好话是很有必要的。

2. 为顾客树立好人标准

在顾客面前多说好话实际上是对顾客做得好的部分进行肯定。其实，除了赞美顾客做得好的部分之外，客服人员还可以通过在沟通过程中为顾客树立一个好人的标准，为顾客如何做得更好指明方向。

值得一提的是，当客服人员为顾客树立好人标准时，无论顾客现实生活中是怎样的一个人，其在与客服人员的沟通过程中，也会让自己向客服人员口中的那个好人靠近。

- **【实例剖析】**

客服：从亲的言行中不难看出，亲应该是一个潮人。

顾客：还行吧，就是在同龄人中比较跟得上潮流而已。

客服：亲真是谦虚，从您购买的产品和在产品评价中运用的各种流行语来看，您绝对算得上是潮流引领者。

顾客：哈哈，你太会说话了。对了，你刚刚说到“产品评价”，看来你是 ×× 店的客服，为了那个差评才联系到我的吧！

客服：没想到您不仅是潮人，更是聪明过人，什么都瞒不过您。小昭正是为此事而来，就是不知道您能不能网开一面。

顾客：说实话，可能是因为我对你们产品的预期过高，所以，虽然你们的产品还算说得过去，但是，与我想象中的产品还有一定的差距。

客服：像您这种潮人，见多识广，小店的产品自然是难以入您的法眼的。但是，相信您这种潮人最不缺的就是新潮的搭配，即便是再普通的东西，在您的手中也能变成时尚单品，更何况小店的这件产品还算过得去呢！只是小店就没有您这么强大了，您的一个差评可能直接影响小店的生存。小昭知道您是一个好说话的人，不知道能不能手下留情，放小店一条生路呢？

顾客：好吧，我现在心情还算比较好，看在你这么会说话的份上，我就帮你把差评给改了。

客服：感谢您的理解，您真是一个好人！

……

以上为某客服人员与顾客沟通的部分内容，在这个案例中，顾客因为产品未达到自己的预期，所以，在评价时给了差评。而客服人员则通过赞美顾客，成功地获得了顾客修改差评的承诺。

具体来说，客服人员先是通过在顾客面前多说好话，让顾客获得了精神上的愉悦，然后，在沟通过程中树立潮人手中再普通的东西也能变成时尚单品、好人好说话等标准。最后顾客也因为客服人员会说话，同意对差评进行修改。

- 【注意事项】

人都是有情感的，并且大部分人的行为都是受到情感影响的。所以，客服人员要处理好差评，非常关键的一点就是让顾客愿意跟你交流，甚至能在沟通过程中对客服人员及店铺产生好感。

而为了增加顾客的沟通意愿，客服人员就需要通过赞美等方式为顾客营造一种相对愉悦的沟通氛围。当然，需要特别说明的一点是，即便是处理差评，也是需要兼顾效率的。毕竟，对于客服人员来说，时间也是非常重要的成本。

所以，客服人员在赞美顾客时，最好能具有一定的针对性，让赞美尽可能地与消除差评联系起来，而不能一味地做出一些无关的赞美。必要时，客服人员甚至可以先对沟通思路进行梳理，事先找到赞美的方向，从而有的放矢，让沟通达到其应有的效果。

081 表达歉意

- 【要点呈现】

顾客一般情况下不会无理取闹，既然给出了差评，就说明店铺的产品或者服务很可能真的有一些问题。既然是店铺的过错，那么，作为店铺“代言人”的客服人员就需要通过道歉来表达店铺对此事的态度。

另外，俗话说得好：“知错能改，善莫大焉”，如果客服人员能真诚地向顾客表达歉意，顾客基于客服人员的态度，也更容易从情感上原谅店铺产品或服务的不足，甚至同意对差评做出修改。

当然，沟通是需要讲求一定的技巧的，在表达歉意的过程中，客服人员还需要特别注意两点，具体如下。

1. 态度要真诚

道歉的态度很重要，同样是道歉，不同的态度在顾客看来感觉可能是完全不同的。当客服人员真诚道歉时，在顾客看来，客服人员表达的是“知错了”。而当客服人员的道歉不够真诚时，顾客可能会觉得客服人员是在敷衍自己。所以，因为感觉的不同，顾客在对待客服人员时也会表现出明显的差异。

这就好比是甲乙两个人闹了不愉快之后，如果甲真诚认错，那么，乙不仅会选择原谅，甚至还会对自己的过错进行反思。相反，如果甲道歉不够真诚，那么，在乙看来，甲是不情愿的，甚至会认为在甲眼中，过错仍在乙身上。在这种情况下，乙显然是不会选择轻易原谅的。

所以，在向顾客道歉时，客服人员一定要让顾客看到你的真诚，这直接关系到顾客对待你的态度。其实，真诚道歉是道歉，不真诚道歉也是道歉，既然道歉是必须做的一件事，那么，客服人员为什么不选择对自己更有利的一种方式呢？

2. 不能言语相激

客服人员一定要认识到一点，顾客之所以给差评，就是因为在其看来，问题主要出在卖方。因此，如果不能和顾客心平气和地进行沟通，顾客可能连沟通的意愿都不会有，也就不要说同意修改差评了。

俗话说得好：“买卖不成仁义在”，客服人员在与顾客沟通时，无论顾客是怎样的态度，都不能言语相激，这应该是沟通的原则。因为激怒顾客除了让事情变得更加糟糕之外，不会再有其他用处。

- **【实例剖析】**

实例 1

客服：您好，在吗？

顾客：哦，在呢。你是哪位？找我有事吗？

客服：我是 ×× 店的客服小刘。看到您给我们打了个差评，是这样吗？

顾客：是啊！在你们店买了一件衬衫，不仅快递速度慢，而且你们产品这做工我估计就几十块钱的东西，却还要卖几百块。就你们这服务和产品质量，难道不应该给个差评吗？

客服：您说的这些，小店或许是要承担一部分责任的。但是，这件衣服小店售出了几千件，好评率也达到了 95%，您是不是应该想想为什么别人都满意呢？另外，快递速度也不是小店可以控制的，更何况您下单时正处于快递高峰期，速度有些慢也是不可避免的。如果就这样您都要给差评，那小店也认了。

顾客：你的意思是过错都在我身上啰！就你这态度，别说给差评了，就算投诉你们也不冤枉！

……

实例 2

客服：亲，在吗？

顾客：嗯，你是哪位？有什么事吗？

客服：您好，我是 ×× 店的客服小柳。此次打扰您，主要是为小店产品和服务给您带来的困扰表示歉意。看到您给了我们一个差评，不知道能不能麻烦您说一下具体情况呢？

顾客：我在你们店买一件衬衫，一个多星期才收到货，关键是衣服上面还有很多线头。就这些情况，你觉得给差评是冤枉你们了吗？

客服：再次为本次购物给您带来的不愉快向您道歉，您说的这些责任都在小店。小店愿意为此给您做出一些补偿，您也知道在工作过程中难免会出现一些疏忽，也希望您能多一分理解，高抬贵手放小店一条生路。

顾客：好吧！既然你都道歉了，我也不好再追究了，更何况都是一些小事，责任也不全在你们店铺。看在你态度这么好的分上，我就帮你删了差评好了。

……

以上为客服人员与顾客沟通的部分内容，在这两个案例中，顾客都因为快递速度太慢、产品细节未处理好，在评论时给了差评。但是，因为客服人员的处理方式不同，最后的结果也呈现出明显的差异。

实例 1 中，客服人员只是说店铺要承担一部分责任，并在接下来的表达中，将责任都归在了顾客的身上。很显然，这种道歉的态度是不够真诚的，甚至可以说这都算不上是在道歉。也正是因为如此，顾客非但没有删除差评的意思，反而有进行投诉的想法，事情被客服人员弄得更加糟糕了。

而实例 2 中，客服人员在沟通过程中承认了工作中的不足，将所有责任都一力承担，并一再向顾客表达歉意，寻求顾客的谅解。而顾客最终也为客服人员的态度打动，同意对差评进行修改。

● 【注意事项】

在沟通处理差评的过程中，客服人员的诚意是影响顾客决定的重要因素之一。也就是说，在为购物过程中的不愉快向顾客道歉时，客服人员如果能让顾客感觉到真诚，即便责任真的在店铺一方，顾客出于情感也更容易原谅店铺的过错。

当然，真诚道歉虽然能让部分顾客修改差评，但也不是所有的顾客都那么好说话，总会有一些顾客在客服人员真诚道歉之后，仍不肯修改差评。

对于这种情况，客服人员需要看得开一点，与其因此与顾客争执，倒不如通过回复顾客的评论，让其他顾客看到店铺的态度。这不仅能再次对给差评的顾客进行劝说，也能让其他顾客看到店铺的服务态度。

082 给出解释

- 【要点呈现】

虽然问题已经出现，给顾客带来不愉快也是事实，但是，为了更好地处理差评，客服人员还需要让顾客知道为什么会出现问题。如果客服人员能够给出顾客可以接受的解释，也许顾客便能理解店铺经营的不易，将差评进行修改。

通常来说，客服人员在向顾客解释为什么会出现某一问题时，需要重点做好两方面的工作，具体如下。

1. 给出理由

解释归解释，并不是客服人员解释了，顾客就会接受。如果客服人员不能在沟通过程中给顾客合理的理由，顾客可能不仅不会买账，还会觉得自己被“骚扰”了，并对客服人员产生反感。

当然，有说服力的理由固然重要，但是，客服人员却不能为了说服顾客修改差评而编造理由。因为这么做是没有担当的体现，如果让顾客发现自己被骗了，可能事情会比一个差评更糟糕。

2. 承诺改进

既然问题出现了，就说明店铺的服务或产品质量存在着不足。有不足就要及时改进，确保下次不会出现同样的事情。所以，为了让顾客放心，客服人员在向顾客解释的过程中，还需要承诺对不足之处进行改进。

- 【实例剖析】

客服：请问 ×× 先生在线吗？

顾客：在呢。你有什么事吗？

客服：×× 先生，您好！我是 ×× 店的客服小郑。因为看到您给了个差评，所以，特此向您了解一下情况，还望您能给我几分钟的时间。

顾客：事情是这样的，我在你们店买了一箱水果，结果十多天之后才送到，收到时已经坏了一大半了。你就告诉我，如果是你在购物的过程中遇到这样的问题，你还会给卖家好评吗？

客服：您的心情可以理解，如果是小郑遇到这种情况，第一个想法也和您一样，直接给差评。但是，之所以会出现这种情况，实在是有原因的。您也知道“双十一”

期间快递数量多，所以，配送速度比平常要慢一些。而且火车在送货的过程中又出现了一些故障，结果耽误了大量时间。因此，等水果送到您手中时便因为运送时间过长而出现了部分变坏的情况。

顾客：原来是这么回事啊！

客服：您应该也知道，网购通常是买家确认收货之后，店家才能收到钱的。所以，运送速度太慢对小店来说也是没有任何好处的。当然，这件事的主要责任还是小店工作不到位，很抱歉给您带来了困扰。您看这样好不好，小店重新给您发一箱水果，当作是给您的补偿。您也多多理解小店的不易，帮小店把差评做修改。您放心，这次您在 3 天内肯定能收到货，小郑也保证不会有一个坏果。

顾客：好吧！听你解释之后，我觉得发生这种事情有可原，你们店也不容易，我就帮你们把差评改了。

客服：感谢您的理解，好人一生平安！

……

以上为某客服人员与顾客沟通的部分内容，在这个案例中，顾客因为运送速度太慢，导致水果变坏而给了差评。通常来说，产品的质量在运送的过程中出现问题，顾客给差评是无可厚非的事。

但是，客服人员小郑却通过向顾客传达快递数量多和送货车出现故障影响了送货速度等信息，解释了为什么快递的速度这么慢。并且表示快递慢对卖家也是不利的，还在最后给顾客重新发货，承诺顾客可以在 3 天内收到货。而顾客最终也因为理解店铺的不易而做出修改差评的决定。

- 【注意事项】

客服人员通过沟通让顾客主动对差评进行修改，其中非常关键的一点就是为顾客找到一个应该修改差评的理由。那么，客服人员怎样为顾客提供一个原谅店铺工作失误的理由呢？

对于这个问题，许多客服人员首先想到的可能是赔偿顾客的损失。这种方法确实也比较有效，但是，对于一部分较真的顾客来说，他们认为店铺的赔偿是他们应得的，所以，这部分顾客可能更看重出现问题的原因。如果此时客服人员能给出合理的解释，顾客觉得情有可原，也就不会再用差评来找店铺的麻烦了。

083 适度诉苦

- 【要点呈现】

在顾客看来，当网购过程中出现不愉快的事情时，给差评是再正常不过的反应了。之所以会如此，不仅是因为网购过程中出现了问题，还因为在其看来给差评也没有什么大不了的。

当然，差评好评都是顾客一念之间的事情，对顾客自身也不会产生很大的影响。但是，对于客服人员来说，顾客的差评却与店铺的销售，甚至是自身的收入相关。所以，顾客的差评对客服人员是有很大的影响的。

虽然如此，但是，顾客通常很难理解客服人员的不易。在这种情况下，客服人员便可以通过向顾客诉苦的方式，让顾客了解到差评的威力，从而让顾客基于同情，同意对差评做出修改。具体来说，客服人员在诉苦的过程中，需要重点传达如下两方面的信息。

1. 说出自己的不易

每个人都有自己的不易，但是，外人如果不了解，总会觉得你比他过得要好。而客服人员在沟通过程中向顾客说出自己的不易，实际上就是告诉顾客，自己过得很苦。

对于大多数人来说，如果对方过得比较苦，就会对对方多一分理解，即便对方有什么做得不够好的地方，也更容易谅解一些。如果客服人员能够说出自己的不易，便相当于拉低了顾客的原谅标准。在这种情况下，劝说的难度降低，客服人员自然更容易让顾客做出修改差评的决定。

2. 渲染差评的影响

顾客之所以出于个人好恶，随意给出差评，其中一个重要的原因就是在顾客看来，一个差评就只是“不是好评”这么简单，它表达的只是自己对购物的一个评价。顾客却不知道自己的一个评价，对于店铺的影响是巨大的。

因此，客服人员有必要让顾客知道一个差评比他想象中更有影响力，甚至可以对差评的影响进行适当的渲染。这样一来，差评在顾客心中的分量将大大增加，顾客迫于压力也更容易删除差评。

- 【实例剖析】

客服：喂，您好，请问是王先生吗？

顾客：你好，我是王 ××。你是哪位？找我有事吗？

客服：王先生，您好，我是 ×× 店的客服小九。这次打电话过来叨扰就是看看您能不能高抬贵手，帮个忙把差评给改了。

顾客：不至于吧！就一个差评而已，你就专门打电话过来。这要是投诉，那你岂不是要登门拜访了，哈哈！

客服：可能在您眼中，客服就是整天坐着帮顾客处理一些小事，是一个工资高还特别舒服的事。但是，实际上小九每个月要上 26 天班，而且每天上班的时间达到了十多个小时。遇到您这种好说话的顾客还算好，如果遇到不讲理的顾客，还要默默地忍受。最关键的是，就这种工作强度，小九每个月的工资也很少。

顾客：听你这么说，你的工作倒是挺不容易的，但是，这与我给你差评又有什么关系呢？

客服：也许在您眼中，差评仅仅代表您对产品或服务不够满意，但是，像小九这样的客服人员是有绩效考核的，如果出现的差评太多，当月的工资会被扣除一部分，情况如果比较严重，甚至会直接丢了工作。所以，能不能冒昧地请您帮忙把差评改了，小九在这里先谢过了。

顾客：一个差评原来也这么严重啊！那好吧，我就当是帮你一把好了。放心吧，我这就改成好评。

客服：王先生，您真是一个好人，要是每位顾客都能像您这样对客服人员多一分理解，我们的工作也会顺利得多了。最后，再次向您表示感谢，祝您工作顺利、财源广进！

……

以上为某客服人员与顾客沟通的部分内容，从中不难看出，在该案例中，顾客认为差评只是一件微不足道的小事，所以，当客服人员打电话过来的时候，该顾客是比较惊讶的。

而客服人员则很好地利用了这一点，通过向顾客表达自己的不易，以及差评可能给自己带来的影响，使顾客意识到一个差评对于客服人员来说是影响重大的。而顾客在了解差评的严重性之后，也爽快地答应对差评做出修改。

- 【注意事项】

立场是一个很奇怪的东西，在一些人看来无所谓的事，对于立场不同的人来说，却可能是非常重要的一件事。很显然，给差评这件事在顾客和客服人员看来是完全不同的。

当然，这并不是顾客不愿意为客服人员着想，只是顾客已经习惯于从自己的角度出发、做出决定了。所以，客服人员要让顾客主动修改差评，比较有效的一种方法就是通过诉苦，让顾客站在客服人员的角度想问题，明白差评的重大影响，从而更加慎重地做出评价。

084 软磨硬泡

- 【要点呈现】

速战速决，快速让顾客修改差评自然是客服人员希望见到的一件事，但是，有的顾客可能不太容易劝说。所以，在遇到这种顾客的时候，客服人员在沟通了一两次之后可能还未取得预期的效果。

在这种情况下，客服人员如果对差评比较看重的话，就需要做好持久战的准备，采取软磨硬泡策略来达到目的了。软磨硬泡需要一定的技巧，在实际执行时需要特别注意两方面的内容，具体如下。

1. 坚持不懈

虽然客服人员也希望通过一次沟通就让顾客主动修改差评，但是，现实与希望却往往有一些出入。在处理差评的过程中，客服人员可能会遇到一些不愿意轻易修改差评的顾客。

对于这一类顾客，客服人员需要多一些耐心，要相信或许下一次沟通顾客便会愿意修改差评。但是，如果中途放弃，那么，客服人员之前的努力便都白费了。所以，在处理差评的过程中，客服人员需要多一分坚持。如果一次不行就两次，两次不行就三次、四次。要相信只要坚持，总能说服顾客修改差评的。

2. 不能骚扰

虽然软磨硬泡体现的是客服人员对于顾客评价的重视，以及对自身工作的一种坚持，为了成功劝说顾客修改差评，可以做出多方努力，但是，却不能将软磨硬泡变成骚扰。

因此，客服人员在采用软磨硬泡策略与顾客沟通时，还需多一些真诚，而不能为了消除差评做出一些过分的事情。要知道是否消除差评，最终的决定权是在顾客自己手中。如果客服人员对顾客进行骚扰，可能不仅不能消除差评，还有可能因此收到投诉，这就有些得不偿失了。

- 【实例剖析】

实例1

客服：您好，我是昨天联系您的××店客服小宇。想来您应该也知道我这次打电话过来的目的了。

顾客：怎么又是你，我都说了不会帮你们坑害其他顾客了。你倒是厉害，换了一个号码又来骚扰我。

客服：不管您认为这是在真诚劝说，还是在骚扰。我要告诉您的一点就是，如果您不帮这个忙，您每天都会接到这样的电话，直到有一天您答应给小店修改差评为止。

顾客：就你们这态度还想让我帮你们，不要做梦了。你们现在是在骚扰我，我不仅不会帮你们改差评，还要投诉你们。另外，如果你们再打电话骚扰我，小心我报警！你们自己看着办吧！

……

实例 2

客服：您好，我是 ×× 店的客服小雨，昨天跟您联系过的，不知道您是不是还有印象呢？

顾客：原来是你哦！看来你们确实是比较重视这个差评啊！竟然接连几天都打电话和我沟通。

客服：因为小店的工作失误给您带来了困扰，小雨在此向您道歉。您也知道，一个差评对小店的影响是巨大的。小店愿意免费将您升级为店铺会员，就当作是给您的一点补偿。就是不知道您能不能看在小店真心悔过的分上，高抬贵手，帮小店改一下评价呢？

顾客：好吧！你们坚持不懈地沟通，看起来确实是对这件事比较重视，而且你们也承诺做出补偿了，就冲你们这份真诚，我同意帮你们改成好评了。

客服：非常感谢您的谅解，小店今后一定会为您提供更好的服务，好人一生平安，祝您工作顺利、生活幸福美满！

……

以上为客服人员与顾客沟通的两个实例，从中不难看出，在这两个案例中，顾客在给了差评以后都是比较难说服的。所以，两位客服人员都与顾客进行了多次沟通。但是，因为沟通策略不同，顾客最后的态度也是完全不同的。

实例 1 中，客服人员小宇的沟通策略与其说是软磨硬泡，倒不如说是死缠烂打，而且其沟通过程更像是对顾客的一种骚扰。再加上客服人员以骚扰威胁，所以最终触怒了顾客，不仅没有让顾客修改差评，还有可能收到额外的投诉。

而实例 2 中客服人员小雨的做法则更可取一些。虽然软磨硬泡，与顾客进行了多次沟通，但是客服人员用真诚打动了顾客，沟通也取得了预期的效果，顾客最终表示愿意对差评做出修改。

- 【注意事项】

对于顾客来说，既然花了钱，就有权要求获得相应的产品和服务，如果产品和服务达不到要求，自然是要给差评的。所以当顾客对产品和服务不太满意时，要想通过一次沟通让顾客主动修改差评，显然不是一件容易的事。

所以，如果能够通过一次沟通让顾客修改差评，客服人员要庆幸自己遇到了好说话的顾客。如果一次沟通未果，客服人员要知道这是很正常的，毕竟在顾客看来，责任在店铺，而要让顾客松口就必须先让其满意。在此过程中，软磨硬泡、真诚劝说是少不了的。

085 博取同情

- 【要点呈现】

人是一种情感动物，如果客服人员能够通过情感打动顾客，那么，让顾客修改差评就要变得容易多了。那么，如何通过情感打动顾客呢？其中一种比较常见的做法就是在沟通过程中博取顾客的同情。

同情心每个人都有，顾客自然也不会例外。当然，博取顾客的同情心也是有技巧的。通常来说，要通过沟通博取顾客的同情，客服人员一般需要做好两方面的工作，具体如下。

1. 表示理解

要博取顾客的同情心，首先要做的就是让顾客理解客服人员及店铺的不易。而在沟通过程中，理解是相互的。客服人员要获得顾客的理解，就需要先理解顾客。所以，在沟通过程中，客服人员有必要对顾客的遭遇和心情表示理解。

这实际上是在为后面的沟通做准备。当客服人员对顾客表示理解时，顾客便会觉得客服人员懂得为自己着想。而这样一来双方的心理距离就拉近了，顾客也会更愿意听取客服人员的意见。

2. 主动示弱

同情大多是处于相对强势的一方对处于相对弱势一方表达的情感。所以，如果客服人员要博取顾客的同情，就要让顾客觉得你是处于相对弱势的地位。为此，客服人员需要在适当的时候主动示弱。

对此，客服人员可以通过诉苦让顾客觉得客服人员是不容易的，甚至觉得客服人员是比较可怜的。这样一来，顾客更容易对客服人员生出同情心，而为了照顾客服人员的情绪，顾客通常也更愿意主动修改差评。

- 【实例剖析】

客服：先生，您好，我是 ×× 店的客服小琴。刚刚看到您给了小店一个差评，说产品名不副实，却没有具体进行说明。不知道能不能耽误您几分钟，让小琴了解一下情况呢？

顾客：我在你们店买了一个男士包，明明看到你们在商品介绍中写的是“大容量”“黑色牛皮”。结果收到货之后才发现就连一个 14 英寸的笔记本电脑都放不下，我就不知道你们对大容量的定义是什么了。而且写的是“牛皮”，但是，产品吊牌上却说是“牛皮革”。你们这样不符合实际的描述，难道不是在欺骗消费者吗？我难道不应该给你们差评吗？

客服：您的心情小琴可以理解。如果小琴网购到的东西与预期有一定的差距，小琴可能也会像您这样直接给差评的。不过，您也知道，“大”是一个相对的概念，这款男士包可以放下平板电脑，相比于一般的手提包是要大一些的。您也知道，牛皮是要经过处理才能用作产品原料的，而牛皮革就是牛皮处理之后得到的材料。所以，它本质上确实是牛皮。

顾客：哦，原来是这么回事啊！

客服：可能对您来说，小店的产品没有达到预期，就应该给差评。但是，对小琴来说，您的差评却是直接影响饭碗的。因为小店对员工的业绩非常看重，如果出现的差评太多，客服人员很有可能会被扣除工资，甚至因此被解雇。小琴每个月辛苦工作26天，工资也很少，除去日常开支之外，本身就所剩不多了。如果还被扣工资，或是被解雇，那小琴接下来的生活将变得非常艰辛了。所以，能不能麻烦您高抬贵手，帮小琴把差评修改一下呢？小琴拜谢了！

顾客：好吧！你确实也挺不容易的，那我就当是帮你一个忙好了。我这就把差评改成好评。

……

以上为某客服人员与顾客沟通的部分内容。在该案例中，顾客因为产品的描述和自己想象中有差距，所以，在收到产品之后比较失望，并因此在评价时给了一个差评。

面对这种情况，客服人员小琴先是从顾客的角度出发，对顾客的做法表示理解。然后，再向顾客做出必要的解释，并通过诉苦的方式，向顾客示弱。最终顾客被客服人员打动，并同意对差评做出修改。

- 【注意事项】

情感是客服人员打动顾客的有力武器，如果客服人员能够从情感上获得顾客的认同，沟通便成功了一半。在处理差评时，客服人员需要做的就是用情感打动顾客，让顾客不忍给差评。

对此，博取同情无疑是一种切实可行的方法。当然，要获得同情就需要有值得同情的“资本”。通常，只有相对弱势的一方才有可能被同情，所以，客服人员在沟通过程中让顾客看到自己的“弱势”是很有必要的。

086 做出补偿

- 【要点呈现】

虽然道歉、解释、博取同情等方式能让顾客主动修改差评，但是，因为在顾客看来，不满意的地方是造成了损失的。所以，如果客服人员不能从物质上做出一些表示的话，部分顾客可能是不会松口的。

因此，在沟通处理差评的过程中，客服人员还需适当地考虑到顾客的利益，为顾客提供对其更有利的修改差评方案，让顾客觉得修改差评是值得的。在此过程中，对顾客做出适当的补偿是必不可少的。而在对顾客做出补偿的过程中，客服人员需要重点做好如下两点。

1. 主动提出补偿

很多事情，主动提出和被人要求的结果是截然不同的。给顾客做出赔偿也是如此，客服人员主动做出赔偿体现的是一种负责任的态度，而如果是顾客要求的，就有些像是被迫做的事了。既然主动也要赔偿，被动也要赔偿，那为什么不主动一点，给顾客留下一个好印象呢？

况且有的顾客可能也不会想到赔偿这回事，但是，当客服人员主动提出时，就相当于为顾客制造了一种惊喜。而在惊喜之后，顾客自然也就更容易接受客服人员的劝说了。在这种情况下，客服人员主动提出赔偿就相当于起到了敲门砖的作用。

2. 控制补偿额度

虽然价值越高的赔偿，对顾客越具有吸引力，也越能让顾客答应修改差评，但是，赔偿毕竟也是店铺支出的一部分，店铺经营是以盈利为目的的，而要盈利自然也就需要尽可能地控制支出。

所以，客服人员在给顾客做赔偿时，需要对赔偿的价值额度进行控制。如果赔偿的价值过高，对店铺来说是划不来的。当然，如果赔偿的价值过低，可能对顾客起不到太大的作用。因此，在赔偿价值上客服人员还需拿捏好。

● 【实例剖析】

客服：刘先生，您好，我是××店的客服小黄。看到您刚刚给了我们一个差评，能不能耽误您几分钟时间，让我了解一下情况呢？

顾客：你还好意思来找我。我在你们店买了一瓶蜂蜜，结果收到货之后，发现瓶子里只有一半了，另一半被箱子给“吃”了。你自己说说，就这种情况我只给差评，不投诉你们是不是已经比较大度了？

客服：原来事情是这样的。您的心情小黄能够理解，如果小黄遇到这种情况，应该也会这么做。这个事是小店工作失误造成的，小店愿意承担全部责任，对您做出一些赔偿。

顾客：东西都没了，你们怎么承担？

客服：您看这样好不好，小店的工作失误给您带来了损失。小店愿意重新给您发一次货，当作是给您的赔偿。

顾客：我手上这瓶蜂蜜还能喝吗？你们重新发货不是我应得的吗？难道这在你看来也算是一种赔偿？

客服：您说得对，重新发货可能还不能体现小店的诚意。这样，小店在重新发货的基础上，再给您赠送一个精美的不锈钢勺子作为给您的赔偿。当然，也希望您看在小店这么有诚意的分上，高抬贵手，帮个忙把差评给改一下。

顾客：好吧，你们既然愿意解决这件事，我也可以给你们一个机会。只要你们承诺的做到了，我答应帮你们把差评改了。

客服：感谢您的支持和理解，小店一定不会辜负您的信任。

……

以上为某客服人员与顾客沟通的部分内容，在这个案例中，顾客因为产品在运输过程中出现了泄漏，所以，在评价时直接给了一个差评。在这种情况下，如果不对顾客的损失做出补偿，是很难让顾客修改差评的。

很显然，客服人员小黄也看到了这一点。所以，在了解了情况之后，客服人员主动提出了重新发货的补偿。但是顾客觉得这个补偿力度不够，因此，客服人员承诺再赠送一个勺子。而得到赔偿的顾客也表示只要客服人员承诺的事情做到了，可以考虑修改差评。

- 【注意事项】

在与顾客沟通赔偿问题时，每个顾客对赔偿这件事的看法可能不尽相同。部分顾客可能会认为有的赔偿是自己应得的，客服人员如果要想用诚意打动自己，就要做出更有价值的赔偿。

对于这样的顾客，客服人员应该尽可能地容忍，不要与其发生争执，否则，前面的努力就都白费了。当然，也需要时时将控制赔偿成本放在心上，以尽可能小的代价劝说顾客修改差评。

087 帮助退单

- 【要点呈现】

不同情况下，差评的处理方法是不尽相同的。一般情况下，如果客服人员给出合理的补偿，顾客是愿意修改差评的。但是，当顾客对订单不满意，并表现出强烈的退单愿望时，即便客服人员给出一些补偿，顾客也可能不会同意修改差评。

此时，客服人员与其给出更有吸引力的补偿，倒不如顺从顾客，帮助其完成退单。只要顾客觉得顺心了，修改差评也就有得谈了。当然，在沟通的过程中，客服人员还需要重点做好如下两件事。

1. 告知退单事项

退单在顾客看起来可能只是一个简单的动作，但是，真正完成退单却需要一个过程。在这个过程中，又包含了诸多环节。所以，顾客对订单这件事的看法可能会与实际存在一些差距。

而这种差距的存在，有可能会让顾客觉得店铺是在故意为难自己，这才迟迟没有将事情解决。因此，为了让顾客更加了解退单，客服人员有必要在沟通过程中将退单的一些事项告知顾客，以免让顾客产生不好的想法。

2. 承诺退还款项

说到退单，大部分顾客最关心的应该是退还款项的相关问题了，毕竟这直接关系到顾客个人的利益。因此，客服人员需要在沟通过程中对退还款项做出承诺，并对相关的一些事项进行说明。

对此，客服人员可以在沟通过程中尽可能详细地将退还款项的事项进行说明。比如，客服人员可以对退还的金额是多少，多久之后顾客可以收到退还的款项等问题进行具体的说明，给顾客吃一颗定心丸。

- **【实例剖析】**

客服：张先生，您好！我是 ×× 店的客服人员小熊。看到您刚刚给了个差评，不知道是产品的哪些地方让您觉得不满意呢?

顾客：我在你们店里花几百块钱买一双跑步鞋，结果收到的是一双鞋面胶水都没有处理干净、鞋底硬邦邦的鞋子。换作是你，你会不会给个差评呢？跟你说，就你们这鞋子，我都想直接扔了。

客服：非常抱歉，小店的产品没能达到您的要求。对您的心情小熊表示理解，小店愿意对此做出一些补偿，不知道能不能麻烦您高抬贵手，把差评给修改一下。小熊感激不尽了！

顾客：说实话，就你们这双鞋，即便是补偿再多，我也不想要。你们要我改差评也可以，只要让我把这双鞋子给退了就行。

客服：因为您的鞋子还在退换期内，小店可以帮您退单。而且，退单之后您也可以获得全额退还的购物款项。但是，有一些事需要跟您说明一下。退单是有一个过程的，这其中包含了诸多环节。这是退单相关事项的一个截图，您可以看一下。（客服给顾客发了一个截图）

顾客：嗯，我都了解了。虽然不知道退单之后还能不能评价，但是，只要退单成功了，我也不会再故意为难你们的。

……

以上为客服人员与顾客沟通的部分内容，在这个案例中，顾客显然是对产品非常不满意的。所以，即便客服人员承诺适当做出赔偿，顾客也只是表示“即便补偿再多也不想要，你们要我改差评也可以，只要让我把这双鞋子给退了就行”。

很显然这种情况下，客服人员应该做的是顺应顾客的心意，帮助其完成退单。案例中的客服人员也是这么做的。除此之外，该客服人员还对退单的一些事项进行了说明。而顾客看到这些之后，态度也发生了明显的转变。

- 【注意事项】

在处理差评的过程中，客服人员的态度固然重要，但是，客服人员在沟通时一定要尽可能地尊重顾客的意愿、满足顾客的要求。只有这样才能增加顾客的沟通意愿，让沟通的氛围变得更加融洽。

所以，如果顾客已经明确表达了退单意愿，只要条件允许，客服人员就应该尊重其意愿，帮助其成功完成退单。这样做之后，顾客对客服人员和店铺的好感度势必会出现提升，而差评的问题也就解决了。

088 应对“碰瓷”

- 【要点呈现】

随着电商的发展，网上开始出现一种新兴的职业——差评师。所谓“差评师”，就是指通过给店铺差评获取收益的人。“差评师”最常用的伎俩就是先在店铺中购买某一产品，然后不管真实情况如何，直接在评价时给一个差评。

由此不难看出，“差评师”实际上就是在“碰瓷”。“差评师”是不受欢迎的，而且不可否认的是，他们的所作所为可能会给店铺造成很大伤害。因此，客服人员掌握一些应对“差评师”的技巧还是很有必要的。总的来说，应对“差评师”主要有两种策略，具体如下。

1. 做出让步

对于客服人员来说，“差评师”更像是瘟神。虽然你看着他反感，但是，不可否认的一点是，他们这种给差评，尤其是“组团”给差评的做法，会给店铺造成大量的真实伤害，直接影响店铺接下来的销售。

而客服人员处理差评的目的就是减少差评率，所以，在面对“差评师”时，部分客服人员会选择做出一些让步，谋求所谓的“双赢”。在给“差评师”一些好处的同时，让其将差评进行修改。

2. 斗争到底

因为“差评师”带有“碰瓷”的性质，很明显是带着恶意来的，而且一味地退让只会让越来越多的人受到伤害。所以，部分客服人员在面对“差评师”时采取斗争到底的策略，让“差评师”知道客服人员也不是好欺负的。

当然，与“差评师”斗争到底是正面的、值得学习的。但是，既然是斗争，客服人员就需要拿到一些证据，制服“差评师”。而不能单纯地为了争一口气，就与其撕破脸。因为这样做，到头来受伤的还是店铺和客服人员。

- 【实例剖析】

实例 1

客服：喂，您好，请问是马先生吗？我是 ×× 店的客服人员小刘。看到您刚刚给了一个差评，不知道是哪里出了问题呢？

差评师：哪里出了问题我不知道，我只知道如果你不给我一些补偿，休想让我帮你改差评。

客服：啊！您这么做良心不会痛吗？

差评师：你在搞笑呢！给差评——要酬劳——改差评是我的基本工作模式，如果不这么做，你们会乖乖给钱吗？

客服：小刘知道您之所以做“差评师”，想来也是生活不易吧！其实，像我们这种客服又何尝不是呢？每个月工作 26 天，每天一坐就是十多个小时，工资还很少。而且差评还要扣工资，甚至是被辞退。您看这样好不好，我把交易金额退还给您，您帮个忙，改一下差评好吗？

差评师：好吧，看你说得可怜兮兮的分上，只要你把交易金额退还给我，我就帮你这个忙！

……

实例 2

客服：您好，请问是卫先生吗？

差评师：我是。你是哪个店铺的？

客服：我是 ×× 店的客服阿紫。这次打电话过来叨扰您就是看看能不能麻烦您帮个忙。

差评师：不要浪费大家时间了，一口价 100 元。只要你给钱，我就帮你把差评给改了。

客服：就你这种恶意“碰瓷”的“差评师”，想用威胁这种肮脏的手段要钱，你想都不要想了。

差评师：反正你不给钱，我就不改差评，甚至还可以给你再多加一些码。我倒是无所谓，你自己看着办吧！

客服：我看着办，我看要看着办的应该是你。你一上来就找我要钱，不妨告诉你，我随时可以将这次对话作为证据，到法院起诉你。到时候，赔偿我们的损失还算好的，搞不好还要吃牢饭哦！你如果不把差评改了，我就只能走法律途径了，你自己看着办吧！

差评师：好吧，这次我认栽了。

……

以上为客服人员与“差评师”沟通的两个实例，在这两个实例中，虽然两位客服采取的策略不同，但都达到了让“差评师”修改差评的目的。

具体来说，实例 1 中，客服人员采取的策略是适当做出让步。客服人员在告知顾客自己不易的同时，承诺将交易金额退还。而“差评师”在同情客服人员之余，也表示会对差评做出修改。

而实例 2 中，客服人员采取的策略则是斗争到底。客服人员先是明确表示不会给钱，然后，再告知“差评师”，其行为可能会面临牢狱之灾。在看到这些之后，“差评师”也只能认栽，乖乖地对差评做出修改。

- **【注意事项】**

对于“差评师”，客服人员与其在面临差评圈套时，被动地进行沟通，倒不如在销售过程中多长点心，将“差评师”辨别出来，尽可能不做“差评师”的单。这样，直接便将“差评师”的路给封死了。

一般来说，“差评师”都是用小号，而且通常不会与客服人员沟通。所以，当看到有上述情况，在下单信息中又有反常表现的，客服人员就要小心了，因为这很可能是“差评师”在下单了。为了不落入其圈套，客服人员宁愿少一单，也不要招惹他，以免给自己带来不必要的麻烦。

第 10 章

10 个步骤，
解决投诉，从路人变友人

学前提示

如果说差评是对购物不满意，那么，投诉就是对购物非常不满意了。所以，当顾客投诉时，客服人员的沟通技巧就显得非常关键了。

而金牌网店客服的过人之处就在于可以通过一些步骤解决投诉，将“眼前”的路人，甚至是“黑粉”，变成友人和“粉丝”。

要点展示

- 主动联系
- 承认错误
- 缓和气氛
- 耐心倾听
- 直面问题
- 评估损失
- 承担损失
- 退还款项
- 邀请回评
- 礼貌道别

089 主动联系

● 【要点呈现】

和给差评一样，大部分投诉的顾客也是因为对产品和服务不满意。甚至可以说，在顾客看来，投诉的程度还要重于给差评。所以，如果顾客已经走到了投诉这一步，就说明店铺中的产品或服务可能真的有一些问题。

既然顾客认为问题出在店铺这一方，而客服人员又是店铺的“代言人”，那么，为了解决投诉，客服人员就应该主动联系顾客。而在主动联系时，客服人员需要重点做好两件事，具体如下。

1. 主动进行处理

很多时候，顾客如果对产品或服务非常不满意，可能投诉店铺。而在投诉之后，大多数顾客都是不会直接联系店铺的，也就不用说要求客服人员对投诉进行处理了。当然，在被投诉时，店铺可能比顾客更着急，所以，部分顾客也正是因为看到了这一点，在投诉之后坐等店铺对投诉进行处理。

既然顾客不做要求，而事情的解决总是要有主动的一方。更何况在面临投诉时，店铺是处于相对弱势的一方，如果能够用积极主动的态度打动顾客，那顾客的投诉自然也就更容易撤销了。因此，客服人员作为店铺的代表，在处理投诉时更积极主动一些还是很有必要的。

2. 第一时间联系

前面也说到了，部分顾客在投诉之后是不会主动联系店铺的，但这并不表示顾客不愿意坐下来解决投诉的问题。而且作为店铺的代表，客服人员联系顾客的速度也是对投诉重视程度的体现。

顾客对店铺进行投诉，一方面是表达自己的不满，另一方面也是希望引起店铺的重视，从而更快地解决问题。客服人员如果能在第一时间联系顾客，在顾客看来店铺对投诉便是重视的。在这种情况下，顾客自然也就更愿意沟通，而客服人员要让顾客撤销投诉相对来说就要简单一些了。

● 【实例剖析】

实例 1

客服：喂，戴先生您好。

顾客：你是哪位？我好像不认识你啊！

客服：您好！我是 ×× 店的客服小依。了解到您对小店进行了投诉，不知道能不能麻烦您说一下具体情况呢？

顾客：我都投诉了一个多星期了，你不打电话过来我都忘了这件事了。既然你们这么不重视，我觉得也没有必要坐下来谈了。当然了，你们也不要妄想我会撤销投诉。

……

实例 2

客服：喂，您好，请问是戴先生吗？

顾客：我是戴 ××。请问你是哪位？找我有什么事？

客服：戴先生您好，我是 ×× 店的客服小慧。看到您刚刚投诉了小店，不知道是什么原因呢？

顾客：嗯，你们这速度倒是挺快的，我投诉完没多久你们就找到了我。这效率还是挺高的！

客服：那是自然，您是小店的重要顾客，您的看法就是小店的一面镜子，您有投诉小店自然要在第一时间进行处理啊！

顾客：嗯，挺不错的，就你们这处理投诉的速度和态度，我觉得可以坐下来谈谈。只要你们达到了我的要求，我可以考虑撤销投诉。

……

以上为客服人员与顾客沟通的两个实例，从中不难看出，同样是面对投诉，但是，因为客服人员联系顾客的时间早晚不同，从沟通一开始便呈现出了较大的差异。

在实例 1 中，客服人员在顾客投诉之后一个多星期才联系到顾客，这让顾客觉得店铺对自己的投诉是非常不重视的。所以，在得知客服人员的来意之后，顾客当即表示没有谈的必要，并且不会撤销投诉。

而在实例 2 中，客服人员是在得知顾客的投诉之后，第一时间就联系到了顾客。正是因为速度比较快，顾客看到了店铺对自己的重视，所以，顾客还是愿意和平解决这件事，并表示只要达到了要求，便可以撤销投诉。

● 【注意事项】

有的客服人员认为既然顾客已经投诉了，事情也就不会更加糟糕了。所以，在顾客投诉之后，并不急着解决投诉，而是先把手头上的其他事完成，最后再来啃这块硬骨头。

诚然，投诉可以视为顾客对店铺不满的一种极端表达，但是，投诉其实并不是最糟糕的，比投诉更糟糕的就是投诉不能解决。而客服人员如果不能在第一时间主动联系，并解决投诉，那么，在顾客心中将留下店铺不重视自己的印象。

在这种情况下，客服人员处理投诉的难度势必会增加，甚至于会因此直接失去坐下来协商的机会。所以，客服人员一定不要将投诉视为最糟糕的事，因为这样做可能会让你将这件事排在最后面，而这实际上是在给你自己增加难度。

090 承认错误

● 【要点呈现】

在第一时间主动与顾客取得联系之后，顾客对客服人员的第一印象通常还不至于太差。但是，仅凭第一印象就想让顾客撤销投诉还是不够的，毕竟顾客之所以投诉，就是因为购物过程中出现了问题，给顾客带来了不愉快。

既然给顾客带来了不愉快，就说明店铺做得不够好，而做得不够好就需要承认。这既是客服人员积极处理投诉应有的一种态度，也是客服人员与顾客静下心来沟通的一个基础。在承认错误时，客服人员应该把握好两方面的内容，具体如下。

1. 主动认错

认错体现的是一种积极解决问题的态度。大多数顾客之所以投诉，就是因为在其看来，不愉快的网购体验是店铺的过错。在这种情况下，如果客服人员不承认错误，顾客可能会认为客服人员毫无诚意，而这样一来，沟通势必很难继续进行下去。

因此，既然过错在顾客心中已经有了定论，与其花时间讨论店铺到底有没有过错，倒不如痛快地承认错误，让顾客觉得客服人员对处理投诉是有诚意的，在顾客心中留下一个勇于担当的店铺形象。

2. 不予争辩

在处理投诉的过程中，顾客有可能因为不了解实际情况，会将一些原本与店铺无关的问题，怪罪在店铺身上。虽然这可能让客服人员觉得冤枉，但是，最好不要当即与顾客争辩。

当然，也不是说，客服人员为了讨好顾客就要一味地“背锅”。如果真的是冤枉了，客服人员可以选择在适当的时机向顾客说明。但是，在表达时一定要特别注意，不能让顾客觉得你是在强辩。否则，无论客服人员是否有理，顾客都有可能因为心情不佳，拒绝撤销投诉。

● 【实例剖析】

客服：请问张先生在吗？

顾客：我就是，你哪位？

客服：张先生，您好。我是 ×× 店的客服小王。看到您刚刚对小店进行了投诉，想跟您了解一下情况。

顾客：我跟你说，就你们这服务水平，不投诉你们，我都过不了心里这一关。

客服：小店没能为您营造满意的购物体验，对此，小王代表小店向您说一声抱歉，非常不好意思，因为小店的工作失误给您带来了困扰。只是不知道能不能请您把情况说一下？

顾客：我在你们店买了一部手机，你们快递速度慢，差不多一个星期才收到我就不说了。关键是你们说好的可以赠送一个无线充电器，颜色任选。我在备注里面都写了要白色的，你们还给我发了一个黑色的，这是什么意思？

客服：很抱歉，因为国庆期间快递数量比较多，所以，运输速度相对来说比较慢。而充电器方面，因为小店的白色充电器当时已经没有了，但是，又想让您尽快拿到手机，所以，就送了您一个黑色的。您放心，除颜色不同之外，黑色无线充电器与白色的并没有其他的差别。当然，这件事说到底还是小店的责任。小店应该在购物页面对国庆期间快递运输速度比较慢进行提醒，另外，忘了告知您赠品的相关情况，是小店工作的失误。对于上述情况，小王代表小店再次向您道歉。

顾客：嗯，你这么说我倒是能够理解，虽然这次购物并不是那么愉快，但是，你这服务态度倒是不错。早这样我也不必投诉了。行了，就冲你主动认错的态度，我可以考虑撤销投诉。

……

以上为某客服人员与顾客沟通的部分内容。从中不难看出，顾客因为快递速度太慢，再加上赠品不符合自己的要求，所以认为店铺的服务水平太差，一气之下便对店铺进行了投诉。

虽然从对话中可以看出，之所以会出现快递速度慢的问题，不能全怪店铺，而赠品不符合顾客要求也是店铺从实际出发，为顾客选择了切合实际的方案，但是，客服人员没有直接推脱责任，而是在主动认错之后，进行了适当的解释。这一做法最后也起到了作用，顾客表示可以考虑撤销投诉。

● 【注意事项】

客服人员需要明白一点，那就是处理差评既不是辩论赛，也不是追责定罪，而是让顾客看到店铺是有诚意帮助顾客解决烦恼的。所以，客服人员要做的就是尽可能地让顾客满意。

因此，当顾客认为店铺有做得不好的地方，客服人员大可直接主动地认错。如果有必要就进行一些解释，但不能和顾客争辩。只要把该说的都说明白，到底是谁的错顾客自然会知道。

而客服人员主动承认错误，不仅表达了店铺敢于承担责任的态度，也确保了顾客有台阶可下。所以，这种大包大揽的做法看似是对店铺极为不利的，实际上却是处理投诉的一种有效手段。

091 缓和气氛

- 【要点呈现】

通常情况下，顾客之所以进行投诉，是因为其对产品或服务已经比较不满意了。所以，当客服人员与顾客沟通时，一部分怨气比较重的顾客可能会在沟通过程中显得不太友善。

而作为一名客服人员，你需要做的就是积极地对顾客的情绪进行调整，从而将整个气氛缓和下来，为投诉的处理营造一个相对合适的氛围。一般来说，客服人员可以通过两种方法缓和沟通气氛，具体如下。

1. 顺着顾客

人的行为都是深受个人的情绪影响的。顾客对店铺进行投诉是因为对购物不满意，甚至对店铺是有比较大的怨气的。而客服人员又是店铺的代表，所以，顾客很可能会将怨气发泄到客服人员身上。

对此，客服人员应该要知道容忍顾客是服务行业从业人员的基本素养之一，更何况要处理投诉，客服人员是有求于顾客的。因此，在沟通过程中，客服人员应该尽可能地顺着顾客，因为在顺意的情况下，顾客往往对客服人员的话更听得进去一些。

2. 幽默应答

客服人员要想让顾客撤销投诉，就必须赶走顾客对客服人员的坏情绪。顺着顾客虽然能起到这一作用，但是，这种做法客服人员显得太过被动，而且顺着顾客通常需要一个较长的过程才能将顾客的怨气基本消除。

对此，客服人员可以主动对顾客的情绪进行调整，让顾客无心再去生店铺的气。具体的做法是在应答过程中，尽可能幽默地进行表达。这样一来，顾客在沟通过程中感受到愉悦，对于店铺的不满情绪也就慢慢地消失了。

- 【实例剖析】

客服：喂，您好，请问是马先生吗？

顾客：嗯，我是。你是哪位？找我有什么事吗？

客服：马先生您好，我是 ×× 店的客服小张。刚刚看到您对小店进行了投诉，不知道是哪些地方让您不满意呢？

顾客：就你们店这笔记本电脑，无论是外观还是性能，都远不如预期。我进行投诉难道不应该吗？

客服：所有的过错都在小店身上，客官这么做是应该的。非常抱歉小店的产品没能达到您的预期。

顾客：你这态度还可以，我想问就你们这电脑，能做些什么？

客服：这电脑可不得了，不仅能在Word里面输入文字，还能用来玩扫雷游戏呢！您说厉害不厉害。

顾客：那缺点呢？你也一块儿说说看。

客服：非常抱歉的一点是，这款笔记本打不了电话，也煮不了饭啊！

顾客：哈哈，你倒是蛮幽默的。

客服：哈哈，看来您现在心情应该好一些了。您也知道现在网店是很难经营的，您的投诉很有可能会让小店不复存在。不知道能不能麻烦您高抬贵手，放小店一条生路呢？

顾客：好吧！我就看在你态度还不错的分上，帮你们把投诉撤销好了。

客服：小张代表小店对您的理解表示万分感谢。好人一生平安，也祝您工作顺利、生活幸福美满！

……

以上为某客服人员与顾客沟通的部分内容。在这个案例中，顾客因为产品的外观和性能未能达到预期，而直接对店铺进行了投诉，甚至在与客服人员联系的初始，仍是满含怒气。

面对顾客的不如意，客服人员在顺应顾客的同时，通过幽默的应答，让顾客的心情由之前的满是怒气逐渐变得开心起来。而客服人员也趁着顾客开心，顺势提出让顾客撤销投诉的想法，顾客由于心情好也最终答应了。

- 【注意事项】

因为顾客已经走到了投诉这一步，就说明对于购物已经比较不满意了，所以，顾客在与客服人员沟通的初期，通常都会有一些怒气。在这种情况下，沟通势必将难以进行下去。

因此，在与顾客沟通的初期，客服人员首先要做的就是通过一些办法让沟通的氛围缓和下来。对此，客服人员需要尽可能地在顺应顾客的同时，通过一些语言上的表达让顾客的心情好起来。这样一来，顾客在面对客服人员撤销投诉的请求时，通常也更容易接受一些。

092 耐心倾听

- 【要点呈现】

在沟通解决投诉的过程中，客服人员的态度非常关键。顾客之所以选择进行投诉，就说明他对购物过程是不满意的。在这种情况下，客服人员与顾客沟通时，顾客通常都会有一些抱怨。

所以，客服人员在与顾客沟通时需要耐心倾听顾客的抱怨，即便顾客的话听上去不太舒服也应该多一些忍受力。总的来说，客服人员在耐心倾听顾客的过程中，需要做到如下两点。

1. 多一些耐心

因为对于购物的不满，所以客服人员在沟通的过程中很可能会面对顾客的抱怨。虽然有时候顾客的话语听上去有一些絮叨，甚至让人感觉不舒服，但是，客服人员需要知道的一点是只有多一些耐心才能解决实质问题。

而且当顾客已经走到投诉这一步时，可能不会轻易地接受客服人员撤销投诉的建议。因此，客服人员想要让顾客撤销投诉可能并不是一件容易的事，而为了解决问题，让顾客撤销投诉，客服人员就需要在劝说顾客的过程中多一些耐心。

2. 重复以确认

在耐心倾听，了解顾客的抱怨之后，客服人员接下来需要做的就是对顾客的不满进行确认。在此过程中，客服人员可以在与顾客沟通时抓取相应的关键字，然后再进行适度的重复，从而更好地达到确认的目的。

需要特别说明的是，只有找到问题才能有针对性地解决问题，所以在这个过程中确认问题出在哪里是非常关键的，而且对顾客反映的问题进行重复也是尊重顾客的一种体现。这样更能获得顾客的好感，从而提高撤销投诉的成功率。

- 【实例剖析】

客服：请问您是刘先生吗?

顾客：我是刘 ××。不知道你是哪位？我好像没存你的电话啊!

客服：刘先生您好，我是 ×× 店的售后客服小马，因为刚刚看到您投诉了小店，所以，冒昧地打电话来向您了解一下情况。

顾客：告诉你，就你们这产品和服务，我觉得投诉还少了。你也别来烦我了，再多说也只是浪费大家的时间。

客服：刘先生，小店的服务和产品未能让您满意，全怪小店工作不够周到，小马对此表示抱歉。但是，有问题还是要解决的，您不妨给小马一炷香的时间，说不定我们能通过沟通获得双赢呢!

顾客：好吧！你说得也有道理。我在你们店买了一瓶咖啡粉，买的时候写好的是纯黑咖啡，你们却给我发了一瓶香醇咖啡，关键是喝了一次之后我才发现味道不对，然后，咖啡粉的保质期也只有几个月就到期了。另外，你们承诺赠送的咖啡伴侣我也没看见影子。你自己说，就这种情况，投诉你们难道不应该吗?

客服：嗯，您的心情可以理解，可能小马遇到这种情况也会做出和您相同的决定。对于小店工作的失误，小马再次向您致歉。您是说小店发错了货，给您发了快过期的货，然后，没有给赠品，是这样吗？

顾客：嗯，那你说这件事要怎么解决呢？

客服：您的不愉快是小店工作失误导致的，小店愿意一力承担您的损失，重新给您发一次货，并赠送一小瓶咖啡粉当作赔罪。也希望您看在小店知错就改的分上，放小店一条生路，帮个忙，把投诉给撤销了。

顾客：好吧，像你们这种网店，每天的订单比较多，个别的工作失误也是可以理解的，你的服务态度还算不错。我也不是不讲理的人，如果你们真的肯重新发货，我不仅会撤销投诉，还会考虑给你们一个好评。

客服：您放心，小店这次一定不会辜负您的信任的。小马在此代表小店感谢您的理解和支持，好人一生平安！

……

以上为客服人员与顾客沟通的部分内容，在这个案例中，顾客因为店铺错发了快到期的货，所以，直接对店铺进行了投诉。甚至于当客服人员与其沟通时，该顾客心中都是满腔怨气的。

面对顾客的不配合，该客服人员显得很有耐心。客服人员先是通过讲道理，让顾客说出了主要的问题，并通过倾听把握了重点，然后，再以赔偿表示了歉意。而顾客也最终被客服人员耐心的服务打动了。

- 【注意事项】

耐心是服务行业必备的素质之一，很显然，作为服务行业从业人员的客服也必须具备足够的耐心。这种耐心，不仅体现在一步步引导顾客完成购物，也体现于通过慢慢劝说平息顾客的怨气。

在顾客对店铺进行投诉的情况下，耐心与顾客沟通更显得必不可少。客服人员需要知道，一方面客服人员与顾客的关系就决定了客服人员需要耐心提供服务，另一方面，顾客投诉就表示其心中已有不满，如果此时客服人员没有足够的耐心，可能不仅无法让顾客撤销投诉，还会把事情弄得更糟糕。

093 直面问题

- 【要点呈现】

前面也已经提到了，顾客通常只有在认为事情比较严重时才会选择进行投诉。如果顾客选择对店铺进行投诉，就说明很可能在顾客的购物过程中出现了问题，而且在顾客看来，该问题的出现，店铺需要承担主要的责任。

在这种情况下，不管责任在谁身上，如果客服人员不直面问题，将责任承担，顾客便会认为店铺没有担当。而这样一来，客服人员将很难劝说顾客撤销投诉。因此，出了问题，客服人员在沟通时应直面问题，展现敢于担当的形象。在此过程中，客服人员需要做好如下两点。

1. 找到问题

要解决问题，首先就必须知道问题到底出在哪里。虽然走到投诉这一步，顾客心中都是有怨气的，但是，因为性格的不同，顾客在与客服人员沟通的过程中也会呈现出明显的差异。

一部分顾客虽然抱怨比较多，但是，懂得抓重点，会将重点告知客服人员。对于这一类顾客，要找到问题是比较容易的。还有一类顾客被怨气冲昏了头脑，或者抓不住重点，说了一通，却没有说出问题出在哪里。对于这一类顾客，客服人员就需要通过语言的引导找到问题。

2. 主动担责

对于客服人员来说，可能找到问题是非常关键的，因为只有这样才能更好地解决问题。但是，对顾客来说，找到问题并不是那么重要，因为大多数情况下，顾客都知道问题到底出在哪里，否则，也不至于走到投诉这一步。

所以，直面问题除了找到问题之外，客服人员还需要就相关问题主动承担责任，让顾客看到你的态度。这不一定是说客服人员一定要做出多大的赔偿，但是，至少要让顾客觉得客服人员是有诚意解决问题的。只有这样，顾客才能过了自己心里那道坎，答应客服人员撤销投诉的请求。

- **【实例剖析】**

实例 1

客服：请问是王先生吗？

顾客：我是。你有什么事吗？

客服：我是 ×× 店的客服人员小张。这次打扰您就是看看您能不能帮个忙撤销对小店的投诉。

顾客：就你们那几十块钱质量的货卖几百块钱，你觉得我不应该投诉吗？还有，你说撤销就撤销，我就问你，你凭什么？

客服：您也知道小店只是负责销售，质量是生产商的问题。而且小店这件商品的价格比一般的店铺要低一些，您这样给小店一个差评是不是不太好呢？

顾客：就你这不愿意担责的态度，你确定你是来让我撤销投诉的，而不是让我再投诉一次的？多说无益，懒得和你浪费口水了，拜拜了！

……

实例2

客服：喂，请问您是王先生吗？

顾客：我是王××。不知道你找我有什么事？

客服：王先生您好，我是××店的客服小胡。刚刚看到您对小店进行了投诉，不知道是哪些地方让您觉得不满意呢？还请您告知一二。

顾客：我在你们店购买了A产品，拿到手后感觉质量和几十块钱的货差不多，而你们却卖几百块，就这种性价比，我有理由相信你们是在欺骗消费者。

客服：小店的产品没能达到您的预期，小胡深表歉意。对于这件事，小店愿意一力承担所有责任，无论您是选择退款，还是换货，小店都可以接受。只是您也知道现在的产品卖得更多的是品牌和做工，虽然这款产品您感觉质量一般，但是，它其他方面是远优于市面上那种几十块的产品的。

顾客：你这么一说也有道理，我当时买这件产品就是看中的这个品牌。我投诉也只是想要个说法罢了！好了，这几百块钱的东西我也懒得退款退货了，太麻烦了。你放心，问题既然解决了，我会撤销投诉的。

客服：那就太感谢您的支持和理解了。

……

以上为客服人员与顾客沟通的两个实例，面对同样的问题，因为两位客服人员选择面对问题的方式不同，最终呈现出了完全不同的沟通效果。

实例1中，客服人员面对问题，想的是推卸责任，很显然顾客并不买账，而且客服人员很有可能会因为沟通态度不够好，再收到一次投诉。而实例2中，客服人员在得知问题后，第一时间表示愿意担责，并动之以情，晓之以理，在没有做出额外补偿的情况下便获得了顾客的谅解。

- 【注意事项】

顾客在购物时除了对产品自身有要求之外，还会对购物过程也有一定的要求。前者体现的是物质要求，后者更多的是精神要求。需要特别说明的是，有时候在顾客看来精神要求可能比物质要求更重要。

因此，一部分顾客之所以投诉，就是因为过不了自己心里那一道关。也就是说，如果要让这些顾客撤销投诉，客服人员需要做的就是给顾客一个说法，让其觉得有台阶可下。在此过程中，客服人员并不一定要做出多大的赔偿，但是，一定要让顾客看到你是敢担当的。否则，顾客心中不顺，即便赔偿足够多，也不一定能获得谅解。

094 评估损失

● 【要点呈现】

顾客的投诉源自对购物的不满意，而不满意的购物或多或少会给顾客造成一定的损失，至少在顾客看来是这样的。所以，要让顾客撤销投诉，承担其损失是必不可少的。

当然，有的顾客可能并不一定要求获得赔偿，但是，哪怕是做个样子，也有必要做出赔偿。而赔偿又是建立在损失的基础上的，所以，客服人员还需要通过沟通评估顾客的损失。一般来说，在评估损失时，客服人员需要着重把握如下两点。

1. 了解损失

客服人员通过沟通评估顾客的损失，首先要做的就是了解在此次购物过程中顾客到底损失了什么。只有如此，客服人员心中才会有一个底，才知道如何对顾客进行赔偿。

当然，在了解了顾客的损失之后，客服人员只需要心中有一个底就好，无须将损失直接拿到明面上来说。因为如果顾客的损失不是很大时，这样做可能会让顾客觉得尴尬，甚至因此让沟通陷入不愉快。

2. 合理评估

了解了损失之后，接下来要做的就是对顾客的损失做出评估了。损失评估是对顾客做出赔偿的重要依据。一方面，赔偿低于损失，可能无法打动顾客。另一方面，赔偿太多，从店铺的角度来看，则成本过高。所以，客服人员根据顾客的损失进行合理评估就显得尤为重要了。

需要特别说明的是，因为顾客了解损失在哪里，所以，顾客通常会对赔偿有一个预期。如果客服人员只是严格按照损失评估和赔偿，可能会出现赔偿达不到顾客预期的情况。对此，客服人员可以在合理评估的基础上，给顾客略高于损失的赔偿。这样虽然要增加一些支出，但是，劝说顾客撤销投诉的成功率却能大大提高。

● 【实例剖析】

客服：张先生您好，我是 ×× 店的客服小飞。刚刚看到您对小店的投诉，所以冒昧打扰，不知道能不能向您了解一下情况？

顾客：我就想说，我花了差不多 50 元买一瓶油，到货时我只看到半瓶，还有半瓶被箱子“吃”了。像这种情况剩下的那半瓶你敢用吗？

客服：非常不好意思，是发货的同事工作失误，在包装时未做好检查工作。对于这件事小店愿意承担全部责任。

顾客：承担责任！你怎么承担，是退款，还是给我重新发货啊！

客服：您说的这两个方案都可以。如果您选择退款，小店会在退还购物款的基础上，将您升级为小店的 VIP，以后您在小店购物可享受九五折优惠。如果您选择重新发货，小店会额外赠送一个玻璃防漏油壶。只希望您可以原谅小店的工作失误，帮忙把投诉给撤销了。

顾客：嗯，你这赔偿倒是可以接受，你就给我重新发货吧，只要货没问题，我不但会撤销投诉，还可以考虑给你们一个好评。

……

以上为某客服人员与顾客沟通的部分内容，在这个案例中，很显然顾客之所以会选择对店铺进行投诉，很大的原因就在于此次购物已经对其造成了实质的损失。在这种情况下，客服人员评估损失，做出赔偿，显然是必不可少的。

在这个案例中其实就牵扯到一个合理评估的问题。虽然顾客损失的是半瓶油，但是，正如顾客所说，剩下的半瓶油讲究一点的人很可能也是不会再用的。所以，在这个案例中，客服人员要意识到顾客的损失是整瓶油。

而该案例中的客服人员就是用高于整瓶油的价值获得了顾客撤销投诉的意愿。虽然顾客损失的实际只是半瓶油，赔偿远超这一价值。但是，客服人员如果能用几十块钱让顾客撤销投诉，甚至是转而给好评，那这点钱也是花得值的。毕竟这件事还是由于店铺工作的失误造成的。

- 【注意事项】

即便是对于同样的事情，在不同的人看来可能影响都会呈现出一定的差异。这就使得客服人员和顾客对造成的损失可能会有评估不一致的时候。在这种情况下，客服人员要做出合理评估就需要站在顾客的角度看问题。

比如，在本节的实例剖析中，虽然油只漏了半瓶，但是，站在顾客的角度，剩下的半瓶油，许多顾客可能真的不会再用。所以，此时客服人员应该意识到顾客的损失是整瓶油。反之，如果客服人员只是将半瓶油作为赔偿损失的标准，那么，做出的赔偿很可能将难以达到顾客的预期。

095 承担损失

- 【要点呈现】

评估损失更多的是为承担损失所做的一个准备。既然客服人员已经通过沟通对顾客的损失进行了一个相对合理的评估，那么，接下来客服人员需要做的就是以顾客的损失为依据，承担相应的责任。

虽然都是承担损失，但是，不同的沟通技巧却能让顾客产生不同的感觉。为了给顾客呈现一个积极解决问题的形象，客服人员在此过程中还需要特别把握两点，具体如下。

1. 表达态度

在矛盾的解决过程中，身处其中的人员的态度起到非常关键的作用。虽然在处理顾客投诉时，客服人员对顾客做出赔偿就意味着店铺需要增加一笔支出。但是，如果要解决问题，这笔支出很可能是不可避免的。

而且客服人员承担损失也可以变成一种态度的表达。如果客服人员主动担责，那么在顾客看来，客服人员和店铺就是敢于担当的，这样一来，顾客对客服人员的好感自然就提升了。所以，客服人员与其不情不愿，倒不如主动赔偿，这样不仅表达了态度，也能为顾客营造一个相对舒适的沟通氛围。

2. 体现诚意

既然客服人员愿意为顾客的投诉买单，也对顾客的损失进行了评估，那么，要让顾客撤销投诉，就应该在赔偿损失方面体现出一定的诚意。也就是说，客服人员需要做出略高于顾客损失的赔偿。

这一方面是为了让顾客的心理获得平衡，另一方面也是让顾客看到客服人员是真心想解决问题的。而在这两方面的促进下，顾客对客服人员撤销投诉的请求自然也就更听得进去一些。

- **【实例剖析】**

客服：赵先生，您好！我是 ×× 店的客服小陈。您刚刚对小店进行了投诉，这次冒昧给您打这个电话就是想向您了解一下情况。

顾客：对于你们店的东西我算是服了。虽然这副耳机也就几十块钱的东西，但是，接电话听不到声音，听音乐调不了音量，这我买了又有什么用呢？最关键的是，你们的信息介绍中明确说明这款耳机和我的手机还是适用的。唉！看来我是花几十块钱买个教训了。

客服：原来是这么回事，想必您用的是 ×× 手机吧！

顾客：是啊！怎么了？

客服：这款耳机小店用多种手机型号测试了，确实是不太适合您这款手机的。本来小店是要对产品信息进行更改的，可是运营人员事情比较多，一时之间就忘了。这件事都是小店的过失，在此，小陈代表小店向您致歉了。

顾客：那你们准备怎么解决呢？不会就打算道歉糊弄过去吧！这耳机虽然只卖几十块钱，但也是钱啊！

客服：您看这样好不好，您的耳机还在包换期限内。为了表达小店的歉意，您可以要求换货，小店会为您重新发货，并赠送一张手机膜。或者小店可以给您发价格更高的B款耳机，就当是给您赔罪了。当然了，也希望您看在小店这么有诚意的分上，高抬贵手，帮个忙把投诉撤销了。

顾客：行吧！我也是讲道理的人，既然你们做出了合理的赔偿，我就帮你们一把好了。

……

以上为某客服人员与顾客沟通的部分内容，从中不难看出，因为店铺未及时对产品信息进行更新，导致顾客买到了不适用的产品，从而让顾客对店铺进行了投诉。可以说在这个案例中，店铺是需要承担主要责任的。

所以，赔偿损失便成了让顾客撤销投诉的重要条件之一。而该客服人员不仅主动表达了承担责任的态度，更用高于产品价格的赔偿让顾客看到了诚意。因此，顾客最终同意撤销投诉也就在意料之中了。

- 【注意事项】

当顾客投诉时，客服人员可能想的是如何用最小的代价让顾客主动撤销投诉，而在沟通的过程中，顾客想的可能是购物已经造成了损失，如果赔偿达不到预期，“我”为什么要撤销投诉?

因此，投诉的解决有时候可能会变成顾客与客服人员利益的拉锯战。在此过程中，客服人员控制支出自然是有必要的，但也要明白，让顾客撤销投诉才是最终目的，只有做出有诚意的赔偿才能更好地打动顾客。

096　退还款项

- 【要点呈现】

虽然当顾客投诉时，客服人员通常都会通过一定的补偿让顾客撤销投诉，但是，并不是所有顾客都愿意接受赔偿。对于不接受赔偿的顾客，客服人员可以尝试用退还购物款项的方式让其撤销投诉。

特别是部分挑剔型顾客，他们可能会因为产品未达到其预期而不再信任店铺。这一类顾客，客服人员给出足够的补偿也很难将其留住。对于这种情况，客服人员倒不如直接承诺退还款项，来个“好聚好散”。当然，在就退还款项的问题进行沟通时，客服人员还需要把握好两点，具体如下。

1. 积极引导

虽然店铺的发展来自用户的购买意愿，但是，如果顾客已经走到投诉这一步了，客服人员就很难将其发展成为店铺的“粉丝”了。甚至可以说，因为对于购物心存不满，顾客更可能成为店铺的“黑粉”。

很显然，在这种情况下，顾客可能很难再为店铺贡献购买力。所以，与其让其因为心中的不满对店铺的发展造成不利影响，倒不如通过积极的引导，退还其购物款，将之移出“朋友圈”。

2. 尽力配合

虽然面对一些过于挑剔的顾客，客服人员在权衡之后，可以选择退还款项，不做他的生意，但是，毕竟买卖是双方共同的一种活动，客服人员作为卖方的代表，就有必要配合退款的相关工作。

此外，客服人员代表的是店铺的形象，如果对退款不够配合，可能不仅无法让顾客撤销投诉，还会影响其他顾客对店铺的看法。这样就有些得不偿失了。

- 【实例剖析】

客服：喂，请问您是孙先生吗？

顾客：嗯，你找我有什么事吗？

客服：孙先生，是这样的，我是 ×× 店的客服小陆。这不是刚刚看到您对小店进行了投诉嘛！所以，就冒昧地给您打一个电话，了解一下具体情况。还望您能给我几分钟时间。

顾客：哦，原来是这件事啊！那我看还是不要浪费大家的时间了。就你们店这鞋子，你想要我轻易撤销投诉是不可能的事。

客服：非常抱歉，小店的产品未能入您的法眼。您看这样好不好，您再在小店选一款同价位的鞋子，小店重新给您发货，并赠送一双袜子做补偿。还希望您能看在小店这么有诚意的分上，帮个忙。

顾客：你这确实也算是有诚意，要我撤销投诉也可以。但是，说句老实话，就这种一个星期不到就坏的质量，你们店的产品我实在是没有什么信心。所以，即便有补偿，我也提不起太大的兴趣了。你要我撤销投诉也不是不可以，只要退还我的购物款就好了。

客服：那好吧！这件事毕竟主要责任在小店。只要您将鞋子寄回，小店可以尽力配合退还您的购物款项及邮费。也希望您可以看在小店真心帮您解决问题的分上，帮忙把投诉撤销了。

顾客：产品质量问题也不能全怪你们，只要你们配合退款，我会撤销投诉的。

……

以上为某客服人员与顾客沟通的部分内容，在这个案例中，顾客因为产品的质量出现了问题，直接对店铺进行了投诉。所以，即便客服人员提出做出赔偿也未能打动顾客，而且在沟通过程中顾客明确提出退还款项的想法。

在这种情况下，如果客服人员仍想要留住顾客，结果可能是付出较大的代价也留不住一个不愿意再次购物的路人。很显然这是划不来的。因此，与其强留，倒不如像案例中的客服人员一样，配合其完成退款，落个“好聚好散”。

- 【注意事项】

在了解了顾客投诉的原因之后，如何解决问题也是客服人员需要重点考虑的一个方面。不同的顾客能够接受的解决方案可能存在一定的差异性，而为了让顾客撤销投诉，客服人员就需要尽可能地找到让顾客接受的方式。

所以，虽然做出赔偿具有较强的适用性，但是，客服人员仍需要为顾客量身打造解决方案。为此，客服人员需要通过与顾客的沟通把握其意愿，找到更适合顾客的方案。如果顾客明确提出要退款，只要能达成让其撤销投诉的目的，又不至于为店铺带来太大的损失，那也不失为一种不错的选择。

097 邀请回评

- 【要点呈现】

面对顾客的投诉，部分客服人员除了解决当务之急，让顾客撤销投诉之外，可能还想通过沟通争取顾客的好评。虽然要实现这一目标有一些难度，但也并不是做不到的。

客服人员可以在获得顾客撤销投诉的基础上，趁热打铁，及时邀请回评。当然，邀请回评是一回事，顾客是否愿意回评，又是否愿意给好评又是另一回事了。但是，不可否认的是，邀请回评是增加投诉顾客好评率的一种有效手段。而在邀请回评的过程中，客服人员通常需要注意如下两点。

1. 积极邀请

因为撤销投诉和给好评是两件事，所以客服人员需要知道，即便顾客愿意撤销投诉，但是，如果不邀请其回评，顾客也不会浪费时间再次进行评价。毕竟给店铺好评对顾客自身是没有什么好处的。

因此，大部分答应撤销投诉的顾客可能并不会主动对店铺进行回评，也就更不用说给好评了。在这种情况下，客服人员如果要在撤销投诉的基础上获得顾客的好评，就需要积极地邀请顾客回评。

2. 适时提醒

人的记性是非常不可靠的，有时客服人员可能已经对顾客发出了回评邀请，而顾客也欣然接受了。但是，有时可能因为事情比较多，顾客会忘了这回事。此时，客服人员就需要适时对顾客进行提醒。

提醒顾客可分为两个阶段来进行，第一个阶段是在沟通的结尾再一次对顾客发出回评邀请。第二个阶段是在沟通结束后查看顾客是否及时回评，如果几天过去了顾客还未回评，就说明顾客很可能忘了这回事了。此时，客服人员就需要再次联系顾客，对顾客进行回评提醒。

- 【实例剖析】

顾客：好吧！这件事确实不能全怪你们店铺。那我就答应你的要求，帮你把投诉撤销好了。

客服：马小姐，您能不能好人做到底，顺便给小店一个好评呢？

顾客：我说你这要求会不会有些过分了呢？要我撤销投诉倒还说得过去，毕竟是我对你们店铺进行的投诉。但是，这次购物也谈不上多愉快吧，我为什么要给你们好评呢？你给我一个理由。

客服：小刘也知道回评可能会耽误您一些时间，但是，您也知道您的评价对小店是非常重要的。当然，为了弥补您时间上的损失，小店可以将您升级为店铺 VIP，您以后在小店购物皆可享受九折优惠，您看怎么样？

顾客：好吧！看在你这么有诚意的分上我就答应你了。

客服：小刘代表小店感谢您的支持和理解，祝您工作顺利、生活幸福美满。对了，小刘在此期待您成为小店的 VIP 哦！

……

以上为某客服人员与顾客沟通的部分内容，在这个案例中，虽然客服人员已经成功劝说顾客撤销投诉，但是，顾客很显然是没有心情再去回评的。如果此时还不邀请回评，客服人员将失去一个争取好评的机会。

正是因为看到了这一点，客服人员适时对顾客发出了回评邀请，并通过一定的福利让顾客答应了回评请求。而为了防止顾客遗忘，客服人员还在沟通的结尾通过对期待顾客成为 VIP 的表达，对邀请顾客回评起到了一个很好的提醒作用。

- 【注意事项】

大部分顾客在购物过程中都是多一事不如少一事的，有的顾客购物完成后甚至都懒得去写评价。所以，客服人员在已经请求顾客撤销投诉的情况下，如果再邀请回评，可能会让顾客觉得要求过多。

对此，客服人员需要知道，顾客是没有义务配合回评的，而且回评势必会浪费顾客的时间和精力。在这种情况下，为了让顾客欣然配合回评，客服人员可以承诺向给好评的顾客提供一定的福利。否则，顾客可能不会答应回评请求，甚至还会因为客服人员要求太多而拒不配合撤销投诉。

比如，在本节的实例剖析中，当客服人员提出回评邀请时，顾客显然是抗拒的。直到客服人员以福利为引，这才让顾客答应了回评请求。试想，如果客服人员只是一味地请求顾客而完全没有任何表示，那么，事情很可能又是另一番局面了。

098 礼貌道别

- 【要点呈现】

俗话说得好："细节决定成败"，顾客既可能因为客服人员在沟通中的某个细节同意撤销投诉，也有可能因为细节问题，对客服人员产生反感，甚至将原来答应的事都作废。而礼貌道别就有可能成为让顾客反悔的细节之一。

客服人员需要知道的是，顾客答应撤销投诉并非就万事大吉了，因为即便答应了，顾客也还可以反悔。所以，即便顾客答应撤销投诉，客服人员也要为顾客营造一种良好的沟通氛围，其中礼貌道别很显然是不可或缺的。而要让道别显得有礼貌，客服人员还需在沟通中把握如下两点。

1. 礼貌用语

作为服务提供者，礼貌是客服人员必须具备的基本素质之一。无论是在何时何地，客服人员在与顾客沟通时都需要使用礼貌用语。即便已经达成劝说顾客撤销投诉的目的也不例外。

而且礼貌用语不仅反映的是客服人员的素质，更会对整个沟通造成一定的影响。比起达到目的便忽视顾客感受的客服人员，一个懂得使用礼貌用语道别的客服人员，往往更能得到顾客的好感。

2. 把握时机

无论是做什么事，对时机的把握都是非常重要的，礼貌道别也是如此。毕竟在与客服人员沟通时，顾客可能没有精力再去做其他的事情。也就是说，客服人员与顾客的沟通，实际上是在占用顾客时间的。

当然，在顾客闲暇时，请求顾客撤销投诉还可视为与顾客聊聊天，对顾客也不会造成什么不利影响。但是，如果知道接下来顾客有事情要做，客服人员就必须把握时机，抓紧与顾客道别了。

- 【实例剖析】

客服：非常抱歉，由于小店的工作失误，给您带来了困扰。对于这件事小店愿意承担全部责任。

顾客：那你倒是说说，准备怎么承担吧！

客服：确实这件事的全部责任都在小店，还给您造成了损失。对此，小店愿意给您重新发货，并赠送一些物品当作补偿，您觉得怎么样？

顾客：嗯，看在你态度还算不错的分上，这方案我倒是可以接受。

客服：您也知道现在网店经营是非常不易的，所以，希望您能对小店多一分理解，帮忙把投诉撤销了。

顾客：这个当然，既然接受了你的方案，我自然会撤销投诉的，只要你处理得好，给个好评也不是什么事。

（顾客刚说完，客服人员正好听到电话那头女主人叫顾客吃饭的声音，再一看时间，已经快 12 点了。）

客服：小赵刚刚听到您夫人好像在叫您过去吃饭，那就不再打扰了。感谢您的支持和理解，也祝您生活幸福美满，有机会再联系您。

顾客：没事。也祝你工作顺利，那就有机会再联系了！

……

以上为某客服人员与顾客沟通的部分内容，在这个案例中，客服人员说动顾客撤销投诉之后，还想进一步与顾客沟通，却正好碰上了饭点。很显然，在这种情况下，客服人员需要做的就是抓紧时间进行礼貌道别。

而该案例中的客服人员也是这么做的。客服人员先是明确表示不打扰顾客吃饭了，然后再对顾客表达了感谢和祝愿。客服人员的这一举动在顾客看来无疑是非常“懂事”的。

所以，在沟通的结尾，顾客的态度明显缓和了不少，而且还对客服人员进行了祝愿。这就说明，顾客对客服人员已经有了一些好感，这样一来，顾客自然也就更愿意帮客服人员这个忙了。

- 【注意事项】

在与顾客道别的过程中，客服人员可能会遇到这样一种情况，那就是顾客可能接下来有事要做，但是，出于礼貌还是会说一些客套话。此时，客服人员就需要明白顾客的真实意图，把握时机，及时与顾客道别。

比如，在本节的案例中，顾客明明已经要吃饭了，但还是说“没事”。其实，这很明显就是一句客套话。而对于这种客套话，客服人员就需要识趣一点，早点结束这次沟通，不要再耽误顾客的时间了。

第11章

10条途径，**收获好评，再次助推成交率**

学前提示

顾客对于产品的评价，更像是给产品以及店铺的一种标签。所以，许多客服人员都将提高产品的好评率作为工作的一个重点。

本章笔者将通过获得如潮好评的10条途径的展示，助力各位客服人员打造产品的口碑，将产品的成交率再往上推一把。

要点展示

- 找准目标顾客群
- 热情主动地沟通
- 自信地进行表达
- 用真诚获取信任
- 给顾客更适合的
- 积极地进行引导
- 满足合理的要求
- 好评再购给优惠
- 将许诺的事兑现
- 回访提高联系度

099 找准目标顾客群

- 【要点呈现】

在网购时，作为买方的顾客通常都是占据主动地位的，购物的评价最终也是由顾客做出。所以，一件商品的好评率如何，除了产品和服务之外，顾客自身也可能会产生重大的影响。

因此，客服人员如果要获得如潮好评，助推产品的成交率提升，就需要找准目标顾客群，知道哪些人是需要产品的，哪些人比较可能给产品好评。在此过程中，客服人员需要重点把握如下两点。

1. 做好用户定位

每件产品都有一定的适用性，客服人员如果将产品卖给不需要的顾客，那么，顾客很可能会因为不满意而给出中评，甚至是差评。在这种情况下，产品的好评率势必得不到保障。

而做好用户定位的目的一方面是为客服人员指明方向，让客服人员有针对性地进行营销。另一方面也是让产品到达真正需要的人手中，在物尽其用的同时，增加顾客的好评率。

2. 了解顾客信用

不同的顾客对于评价可能习惯不尽相同，有的顾客完成购物后懒得去评价，有的顾客可能会习惯性地给好评，但也有部分顾客，可能会鸡蛋里挑骨头，稍不如意就给差评。

所以，如果客服人员要保证产品的高好评率，就需要在顾客下单之前先摸摸顾客的底。当顾客信用不佳时，与其获得一单差评，倒不如不做这一单。因为一个差评不仅会让店铺信用下降，还会让许多潜在顾客望而却步，很显然，这样的买卖是非常划不来的。

- 【实例剖析】

顾客：客服在吗？

客服：在的，亲。不知道有什么可以帮到您的？

顾客：哦，我看你们店这款包的款式还不错，就是这面料我感觉有些不值这个价啊！而且我朋友好像买了一个差不多的，价格比你们这便宜得多呢！

客服：不瞒您说，这款包是小店销量比较靠前的产品了，买过的顾客普遍反映物有所值哦！

顾客：其实，我也是看朋友们都有类似款，这才准备买一个的。你看这样好不好，你给打个九折，我就勉强买一个红色款的。

客服：嗯，红色款的包是所有款式中卖得最好的，小马先帮您看一下是不是还有库存吧！

顾客：那你抓紧吧！

（客服人员查看库存发现该款颜色的包仅剩下了 3 件，而且店铺是不打折的。另外，该顾客对店铺的好评率仅为 40% 左右。想到如果不打折，顾客买了之后很可能会给差评，所以，决定放弃这单生意。）

客服：非常不好意思，您想要的这款包小店已经没有库存了。

顾客：啊，那算了吧！

……

以上为某客服人员与顾客沟通的部分内容，在这个案例中，顾客显然属于比较挑剔的一类人。这一类顾客，即便客服人员满足其所有需求，仍有可能不会给产品好评。这一点从其好评率仅为 40% 就可见端倪。

退一步来说，从销售情况来看，该店铺的这款包很显然也是不愁卖的。所以，客服人员完全没有必要以打折的方式迎合顾客，更何况迎合了该顾客还有较大可能获得差评。因此，当出现与该案例中类似的情况时，客服人员不妨借鉴客服小马的做法，将重点放在保证好评率上。

- 【注意事项】

顾客的评价更像是产品的一种标签，许多顾客在购物时都会有意识地查看其他顾客的评价。这就意味着，网购永远也不可能成为一锤子买卖，客服人员要让店铺向好的方向发展就必须重视顾客的评价。

而评价的最终决定权始终掌握在顾客手中，客服人员的售前沟通对顾客不一定能起到太大的作用。其实，客服人员在面对这个问题时不妨换一个角度，既然不能对顾客的评价产生足够的影响，那么，可以通过对顾客进行选择，减少一些差评，这样好评率自然也就上升了。

100　热情主动地沟通

- 【要点呈现】

虽然客服人员每天要面对大量顾客，在工作中热情会慢慢消减，态度也会渐渐地由主动转为被动，但是，因为职业的服务性质，客服人员仍需尽可能地让顾客感受到你的热情和主动。

这既是客服人员职业素质的要求，也是提高产品好评率的一种重要手段。毕竟，人都是有感情的，当客服人员热情主动地与顾客沟通时，双方的心理距离无形之中就被拉近了，而基于对客服人员的好感，顾客自然也更容易给出好评。当然，热情主动地与顾客沟通还需做到如下两点。

1. 学会主动引导

虽然客服人员在与顾客沟通的过程中，有一重身份是产品推销员，为了“避嫌”，可以减少主动推销产品的频率，但是，沟通毕竟是需要双方共同来完成的活动，客服人员如果显得过于被动也是不合适的。

所以，在与顾客沟通的过程中，客服人员还是需要适时对顾客进行主动地引导，这既是提高工作效率的需要，也有利于让顾客更快找到相对合适的产品，获得顾客的好感。

2. 多用热情表达

顾客的心情是影响其评价的重要因素之一，如果顾客高兴了，自然也就更容易获得好评。而要让顾客高兴，方法是多种多样的，但有一样是必不可少的，那就是客服人员的热情表达。

虽然前面也提到了，客服人员要时时保持热情几乎是不可能的，但是，即便客服人员本身没有多大的热情，仍有方法让顾客认为你是热情的。比如，客服人员可以在沟通时多用一些表情和能够表达热情的词。这样一来，在顾客看来，沟通将变得更有人情味，而顾客对客服人员的好感也能显著增加。

- 【实例剖析】

实例 1

顾客：听朋友说你们店的 A 产品还不错，你可以介绍一下吗？

客服：我觉得吧，您可以去商品详情界面查看一下，这是这款产品的链接。

（客服人员给顾客发了一个链接）

顾客：这个链接我也有，你就没必要再发一遍了，我这么问就是想让你介绍一下，难道你连这点热情都没有了吗？

客服：不瞒您说，我今天已经接待了超过 100 位顾客，现在还同时与两位顾客进行沟通，热情什么的真的早就没了。

顾客：没有热情你做什么客服，跟你沟通我不如跟机器人沟通，真是没意思。唉，算了，懒得和你浪费时间了。

……

实例 2

顾客：客服在不在啊！

客服：在的，不知道亲有什么差遣呢？

顾客：哦，我听朋友说你们店的 A 产品还不错，所以就过来看看，你能给我介绍一下吗？

客服：好的哦，亲。这款产品最大的特点就是质量好。当然，光听我说您可能很难把握，凡事还是眼见为实。这是 A 产品的商品详情页面链接，如果有需要您可以前去查看一番哦！

顾客：我看了一下整体感觉还行，就是性价比感觉不是太高。如果我买这件产品你能不能打个折呢？

客服：非常不好意思，小店的产品都是谢绝讲价的。您也知道现在的网店竞争大，产品的利润都是非常有限的。还希望您能多一分理解。

顾客：这也可以理解，但是，我就是一个学生，手上的钱有限啊！这 A 产品要 300 元，我还真买不起。

客服：这样啊，要不您看看 B 款产品吧！这款产品从原料到做工都与 A 产品差不多，但是，性价比却要更高一些，它现在正在搞促销，价格仅为 248 元哦！

顾客：确实挺不错的，就买它了，你真是良心客服，这必须给好评啊！

客服：能够让您买到心仪的商品是我的荣幸，祝您购物愉快！

……

以上为客服人员与顾客沟通的两个实例，在实例 1 中，因为客服人员在沟通中显得没有热情，让顾客心生不悦，最终打消购物念头。而客服人员在此过程中在丢掉一单的同时，也失去了一次获得顾客好评的机会。

实例 2 的开头与实例 1 几乎是相同的，但是在该案例中，客服人员运用了大量表情和可以表达热情的词汇，并适时对顾客进行了引导。所以，其表达在顾客看来更加热情和主动，顾客甚至已经有了给好评的想法。

● **【注意事项】**

服务行业大多信奉这样一句话："顾客就是上帝。"诚然，这种说法过分地夸大了服务提供者与顾客之间地位的差距，总体来看是有失偏颇的。但是，不可否认的一点是，作为服务提供者，顾客的感受是必须要重视的。

客服人员也是如此，在与顾客沟通的过程中，客服人员如果做不到让顾客感到愉悦，但是，至少不能因为工作不到位，让顾客反感。而热情主动地沟通又是客服人员的工作要求之一。

所以，抛开是否能获得用户的好感，提高好评率不说。即便是为了尽到自身的职责，客服人员也应该让自己在沟通过程中尽可能地主动和热情一些。

101 自信地进行表达

- 【要点呈现】

客服人员看似是一个个体，但是，在与顾客沟通的过程中，却代表的是店铺这个整体。而且顾客在判断某件商品值不值得买时，也会将客服人员的表达作为重要依据。这无形之中，就让客服人员成为顾客判断店铺和商品的一个窗口。

如果客服人员在与顾客沟通的过程中能够自信地进行表达，顾客自然就会觉得客服人员的话语更加具有说服力。而基于对客服人员的信任，顾客也会觉得东西买得比较值。这样一来，自然也能从一定程度上增加顾客给好评的概率。当然，自信地进行表达还需要掌握如下要点。

1. 表达时要自信

与顾客沟通时，客服人员的表达很重要。如果在回答顾客问题时，唯唯诺诺，显得不够自信，即便客服人员传达的都是事实，顾客也会认为怀疑客服人员表达的内容是否真实。

其实，沟通也是一种看气场的活动。当客服人员自信地表达时，实际上就具备了一定的气场。而在这种气场的影响之下，顾客对客服人员表达的内容无形之中也会增加几分信任。

2. 对产品要有信心

虽然客服人员的表达能对顾客产生一定的影响，甚至可以增加顾客给好评的概率，但是，说到底顾客要买的还是产品。所以，在沟通过程中顾客可能更关注客服人员对产品的介绍。

对此，客服人员需要针对顾客的需求，尽可能地提供产品信息。在沟通时客服人员要向顾客传达信息，让顾客觉得产品确实值得买。当然，要做到这一点，客服人员自身必须是对产品有信心的。

- 【实例剖析】

顾客：嗨，在吗？

客服：亲，您好，客服小周为您服务。不知道有什么可以为您效劳的？

顾客：哦，我在你们店看了一下，感觉 A 款马克杯还挺不错的。

客服：您眼光真好，这款马克杯都是由纯手工打造，所以，每种图案仅有 10 个。这就很好地避免了“撞杯”的情况。另外，每个杯子都会配备一个竹子制作的杯盖。这不仅可以对杯中的物品起到保护作用，也能增加杯盖自身的使用寿命。

顾客：嗯，看上去倒是真的挺不错的，就是这接近 50 元的价格，我感觉还是有一点贵啊！能不能稍微便宜一点呢？

客服：俗话说得好："一分钱一分货"，您也看到了，这款杯子是手工制作的，就连上面的文字都是一笔一画刻上去的。再加上每款杯子的数量都比较有限，能体现出使用者的个性。所以，它绝对是值这个价格的。我想这些也是这款杯子一直以来销量都比较好，现在库存告急的重要原因了。

顾客：这样啊，那我感觉你们这杯子确实是物有所值。好吧，我就买一个吧！免得错过了。

客服：感谢您的支持，相信这次购物一定不会让您失望的。

顾客：你这样一说，我还真是比较期待快点收到货呢！如果真是这样的话，那我一定果断给好评，哈哈！

……

以上为某客服人员与顾客沟通的部分内容，从中不难看出，最初顾客虽然表达了对产品的喜爱，但还未下定购买决心。而当客服人员自信地对产品进行介绍之后，顾客对产品的购买欲望明显增强了，甚至开始与客服人员砍价。

而面对顾客的砍价，客服人员并没有答应顾客的要求，反而向顾客传达了杯子是物有所值的，店铺的库存已经不多了。这一举动却让顾客对产品多了一分信心，并表示只要产品满意，便会给好评。

- **【注意事项】**

当客服人员在向顾客表达对产品有信心的过程中，可能会遇到这样一种情况。那就是顾客可能对产品是有购买意愿的，但是，还是有一点舍不得花钱。而客服人员也想尽可能地留住顾客。

此时，如果客服人员不在价格上让步，可能会失去一位顾客。而一旦答应顾客，好不容易在沟通过程中建立起的对产品的信心势必会崩塌，甚至顾客可能会认为客服人员之前的种种介绍是在忽悠自己。这样一来，即便顾客买下了产品，也可能会因为在沟通过程中留下了不好的印象给产品一个差评。

对于这种情况，客服人员不妨采取折中的办法。即在原价的基础上稍微做出一点让步，并表现出不情愿，让顾客觉得店铺中该产品的利润确实比较有限。这不仅维护了店铺的利益，也更进一步坚定了顾客对产品的信心。

102　用真诚获取信任

- **【要点呈现】**

要让顾客给好评，首先需要让顾客下单完成购物。而顾客之所以会选择购买某种商品，从一定程度上来说是基于信任，这既包括对产品本身的信任，也包括对客服人员的信任。

因此，在与顾客沟通的过程中，客服人员需要获得顾客的信任。那么，客服人员怎样在沟通过程中获得顾客的信任呢？其中很重要的一点就是真诚地进行沟通，让顾客觉得客服人员是可靠的。而要做到这一点，还需在如下两方面下功夫。

1. 态度要真诚

在沟通过程中，顾客对客服人员的直观印象很大程度上是来源于客服人员的态度。如果客服人员给顾客的感觉是真诚的，顾客自然会觉得客服人员的话具有可靠性。而可靠性实际上是好感的一种体现，当顾客对客服人员有了好感之后，基于这份情感，获得好评也就相对容易了。

真诚，简单的理解就是真实诚恳。所以，客服人员要让自己的表达看起来是真诚的，就需要尽可能实事求是地对相关内容进行呈现，而不宜过分地进行夸大。否则，顾客可能会怀疑客服人员表达内容的真实度，而在顾客看来，客服人员的态度也就显得不够真诚了。

2. 用行动证明

语言的表达更多的是让顾客“听”到客服人员的态度。诚然，真诚的态度是可以获得顾客的好感的，但是，这毕竟还停留在“听”的层面，部分顾客可能会觉得这样并没有太多说服力。

正所谓：“耳听为虚，眼见为实。”客服人员要想获得顾客的信任，就必须让顾客亲眼“看”到一些事实。为此，客服人员还需提供一些证据，通过行动证明自己对顾客是真诚的。

- 【实例剖析】

顾客：我想买一本手机摄影书，最好是近两年出版的，那种讲用手机拍出单反效果的，你给我推荐一下呗！

客服：好的，您看一看这本《大片这样拍！手机摄影高手新玩法》。这本书就是侧重讲用手机拍出单反效果的，而且出版时间是 2017 年 8 月，里面的许多内容都还是鲜活的。这是这本书的链接，您可以进入看一下。

顾客：嗯，看上去是不错，就是这价格可能还高了一点。如果你真的有心要做这单生意的话，给我一点优惠吧！

客服：我确实是想留住您这位顾客，但是，您也知道现在网店的竞争非常激烈，像书这种东西，利润本来就是比较有限的。而且，您看这本书的定价是 49 元，本店只卖 34 元，这相当于是打了七折了。另外，本店的商品都是包邮的，所以，这个价格真的是物有所值的。

顾客：唉，怎么说呢？单凭你这么说，我还是无法说服自己相信你啊！

客服：好吧，您这么想我也能理解。只是小店的价格确实是比较低的了。不信您看，这是其他几家店铺商品介绍页面的截图，他们的价格都在 40 元左右，而且还有一些是不包邮的。

顾客：我看你们这态度还算真诚，你们这价格也还比较低，我就买一本好了。

客服：感谢您的支持和理解，祝您购物愉快！如果觉得这件商品还不错，还劳烦您给个好评哦！

顾客：那是必须的嘛！哈哈！

……

以上为某客服人员与顾客沟通的部分内容，在这个案例中，客服人员向顾客推荐了产品之后，顾客虽然对商品本身是比较喜欢的，但是，却觉得价格还有一点高，所以，希望客服人员能够优惠一点。

面对这种情况，客服人员真诚地进行沟通，动之以情，然而，顾客对于客服人员的说法持怀疑态度。为了取信于顾客，客服人员通过展现截图的方式，让顾客看到其他店铺中该商品的价格。

这一做法不仅让顾客看到了该店铺商品在价格方面的优势，也让顾客看到了客服人员的真诚。所以，在沟通的结尾顾客心情大好，答应客服人员给好评的请求也就在情理之中了。

- 【注意事项】

因为顾客和客服人员是互不相识的，所以，要建立信任并不是一件容易的事。但是，信任建立起来之后，对于整个沟通，甚至是提升顾客的好评率都是有极大的促进作用的。

因此，在沟通过程中获得顾客的信任对于客服人员来说，既是必要的，更是有益的。而要获得顾客的信任，真诚是必不可少的。当然，很多承诺要说到做到，客服人员的真诚还需让顾客看到。

103 给顾客更适合的

网购的一大优点就是商品的种类多，所以，可供顾客选择的商品其实是很多的。虽然只要达到了顾客的基本要求，顾客就会有购买的意愿。但是，如果客服人员想提高产品的好评率，那还要帮助顾客选择相对适合的产品。

很多时候，如果顾客能够获得心仪的产品，即便在购物过程中出现了一些小问题，顾客也会看在产品本身比较好的分上，给出好评。所以，给顾客更合适的产品就相当于是在为好评增加一分保障。而要给顾客更合适的产品，客服人员在沟通过程中就有必要做好如下两点。

1. 参照顾客要求推荐

大多数顾客在进行网购时都是带有明确目的的，他们知道自己要买的是什么，并对要买的东西有着自己的要求。而对于客服人员来说，顾客的要求就是推荐产品的一个前提，既然顾客有要求，那就要推荐符合要求的产品。

当然，在沟通的过程中，顾客可能不会主动说出自己的要求。对此，客服人员需要知道，只有符合顾客要求的产品，才有可能是顾客认为的适合的产品。所以，客服人员此时需要做的就是通过引导获知顾客对产品的要求。

2. 根据顾客反应判断

许多人在做决定时，可能会跟着自己的感觉走。顾客在购物时也是如此。因此，有时客服人员给顾客推荐的产品可能是符合顾客要求的，但是，顾客可能会觉得它没有“眼缘”，提不起购买欲。

所以，在与顾客沟通的过程中客服人员还需要观察顾客的反应，判断推荐的产品是否符合顾客的“口味”。如果顾客表现得没有太大兴趣，客服人员可能就需要重新为顾客物色另一款产品了。

- 【实例剖析】

顾客：你好！在吗？

客服：您好。不知道有什么可以为您效劳的？

顾客：哦，是这样的，这不是秋天到了，天气转凉了吗？所以，我就想买一件外套。想听听你有什么推荐没有？

客服：不知道您有哪些要求呢？

顾客：嗯，最好是适合年轻人穿的，修身一些的，看上去大气一点的。价格的话，控制在500元以内吧！

客服：这样啊，您觉得A款风衣怎么样？

顾客：嗯，看上去是挺不错的，就是我个人对风衣是不太“感冒”的，像我这种短腿，风衣肯定是穿不出效果的。

客服：那您看B款皮衣呢？这是一款修身型真皮皮衣，原价是688元，现在在进行促销，活动价仅为498元。

顾客：嗯，看上去就挺不错的，我喜欢，哈哈。还是你们客服厉害，一下子就帮我找到了喜欢的款式，就买它了。

客服：您喜欢就好，别忘了给好评哦！

顾客：这件衣服看上去就是物有所值，只要产品没什么质量问题，给好评那是必须的，你就放心好了。

……

以上为某客服人员与顾客沟通的部分内容，从中不难看出，最初顾客的要求仅仅是秋天穿的修身款外套，价格在500元以内。像这种外套，许多服装店中都有多种选择。

所以，客服人员可为顾客推荐的款式实际上是很多的，但是，根据这些要求推荐的产品顾客却不一定会买账。在该案例中，顾客对客服人员推荐的风衣显然便是不太受用的。

面对这种情况，客服人员需要做的就是继续为顾客推荐其他的款型，本案例中的客服人员也是这么做的。而结果就是，顾客看到客服人员推荐的产品之后满心欢喜，并表示只要产品质量没有问题，一定会给好评。

- 【注意事项】

在客服人员向顾客推荐产品的过程中，如果顾客比较挑剔，客服人员可能会遇到这样的情况。那就是根据顾客的要求接连进行了几次推荐，但是，产品仍不合顾客的“口味”。

在这种情况下，客服人员既不能放弃推荐，也不宜再盲目地进行推荐，而应该对沟通的内容进行分析，揣摩顾客的喜好。这既是为了让顾客获得更合适的产品，也有利于增加推荐的针对性，提高客服人员的沟通效率。

104 积极地进行引导

- 【要点呈现】

与在实体店购物不同，网购时顾客毕竟是无法亲自验证产品的，这无形之中就让顾客对网购多了一分疑虑。所以，即便顾客主动与客服人员进行沟通，仍会对网购有一些担忧。

对于这种情况，最好的策略就是积极地进行引导，带领顾客完成购物。这不仅可以节省彼此的时间，也能让顾客在接受帮助的过程中，对客服人员产生好感，为顾客的购物体验加分。当然，在引导的过程中，客服人员还需要把握好如下两个重点。

1. 打消顾客的疑虑

前面已经提到了，网购因其自身的属性，顾客通常会有一些疑虑。虽然顾客对网购是有担忧的，但是，既然顾客肯与客服人员进行沟通，就说明顾客还是愿意进行网购的。一些初次进行网购的顾客更是如此。

所以，此时客服人员的处理方法将对顾客产生很大的影响。如果客服人员打消了顾客的疑虑，让其对接下来的购物更有信心，顾客放心了之后，自然就愿意进行网购了。

2. 适时给顾客“带路”

虽然打消了顾客的疑虑之后，顾客对网购可能有了一些信心，但是，对于店铺中的产品，顾客可能并没有足够的了解。即便有了明确的要求，顾客也不一定能找到适合自己需求的产品。

而客服人员对于店铺可能像自己的家一样熟悉，并且，在与顾客沟通的过程中，客服人员实际上是店铺的发言人，让顾客找到合适的产品也是职责所在。所以，客服人员还需扮演好司机的角色，适时给顾客带带路。

- 【实例剖析】

顾客：我想给男朋友买一双篮球鞋，听说你们店的鞋还挺不错的，就想过来看看。

客服：那不知道您有什么要求呢？

顾客：嗯，他穿的是 41 码，首先要保证有这个码。然后，篮球鞋鞋底是重点，最好是带有减震功能的，这样打球的时间比较长、运动剧烈脚底也不会疼。另外，颜色的话，最好是黑色的，这样不显脏。价格的话，只要在 1000 元以内就行了。最后，也是比较关键的一点，这是我第一次网购，买一双这么贵的鞋子，我还是有一些担忧的，不知道网购到底可不可靠。

客服：您真是一个暖心的女友，帮男朋友买篮球鞋真是细心，各方面都把握得很好啊！对于小店的产品您大可放心，小店是一家经营了 5 年的老店了，产品全都是正品，质量绝对是有保障的。

顾客：哪有你说的这么好啊！我都是平时从男朋友那里听到一些关于篮球鞋的想法。这不，我还想让你帮我推荐一下呢！

客服：能为您推荐是我的荣幸，您看 A 款篮球鞋怎么样？这是 NBA 球星 ×× 在今年的赛场上穿过的战靴，这位球星就是穿着这款篮球鞋带领球队拿下总冠军的呢！现在许多篮球爱好者都想拥有这样一双球鞋呢！

顾客：哦，×× 球星这个名字我经常在男朋友那里听到，可以说，我男朋友就是这位球星的粉丝了。嗯，相信这双鞋我男朋友一定会喜欢的，就买它了。也谢谢你的推荐，真的像他们说的，网购确实挺不错的。就冲你的服务，我觉得我都应该直接给好评了。

……

以上为某客服人员与顾客沟通的部分内容，从中不难看出，顾客是一名网购新手，不仅对网购有担忧，而且对于要买的产品了解也是比较有限的。所以，客服人员这名司机的作用在这种情况下就显得非常重要了。

当然，本案例中客服人员的表现还是可圈可点的。客服人员不仅通过店铺经营时间长、产品是正品等保证消除了顾客的疑虑，还成功让顾客找到了适合的产品。而顾客显然对于客服人员推荐的产品也是比较满意的，这就为顾客给产品好评打下了很好的基础。

- 【注意事项】

面对网购，许多顾客抱有矛盾心理。一方面，网购让其有疑虑；另一方面，网购的低价、选择多等优势又具有强烈的吸引力。所以，顾客与客服人员联系之前，对于要不要网购态度可能是摇摆的。

此时，只要客服人员推一把，顾客很可能便会愿意进行网购，哪怕是将此当作一次尝试。而如果客服人员不仅推了顾客一把，还让顾客找到了心仪的产品，顾客便有可能对客服人员的引导表示感激，并用好评来进行回报。

105 满足合理的要求

- 【要点呈现】

在工作过程中，客服人员可能会遇到这样一类顾客。他们想要购买某件产品，但是却附加一些要求，只有客服人员答应了要求，才松口下单。对于这一类顾客，客服人员应该尽可能地满足其合理需求。毕竟，让顾客购买产品是获得好评的前提。

当然，顾客的要求很可能会对店铺造成一定的损失，考虑到店铺的利益，客服人员也不能满足顾客的所有要求。在此过程中，客服人员需要做的就是用较小的代价，让顾客的要求得到满足。所以，客服人员重点需要做好如下两项工作。

1. 判断要求是否合理

在进行网购时，店铺肯定是要赚钱的，正是因为如此，顾客提出一些要求，尽可能地让购物更划得来一些，这是可以理解的。但是，要求也分合理和无理。所以，在满足要求之前，客服人员还需在心中盘算顾客的要求是否合理。

对于合理的要求，答应了还能获得一单生意，这样自然是可以接受的。但是，如果要求本身就是不合理的，甚至是有些无理取闹的，那么，客服人员就没有必要再去迎合了。

2. 尽可能地控制损失

很多时候，顾客是从维护自身利益的角度提出要求的，而这就意味着，其要求很可能会对店铺利益造成损失。但是，如果不答应顾客的要求，顾客可能不会下单，更不用说给好评了。

所以，当顾客的要求合理时，客服人员还需在控制店铺损失的基础上满足顾客的要求。在此过程中，客服人员可以在顾客提出要求之后，与顾客进行“讲价”，从而达到控制损失的目的。

● 【实例剖析】

顾客：嗯，你们这款手机我很喜欢，但是，价格方面还是太高了一些，如果你给打个九折我就买了。

客服：您也知道现在网店竞争是很激烈的，像手机这种产品，本身利润也比较有限，如果给您打九折，小店就亏本了。

顾客：好吧，九折可能要求是高了一点，那要不你就送我一个充电宝吧！这也就是几十块钱的东西。

客服：我觉得您这个要求也算是比较合理的，但是，说实话充电宝也要几十块钱，我一个小小客服真做不了主。

顾客：这台手机好歹也要 3000 多元，你们如果不送点东西，我就觉得买得有些不值了。

客服：那您看这样好不好，您选一款手机壳或者手机膜，小店就当作赠品免费送给您了。

顾客：嗯，这还可以接受，你就给我一个 A 款手机壳吧！放心，你的赠品我也不白拿，只要手机没问题，我一定给好评。

……

以上为某客服人员与顾客沟通的部分内容，从中不难看出，该顾客在选择了一款价格为 3000 多元的手机之后，一直在给客服人员提要求，希望在购买手机的同时能够获得一定的优惠。

而对于顾客的要求，客服人员采取的策略就是尽可能地控制损失。而顾客的要求也由最初的打九折，变为赠送一个手机壳。最后，客服人员仅仅赠送了一个手机壳便拿下了这单生意，而且还很可能获得顾客的好评。可以说，客服人员对顾客要求的满足还是比较划得来的。

● 【注意事项】

任何交易都可能会陷入买卖双方的拉锯战，网购也不例外。客服人员作为店铺的代表，一方面，要维护店铺的利益，另一方面，为了获得订单，有时候又不得不牺牲店铺的利益。

顾客提出购买产品的要求实际上就是这一种情况。对此，客服人员如果既要留住顾客，又不想让店铺承担较大的损失，那么，就只能采取和顾客砍价，降低顾客要求这种相对折中的方式来解决问题。

106 好评再购给优惠

● 【要点呈现】

客服人员需要明白，是否给好评最终还是由顾客决定的。即便产品达到了要求，顾客不高兴也有可能会给中评，甚至是差评。所以，客服人员要考虑的一个问题就是，怎么让顾客给好评。

对于这个问题，比较简单有效的一种解决方法就是通过好评再购给优惠进行“利诱”。这种方法不仅能起到提高好评率的作用，还能持续获得顾客的购买力，可以说是一举两得了。但是，要让这种方法获得其应有的效果，客服人员还需做好两方面的工作，具体如下。

1. 提出要求

既然客服人员给顾客再购优惠的目的是获得好评，那么，就需要确保顾客给的是好评，而不能仅仅以顾客的口头承诺作为给优惠的标准。因为有的顾客承诺给好评，但是，有时候可能会忘记这回事，甚至部分顾客承诺之后却不去做。

所以，对于好评再购给优惠这件事，客服人员还需要提出一些相关的要求。比如，可以将好评截图作为标准，只有给好评并截图的顾客才可享受再购优惠，这样便可以很好地保证顾客给的是好评。

2. 给出优惠

当客服人员承诺好评再购给优惠时，大部分顾客可能会为了优惠给出好评。但是，这也是建立在客服人员给出的优惠，对顾客是具有吸引力的基础之上的。

当然，店铺毕竟是要营利的，即便给出再购优惠，可能优惠的力度也是比较有限的。如果客服人员要用优惠吸引顾客给好评，就需要通过一些表达技巧，让顾客觉得优惠是具有吸引力的。

● 【实例剖析】

顾客：我想买一双靴子，你给我推荐一下呗！

客服：好的，乐意为您效劳。您看A款靴子，这是今年的新款，因为它用的是真皮面料，再加上外观设计比较吸引人，所以，许多女明星都比较钟爱哦！

顾客：嗯，看上去确实还蛮不错的。就是这价格可能略贵一些，我现在还有一些犹豫啊。

客服：俗话说得好，“一分钱一分货”，小店的这款靴子不仅是真皮面料，而且是纯手工制作的，所以，价格上是要比一般的机制靴子高一点。但是，像靴子这种东西还是手工制作更可靠一些，您觉得呢？

顾客：你说得也有道理，只是价格上我还是有一些纠结的。

客服：告诉您一个好消息，现在小店正在做活动，只要您给好评，下次购物时便可以获得一张满减抵用券。这样您这次购物就相当于是获得优惠了。

顾客：哦，还能碰到这样的好事。那这张券能抵多少金额呢？

客服：是这样的，您只要在此次购物之后给出好评，并将截图发送给客服人员，客服人员便会给您发送领券链接。您可以点击链接领取一张 50 元的抵用券，当然，要购满 500 元才可使用。

顾客：啊，要 500 元才能用，这门槛似乎有点高啊！

客服：虽然看起来有点高，但是，您只需购买两件物品就可以达到这一数值了。比如，您可以在小店买上一套衣服。而且，您看，500 元减 50，相当于是打了九折，力度还是比较大的。

顾客：确实，如你所说，这张券看上去还不错。那你放心吧，即便是为了这张券，我也一定会给好评的！

……

以上为某客服人员与顾客沟通的部分内容，在这个案例中，客服人员向顾客推荐一款靴子之后，顾客虽然有意购买，但是，觉得价格稍微有点高，所以迟迟未做出购买决定。

面对这种情况，客服人员及时抛出好评再购给优惠这一话题，并通过语言表达，让顾客觉得该优惠是比较有吸引力的。这一举动不仅成功让顾客坚定了下单决心，还对顾客给好评起到了很好的引导作用。

- 【注意事项】

虽然为了保证顾客的好评率，对再购给优惠做出一些要求是很有必要的，但是，客服人员在表达时还需运用一定的技巧，让要求看起来不那么像“要求”。要知道，顾客对于他人对自己提出要求可能是有抵触情绪的。

对此，客服人员可以尽可能地将要求表达得更让人易于接受。比如，在本案例中，客服人员是在向顾客讲解抵用券的相关内容时，顺便提出截图这一要求的，这样顾客自然也就更容易接受了。

107 将许诺的事兑现

- 【要点呈现】

在沟通过程中，适时对顾客做出一些许诺，既能起到坚定顾客信心的作用，也能体现客服人员对交易的诚意，让顾客基于好感，给出好评。正是因为如此，许多客服人员都会乐意给顾客做出一些许诺。

但是要注意，一旦许诺了，就必须兑现。这不仅是客服人员言而有信的体现，更关系到店铺在顾客心中的形象。因此，在做出许诺这件事上，客服人员应该是敢于许诺，并且是及时兑现许诺的。

1. 敢于许诺

很多情况下，可能客服人员做出许诺只是为了引导顾客完成购物或获得顾客的好评，甚至于有的客服人员只是不经意间随口做出一些许诺的。但是，在顾客看来，客服人员的许诺却能起到定心丸的作用。

所以，为了增加顾客的信心，提高沟通的成功率，也为了消除顾客的疑虑，节省彼此的时间，提高客服人员自身的工作效率，客服人员在与顾客沟通时，对于自己能力范围内的事，还是需要敢于承诺的。

2. 兑现许诺

虽然许诺能在沟通过程中起到较好的促进作用，但是，客服人员需要明白，相比于许诺的内容，兑现许诺其实更重要。因为即便许诺的内容再有吸引力，如果没有兑现，那么，许诺也仅仅停留在说说而已。

而且当客服人员许诺之后却没有兑现时，顾客会觉得客服人员是没有信用的，这样一来，顾客势必会对客服人员产生反感情绪，而结果很可能就是迁怒于产品，直接给出差评。所以，许诺固然重要，但是，兑现诺言更重要。

- 【实例剖析】

实例 1

顾客：嗯，你推荐的这款跑鞋我也留意很久了，确实，无论是从外观还是性能，都是挺不错的。

客服：您眼光真好，这也是小店销量较好的产品之一了。而且现在正在搞促销，您可以趁这个机会入手哦！

顾客：说实话，这双鞋我倒是有购买意愿，但是，对于网购产品的质量，我还是有些担忧的，毕竟我都吃过几次亏了。

客服：您可以放心，小店的鞋都是正品行货，质量绝对是有保障的，鞋子 7 天内包退，3 个月内保修。

顾客：好吧，看你这么说，应该还是比较靠谱的，那我就买一双吧！

（十天后）

顾客：你们真行，就这鞋子还说什么质量有保障，我才穿了不到十天，鞋底都脱胶了。现在退也不能退，就这种情况，修了之后我都觉得不怎么靠谱，甚至现在我都怀疑我买到的是假货了。既然不行，就不要瞎许诺好吗？你这不是成心害人吗？你告诉我就这样，我不给你们差评，过得了自己这关吗？

……

实例 2

顾客：嗨，在吗？

客服：在的，亲。不知道您有什么差遣？

顾客：说实话，你们这店真的是不错。不仅产品质量好，许诺给我的赠品也都兑现了，关键是，赠品的质量也是非常不错的。所以啊，我不仅毫不犹豫地给了好评，这次有购物需求，首先想到的也是你们店铺。

客服：您太客气了，许诺您的事及时兑现是应该的，也感谢您对小店的支持和信赖。不知道您这次需要购买什么呢？

顾客：唉，现在的网店，许多客服都是随便许诺，却不能兑现，像你们这种说到做到的真是不多，我都要被你们“圈粉”了。对了，这次我想买一条裙子，你有没有什么好的推荐呢？

……

以上为客服人员与顾客沟通的两个实例，从这两个实例中不难看出，对于许诺这件事，能否及时兑现可能会产生截然不同的效果。

实例 1 中，客服人员对产品的质量做出了许诺，但是，顾客在使用产品一段时间之后，却发现产品的质量不过关。所以，再次联系客服人员时，顾客是怒气难消的。而实例 2 中因为客服做出了许诺，并及时兑现。所以，在顾客心中形成了口碑，店铺很自然地获得了一名回头客。

- **【注意事项】**

有的事情就是这样，不做反倒没关系，而一旦做了就有可能出现两种结果。一种是让事态向好的方向发展，另一种是把事情弄糟。很显然，客服人员对顾客做出许诺便是如此。

在沟通过程中，客服人员其实并不是一定要对顾客做出许诺的。但是，如果许诺了就会让顾客有期待。能够让顾客的期待得到满足，自然能获得“双赢”；而如果许诺了却不能做到，那么，很可能只会让顾客觉得被忽悠了。因此，当自己做不到时，客服人员千万不要轻易许诺顾客，因为这很有可能是在给自己挖坑。

108　回访提高联系度

- **【要点呈现】**

对于客服人员来说，沟通就是最好的武器。沟通可以在任何时候进行，客服人员既可以在顾客购物过程中进行沟通，也可以在顾客完成购物之后，通过回访等方式联系顾客。

然而，在现实生活中，许多客服人员在顾客完成购物之后，便不会主动联系顾客了。其实，回访虽然不能像售中沟通那样直接起到增加销售的作用，但是，它对于维护顾客关系，获得持续的购买力以及增加顾客的好评却是意义重大的。

所以，如果有时间和精力，客服人员不妨利用回访提高与顾客的联系度，将顾客变成友人，甚至是店铺的“粉丝”。当然，要做到这一点，客服人员在回访时还需把握好如下两个事项。

1. 注意回访的礼仪

中国是礼仪之邦，人与人沟通的过程中都是讲究一定的礼仪的，客服人员回访顾客也是如此。为此，客服人员需要特别注意自己的表达，让顾客在了解客服人员来意的同时，主动配合客服人员完成回访。

比如，当客服人员说明来意之后，可能顾客会表现出不愿意配合。此时，客服人员便可以提前告知顾客回访仅仅需要几分钟，并不会给顾客带来太大的麻烦。如果有必要，客服人员甚至可以用一些福利吸引顾客完成回访。

2. 强调对顾客的重视

客服人员对顾客进行回访的最终目的还是通过提高联系度，让顾客对客服人员及店铺产生好感，并促进顾客再次，甚至是持续在店铺进行购物。所以，客服人员在回访过程中还需对顾客进行引导，让其自然而然地将店铺作为购物的首选。

为此，客服人员可以在沟通的过程中适时强调店铺对顾客的重视。这一方面能使回访更具说服力，让顾客更加配合。另一方面，也能让顾客觉得自己在店铺中是有地位的，而基于这种感觉，顾客势必会更愿意在店铺中进行购物。

- 【实例剖析】

客服：喂，请问您是秦先生吗？

顾客：是的，请问你是哪位？

客服：秦先生您好！我是 ×× 店的客服人员小丽。这次冒昧打扰您，就是想做一次回访。

顾客：我也就在你们店买了几次东西，为什么要选我啊？而且我这人特别怕麻烦，对回访这种事我看就没有必要了吧！

客服：您看，您也说了，您都是小店的常客了，所以，您对于小店的产品和服务是很有发言权的，这也是小店选择对您进行回访的重要原因。而且这次回访也就两三分钟的时间，还希望您能配合一下。因为您是小店的重要顾客，所以，您在此次回访过程中的意见，小店都会重点考虑的。所以，还希望您能知无不言、多多配合啊！

顾客：哦，那好吧！

……

客服：感谢您的支持和理解，为了感谢您对回访的配合，小店将免费把您升级为店铺 VIP，今后您在小店购物可享受九折优惠。也希望您以后能够多多光顾小店。

顾客：哦，还有这样的好事啊！你们店做事还真是人性化啊！你也放心，既然都是 VIP 了，我以后会多去你们店铺看看的。

……

以上为某客服人员与顾客沟通的部分内容，在这个案例中，一开始顾客对于回访很显然是抵触的。这一点其实很容易理解，毕竟回访也需要一个过程，在这个过程中，势必会占用顾客一些时间。

对于这种情况，客服人员采取的是提前告知顾客回访只需要两三分钟，而且传达出店铺对顾客的重视。所以，顾客对于回访的抵触情绪有所减弱，再加上觉得被占用几分钟也没什么，便答应了下来。

而客服人员却借此成功完成了回访，并且客服人员在回访即将结束时，以配合回访为由，将顾客免费升级为 VIP。这一举动，获得了顾客“以后会多去店铺看看”的承诺，这实际上就起到了吸引顾客为店铺持续贡献购买力的作用。

- 【注意事项】

虽然回访做得好可以提高与顾客的联系度，让顾客成为店铺的常客，但是，客服人员的时间和精力毕竟是有限的，店铺的顾客很多，如果对每位顾客都进行回访，显然是不现实的。

对此，客服人员可以通过对回访对象的选择，控制工作量。通常来说，客服人员可以选择在店铺进行多次购物的顾客作为回访对象。这主要有两大原因。

一方面，这些顾客对店铺的产品是有需求的，与之建立联系，可以增加顾客对店铺的信任度，获得持续的购买力。另一方面，因为这部分顾客的基数相对较小，所以，可以很好地起到减少客服人员工作量的作用。

当然，在实际工作过程中，客服人员还需根据自身情况进行回访。如果完成对在店铺内进行多次购物的顾客的回访之后，还有时间和精力，可以在剩下的顾客中再选择一部分进行回访。